인플루엔서

INFLUENCER: THE POWER TO CHANGE ANYTHING
by Kerry Patterson, Joseph Grenny, David Maxfield, Ron McMillan, Al Switzler

Copyright © 2008 by VitalSmarts, LLC.
All rights reserved.
Korean translation rights © 2011 Gimm-Young Publishers, Inc.
This Korean edition was published by arrangement with VitalSmarts, LLC., through The McGraw-Hill Companies, Inc.

조용히 세상을
움직이는 사람들

인플루엔서
INFLUENCER

조셉 그레니 외 지음
김경섭·김정원 옮김

김영사

인플루엔서

저자_ 조셉 그레니 외
역자_ 김경섭, 김정원

1판 1쇄 발행_ 2011. 5. 16.
1판 2쇄 발행_ 2019. 3. 26.

발행처_ 김영사
발행인_ 고세규

등록번호_ 제406-2003-036호
등록일자_ 1979. 5. 17.

경기도 파주시 문발로 197(문발동) 우편번호 10881
마케팅부 031)955-3100, 편집부 031)955-3250, 팩시밀리 031)955-3111

이 책의 한국어판 저작권은 McGraw-Hill Companies, Inc.를 통한 저작권자의 독점계약으로 김영사에 있습니다.
저작권법에 의해 한국 내에서 보호를 받는 저작물이므로 무단전재와 복제를 금합니다.

값은 뒤표지에 있습니다.
ISBN 978-89-349-5032-5 03320

홈페이지_ www.gimmyoung.com   블로그_ blog.naver.com/gybook
페이스북_ facebook.com/gybooks   이메일_ bestbook@gimmyoung.com

좋은 독자가 좋은 책을 만듭니다.
김영사는 독자 여러분의 의견에 항상 귀 기울이고 있습니다.

| 프롤로그 |

무엇이 공동체를 지키는가?

  이 책을 집필해야겠다는 생각은 20여 년 전부터 했지만, 영향력의 대가들이 사용한 방법들을 정리하기란 쉽지 않았다. 그래서 집필을 계속 미루고 있었다.

  그러던 중 세 가지를 경험하면서 빨리 책을 집필해 널리 알리겠다는 생각이 들었다. 첫 번째는 1997년, 당시 F16 전투기를 제작하는 록히드 마틴의 포트워스 전술항공기 사업부에서 일 년 반 동안 변화개입 프로젝트를 추진할 때였다. 우리의 프로젝트는 놀랄 만큼 커다란 성공을 거두었다. 리더들이 몇 가지 핵심행동에 집중하도록 도왔는데 생산성, 비용, 품질, 직원 만족도 등 핵심 지표들이 대폭 향상되었다.

  이 변화개입 프로젝트의 성공으로, 리더들이 조직의 문제에 영향 이론을 적용하면 성과를 극적으로 향상시킬 수 있음이 증명되었다.

우리의 프로젝트도 24개로 늘었다. 24개 기업 백만 명의 직원들 중 25퍼센트 이상이 이 프로젝트로 조직과 자신의 개인적 삶을 향상시켰다.

다음으로 우리는 조직의 행동 변화에 영향을 주려면 어떻게 개입해야 하는지 연구했고, 그런 영향력에 대한 책을 써야겠다고 생각했다. 방대한 양의 문헌을 고찰하면서, 사람들이 새로운 방식으로 행동하도록 영향력을 성공적으로 행사한 리더가 거의 없다는 사실도 발견했다. 더욱이 영향력 관련 도서들의 저자는 대부분 변화 전문가가 아니라 운명론적인 예언가들이었다.

이해하기 어려운 사실이었다. 행동 변화가 새로운 주제가 아닌 것일까? 지난 반세기 동안 사회학자와 실천가들은, 건전한 이론을 기초로 뛰어난 전문가에 의해 사람들의 행동에 영향을 주려는 계획이 실행될 때 지속적 개선이 이루어진다는 사실을 보여주는 훌륭한 문헌들을 많이 축적했다. 이제는 전문가를 찾아 그들의 방법을 공유해야 한다.

결국 우리는 뛰어난 '인플루엔서Influencer'들을 수소문했고 그 과정에서 세 번째 자극을 받았다. 매우 인상적인 그들의 업적을 다른 사람들과 나누고 싶었다. 기업경영 및 다른 문제들을 다루기 위해 전 세계에 흩어져 있는 인플루엔서들을 찾아가는 여행은 값으로 따질 수 없을 만큼 귀중한 경험이었다. 우리는 방콕과 보스턴 등 전세계 곳곳에서 오로지 사람들의 행동에 영향을 주는 사람들, 즉 어렵고 힘든 문제들을 탁월한 방식으로 해결했던 조용하지만 끈질긴 인플루엔서들을 만났다.

 이러한 인상적인 변화주도자들이 사용하는 영향력 전략은 우리가 지난 20년 동안 조직에 적용한 것과 동일했다. 그러한 원칙과 이론에 기초를 두고 있다는 것이 분명해지자, 이 책을 쓰지 않을 수 없었다. 모두 우리가 저명한 학자들 밑에서 배웠던 개념들이었기 때문이다. 이제 통합된 영향력 이론을 소개하겠다.
 늦게 책을 출간한 것을 사과드린다. 이제 조용하고 끈질기게 세상을 움직이는 사람들, 인플루엔서들을 만나보자.

INFLUENCER

차례

프롤로그 | 무엇이 공동체를 지키는가? … 5

1 모든 것을 바꿀 수 있는 능력

1. 당신은 인플루엔서다 … 22
2. 핵심행동을 찾는 법 … 33
3. 생각을 전환하는 방식 … 60

2 변화를 피할 수 없게 하라

4. 원하는 것에 동기를 강화하라 … 103
5. 한계를 뛰어넘으라 … 135
6. 동료의 압력을 동력화하라 … 164
7. 다수의 힘을 활용하라 … 196
8. 보상을 설계하고 책임을 요구하라 … 227
9. 환경을 바꾸라 … 253
10. 인플루엔서가 되라 … 289

에필로그 … 309
추가자료 … 311
감사의글 … 313
역자 후기 … 315
참고문헌 … 317

1
모든 것을 바꿀 수 있는 능력

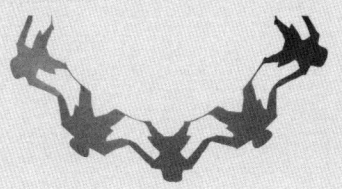

The Power to Change Anything

우리를 곤란하게 만드는 영향력에 관한 문제는 여러 가지가 있다.

직장에서는 거의 매일 힘든 사투를 벌이며 싸움을 벌이면서 품질향상에 온힘을 쏟지만 쉽사리 개선을 이뤄내지 못한다.

개인적으로는 몇 년째 체중 문제로 씨름하고 있다. 실제로 대사질환을 갖고 있어서 하루 6,000칼로리를 소비하지 못한다면, 불운하다고 할 수밖에 없다.

가정에서는 이제 중학생이 된 아들 녀석이 시끄럽고 무례하게 구는데다 이상한 친구들과 어울려 다닌다. 설득하고 회유하고 협박도 했지만 아무 소용이 없다. 중학교에 들어가는 순간, 자녀에 대한 영향력은 끝인 것 같다.

이웃집에는 호랑이만큼 크고 사나운 투견 세 마리가 뒤뜰을 어슬렁거린다. 문제는 그 집 울타리가 매우 낮아 개들이 금방이라도 밖으로 뛰쳐나올 거 같은데, 지자체 동물관리국 사람들은 아무 조치도 취하지 않는 것이다. 피해자가 있어야만 조치를 취할 수 있다면서 말이다.

게다가 이곳은 5년째 가뭄에 시달리고 있다. 지구가 전자레인지 속의 미트볼처럼 계속 덥혀지고 있기 때문이다.

우리는 이런 귀찮고 어려운 문제들을 해결하는 대신, 차라리 유명한 기도문을 활용하는 것이 마음 편하다고 생각한다. 바꿀 수 없는 것은 그대로 받아들이는 평온함과 바꿀 수 있는 것은 바꾸는 용기, 그 차이를 알 수 있는 지혜를 구하는 기도. 이러한 기도를 통해 매일의 어려움을 헤쳐 나간다.

평온함의 함정

이런 소극적 자세는 모든 사람이 갖고 있는 문제다. 어려움에 직면하면 몇 가지 변화를 시도해보다가 실패하면 쉽게 포기하고 다른 일에 눈을 돌린다. 스스로 인플루엔서가 아님을 인정하고 자신이 영향을 끼칠 수 있는 일을 찾으며 평온을 추구한다.

하지만 위의 사례들은 충분히 해결할 수 있고, 실제로 해결된 문제들이다. 따라서 안이한 평온만 추구하는 것은 좋지 않은 전략이다. 낡은 조직문화, 에이즈 확산, 마약중독자 증가, 이혼율 증가 등의 사회 문제들도 마찬가지다. 넓게 보면 '그 차이를 알 수 있는 지혜'를 찾기보다는 '그 차이를 해결할 수 있는 지혜'를 찾는 사람들이 보일 것이다. 지혜를 갈구하고 세상을 바꾸려 할 때, 자신에게 부족한 것은 바꾸고자 하는 '용기'가 아니라 세상을 바꾸는 '기술'이라는 사실을 깨달은 사람들 말이다.

나는 장담할 수 있다. 우리의 개인적 삶과 직장과 사회에서 직면하고 있는 심각하고 광범위하고 끈질긴 문제들은 거의 대부분 해결이 가능하다. 자연 법칙에 위배되는 방법으로가 아니라 인간의 행동만 바뀌면 되기 때문이다. 대부분의 사람들은 남과 다르게 행동하고, 타인을 변화시키는 것을 어려워 하지만 그런 일을 항상 능숙하게 해내는 전문가들도 있다.

지난 반세기 동안 행동과학 이론가와 실천가들이 모든 것을 변화시키는 능력을 발견했다는 사실은 세상에 거의 알려지지 않았다. 그래서 우리는 언제 포기해야 하는지가 아니라, 매일 직면하는 문제의 해결책을 발견해낸 사람들의 지혜를 구해야 한다. 우리가 해결할 수 있는 문제의 수를 늘리기 위해 노력해야 한다. 그러면 억지로 평온을 구할 필요도 사라진다.

모든 사람이 전문 인플루엔서가 되기는 어렵지만, 이 세상에서 가장 훌륭한 인플루엔서들이 매일 사용하는 방법과 전략은 누구나 배우고 적용할 수 있다. 그것이 바로 이 책의 목적이다. 소수의 뛰어난 변화주도자들이 사용하는 기술과 원칙을 소개하여 이 책을 읽는 당신이 영향력을 확대하고 직장과 가정, 지역사회와 자신의 인생에 중요한 변화를 일으키도록 말이다.

이 책은 비슷한 주제를 다룬 여타 도서와는 달리 새로운 방법을 시도한다. 사람들을 변화시키는 가장 좋은 방법은 훌륭한 웅변과 연설 같은 '말'이라고 주장하며 타인에게 영향을 미치도록 권하는 책이 아니다. 그저 감동적이고 좋은 말로 사람들이 나쁜 행동을 버릴 수 있게 한다면 얼마나 좋겠는가? 물론 우리도 그런 시도를 포함해 사용한다. 그러나 연설과 설득만으로 눈에 띄는 행동의 변화를 일으킨 리더는 거의 없었다. 진정한 영향을 미치려면 말 외에 다른 방법이 필요하다.

햄버거를 좋아하는 당신에게 아내가 "패스트푸드는 몸에 안 좋으니 먹지 말아요"라고 말해주면 "아, 그래? 그렇지. 다시는 먹지 않겠어"라고 쉽게 약속하고 지킬 수 있겠는가? 불가능하다. 그렇기에 우리는 구두 설득에만 의존하지 않는 인플루엔서들이 사람들의 평생 습관을 성공적으로 바꾸고 개선시키기 위해 사용하는 전략들을 알아보려 한다. '애완견 용변 가리게 하는 법' '왼손잡이 석탄 광부를 위한 6가지 동기부여법' 같은 특정 대상과 상황을 위한 영향력 전략이 아니다. 다양하고 일반적인 문제에 적용할 수 있는 활용도 높은 전략과 기술을 제공할 것이다.

지금 이 시간에도 이 세상 곳곳에서는 안타까운 사건 사고가 일어나고 있다. 매년 물에 빠져 죽는 사람이 미국에만 3,000명이 넘는다. 그중 상당수는 수영장에서 참변을 당한다. 그러나 이 부끄러운 현실은 YMCA와 레드우드 보험사Redwoods Insurance의 끈질긴 리더들이 안이한 평온을 버리고 실행 가능한 변화전략을 선택하면서 해결되었다. 그들은 우리가 살펴본 몇 가지 영향력 전략을 사용해 YMCA 수

영장의 익사 사고를 3분의 1로 감소시켰다.

그들은 무분별한 인명 손실을 줄이기 위해 안전요원들의 직무수행 방식을 바꿨다. 수백 명의 젊은 직원들에게 영향을 끼치는 일은 절대 쉽지 않았지만, 리더들은 '10-10 주시'라는 핵심행동이 생명을 구하는 열쇠가 된다는 사실을 발견했다. 그들은 우리가 이 책에서 다룰 몇 가지 원칙을 지키며 핵심행동에 초점을 맞출 수 있었다.

일반적으로 안전요원들은 회원들을 맞이하고, 수영장 레인을 조정하며, 킥판을 모으고, 수영장 약품을 시험하는 데 많은 시간을 보낸다. 하지만 안전요원들이 지정된 장소에 서서 10초 단위로 자신이 맡은 구역을 주시하고 위험에 빠진 사람을 10초 내에 구조하게 하자, 익사율이 3분의 2나 줄었다. 이런 식으로 여러 지역에서 소수의 현명한 인플루엔서들이 기존 현실에 순응하는 대신 행동을 바꾸는 방법을 찾아 인명손실을 막을 수 있었다.

영향력 행사는 생명을 구하는 문제에만 국한되지 않는다. 영향력 행사를 통해 수만 개의 일자리를 창출해낸 경우도 있고, 한 사람의 인생을 완전히 뒤바꾼 사례도 있다.

인플루엔서를 선택하라

어려운 문제에 직면한 사람들이 해결책보다는 평온함을 구하는 이유가 있다. 혼자서는 문제를 해결할 좋은 생각을 떠올리기 어렵기 때문이다. 그래서 해결책을 찾아야 할 때 더 쉬운 위안을 구하고 평온의 함정에 빠진다. 이 문제를 해결하려면 먼저 우리 자신을 인플루엔서로 여겨야 한다. 이처럼 자기 이미지를 바꾸면 기존의 사고에서 벗어날 수 있다. 현재의 자신이 인플루엔서라고 자신하는 사람은 거의 없다. 언젠가는 인플루엔서가 되겠다고 말하는 사람도 드물다.

"나는 커서 뉴욕에 가서 전문 인플루엔서가 될 거야!"

"나? 난 IBM에서 일하고 있어. 최고 영향력 책임자이지."

"맞아, 난 두 아이를 헌신적으로 돌보고 있어. 거의 하루 종일 인플루엔서로 지내고 있지."

이렇게 말하는 사람은 거의 없다. 인생의 성공과 실패에 공통적으로 영향을 미치는 요소가 타인에게 영향을 줄 있는 능력이라는 사실을 모르기 때문이다. 만일 자신을 인플루엔서로 생각한다면 자신의 영향력을 확대하기 위해 더욱 새롭고 좋은 방법을 찾는 일에 훨씬 더 노력할 것이다. 신중한 충고로 남에게 영향을 끼치려 했으나 아무 성과도 없다면 어떻게 하겠는가? 설득을 중단하고 인센티브 등 다른 방법을 시도할 것이고, 그것도 실패하면 또 새로운 방법을 찾아볼 것이다. 진정한 변화주도자가 되려 한다면 육상선수가 기록을 단축하기 위해 노력하듯 열심히 노력해야 한다. 문제는 그런 노력 대신에 불평과 위협, 조소와 변명으로 일관하기 쉽다는 사실이다. 타인에게 영향을 주는 능력을 기르는 것이 자신의 임무라는 사실을 깨닫지 못하고 있는 우리의 현실이 안타깝다.

현실에 대처하는 우리의 자세

사람들은 영향을 미치기보다는 대처하려 하는 경향이 있다. 실제로 우리는 대처 방식을 고안하는 데 비상한 재주가 있다. 회사는 품질 관리 프로그램이 잘 안되면 감독을 고용하지만 정작 그의 말은 아무도 경청하지 않는다. 학부모들은 학교의 학습부진 원인을 해결하려 노력하는 대신, 불평을 늘어놓고는 아이들에게 과외를 시킨다. 다이어트와 운동을 한다지만 사이즈가 다른 옷들이 즐비하다. 지속적으로 하지 않기 때문이다.

국제적인 대처도 있다. 세상에서 가장 확산이 빠르다는 에이즈HIV를 막기 위한 움직임이다. 토론토에서 열린 제16회 국제에이즈회의 프로그램 안내책자는 사람들의 행동을 변화시키는 자신감의 결여를 분명하게 보여준다. 연설, 강연, 활동들 가운데 에이즈에 대처하는 방법을 다룬 내용이 90퍼센트를 넘는다.

물론 에이즈로 고통 받는 사람들을 돕는 일은 매우 중요하다. 환자들에 대한 차별을 줄이고 의료접근성을 향상시키는 방법에 대한 토론은 당연히 필요하다. 하지만 국제에이즈회의에서 에이즈를 처음부터 막기 위한 방법에 대한 내용은 10퍼센트도 채 되지 않는다는 사실은, 우리가 집단적인 무력증에 빠져 있음을 보여준다. 에이즈는 사람들이 조금만 달리 생각하고 행동하면 타인에게 전염되지 않는 병이다. 그런데도 이 병을 토의하는 핵심 포럼에서 인간 행동에 관한 주제는 거의 다루지 않았다.

마치 자동차들이 꼬리에 꼬리를 물고 낭떠러지로 돌진해 추락하는 것처럼 안타까운 현실이다. 한 지역사회의 지도자가 사람들이 떼죽음을 당하는 것을 보고 조치를 취한다. 하지만 그는 벼랑 끝에 서서 운전자들이 파멸을 향해 돌진하는 것을 막기보다는 벼랑 아래에 앰뷸런스를 대기시켜 놓는다. 에이즈 예방보다는 에이즈 환자 치료에만 대부분의 노력을 기울인다. 사람들의 사고와 행동을 어떻게 바꿔야 하는지 모르기 때문에 포기하는 것이다.

이런 대처의 증거는 도처에서 찾을 수 있다. 도박중독자들이 늘어나고 있다면서 중독을 치료하는 신약 개발에 노력을 집중한다. IT산업 부문의 성과가 저조하다면 아웃소싱할 수 있다. 배우자와의 불화가 잦다면 절차가 간편한 합의이혼을 법제화한다. 석방된 기결수들이 너무 빨리 재범죄를 저지른다면 그들의 석방을 늦춘다. 더 큰 교도소를 짓고 회전문을 만들고서는 평온함을 달라고 기도한다.

세상을 바꿀 수 있는 지혜

지난 해 미국 항공사들은 100억 달러 이상의 적자가 발생했고 수십만 명이 해고되었다. 그러나 사우스웨스트 항공은 14년 연속 수익을 내고 두 자리 수 성장을 달성했다. 사우스웨스트 항공의 리더들은 어떻게 그럴 수 있었을까? 그들은 모두가 적은 노력으로 많은 성과를 내게 한다. 비행기가 게이트에 머무는 시간을 줄여 항공기 활용도를 높인다. 고객들에게 더 좋은 서비스를 제공하고 수하물 사고를 줄인다. 다시 말해서 그들은 회사 전체에 걸쳐 뛰어난 성과를 가져다주는 행동을 낳는 영향력 전략을 가지고 있었다.

이 영향력 전략은 대부분 비즈니스 세계에서 사용되지만, 방글라데시 다카의 또 다른 영향력의 귀재는 4백만 명이 넘는 개발도상국 빈민들의 빈곤 탈출을 이끌었다.

한때 비만으로 고생하던 미국인들은 나쁜 식습관에 대해 지속가능한 영향력 전략을 개발함으로써 살과의 전쟁에서 승리했다.

태국에서는 영향력의 귀재들이 개발한 효과적인 영향력 전략 덕분에 5백만 명이 넘는 사람들이 에이즈 감염을 피할 수 있었다.

희망은 있다. 세상은 안이한 평온을 구하는 사람들로 가득하지만, 그 가운데에서 인간 행동에 영향을 미치는 것이 무엇인지 알고 세상을 더 좋게 바꾸려는 사람들이 있다. 우리는 그들을 만나기 위해 여기저기 찾아다녔다. 에티오피아, 멕시코, 남아프리카공화국, 태국, 방글라데시, 덴버, 보스턴 등 세계 여러 지역을 돌아다니며 그들이 무엇을 했는지 연구했다.

이 광범위한 연구를 통해 많은 것을 배울 수 있었다. 나는 인플루엔서들과 인터뷰할 때마다 경이로움과 겸손함을 느낀다. 신중하고, 체계적이면서 결코 요란스럽지 않고 끈질긴 이 영향력의 귀재들은 질환을 근절하고 성 차별을 없애고 기업을 회생시키는 등 무엇이든 해냈다. 이 영향력의 마법사 중 한 명은 영향력 전략을 통해 범죄자와 마약중독자들을 모범적 시민으로 변모시키기도 했다. 운이 좋아서가 아니라 변화주도자로서의 특성을 갖고 있었기에 가능한 일이다. 그들은 다른 사람들이 오랫동안 해결하지 못했던 문제에 영향력 전략을 적용하여 성공을 거두었다. 평온함으로는 아무도 성공할 수 없다. 그 결과 또한 특별하지 않다. 인플루엔서들은 주의 깊은 연구와 실천을 통해, 반복 가능하고 타인들도 실행할 수 있는 강력한 영향력 원칙과 전략들을 개발했다.

이 책은 그들의 지식을 당신에게 전해줄 것이다. 뛰어난 인플루엔서들의 원칙과 전략을 나눔으로써 당신의 영향력의 범위를 확대하기를 바란다. 나아가 당신의 삶을 영원히 바꾸기를 바란다.

이 책에서 우리는 세상을 바꾸는 인플루엔서들을 만날 것이다.

1
당신은 인플루엔서다

> 나는 영향력을 원했다. 그러나 결국 나는 훌륭한 대학총장이 되지 못했다.
> 창밖의 잔디 깎는 사람이 나보다 업무 장악능력이 훨씬 더 뛰어나다고 생각했다.
>
> 워렌 베니스

사람들에게 커다란 영향을 미치고, 세상의 모든 것을 바꿀 수 있으려면 무엇을 해야 할까? 이 질문의 답을 찾기 위해 우리는 샌프란시스코로 가서 영향력의 대가인, 미미 실버트Mimi Silbert 박사를 만났다. 실버트는 매우 고질적인 문제에 영향력 전략을 훌륭하게 적용해 위대한 인플루엔서가 되었다. 그녀는 샌프란시스코의 고소득층 거주지역에 본부를 두고 있는 델런시 스트리트 재단Delancey Street Foundation의 설립자이다. 이 재단이 운영하는 그녀의 복합기업인 동시에 재활원이기도 하다. 수십 개의 기업으로 이루어져 있고 모두 실버트가 이끌고 있다.

이 조직의 특징은 원생들이다. 실버트의 표현에 따르면 그들은 "성질이 고약하고, 인종차별적이며, 폭력적이고, 탐욕적이다. 그들

대부분은 도둑, 매춘부, 강도, 살인자들이다." 그녀는 계속 말했다. "30년 전 처음 이 일을 시작했을 때, 대부분의 원생들은 갱단에 속해 있었지요. 지금도 많은 사람들이 제3세대 갱단의 일원입니다." 아직도 그들은 두목으로부터 "돌아와라. 조직은 널 필요로 한다!"는 편지를 받는다고 한다.

실버트 박사의 신입 원생들은 평균 전과 4범이다. 대부분 노숙자였고 평생 마약 중독으로 지냈다. 그들은 델런시에 들어와 식당, 이삿짐 회사, 자동차 수리점 혹은 다른 델런시 계열 회사에서 일한다. 실버트를 제외한 델런시 직원들은 이런 범법자들과 마약중독자들이다. 이들을 돌보는 심리 치료사도, 감찰직원도 없다. 정부지원이나 경비, 지원도 없다. 30년 동안 14,000명의 원생들의 삶을 뒤바꿔놓은 그녀의 영향력 전략만 있을 뿐이다. 델런시에 들어온 사람들 90퍼센트 이상이 마약이나 범죄에서 완전히 손을 씻는다. 대학에 진학해 학위를 받고 전문직에 종사해 전혀 다른 삶을 산다.

델런시 원생 제임스

우리는 델런시에서 말끔하고 붙임성 있지만 강철 같은 눈을 가진 한 직원을 만났다. 편의상 제임스라고 부르자. 샌프란시스코에서 함께 숙식하는 다른 500명의 식원들처럼, 제임스는 전과자였고 마약중독자였다. 그는 일곱 살 때부터 가출과 범죄, 마약을 경험했다. 결국 열 살 때 일리노이 주 사법당국은 더 이상 그의 비행을 참지 못하고, 한 살 때 그를 버렸던 그의 아버지를 수소문했다. 그들은 제임스에게 더 이상 시카고에서 살 수 없다고 명령하며 오헤어 공항에서 그를 추방했다. 그의 행운을 빌면서.

캘리포니아 오클랜드로 가게 된 제임스는 부두 근처에서 아버지와 함께 살았다. 아버지가 그에게 가장 먼저 가르쳐준 것은 헤로인 사용법이었다. 이후 25년 간 그의 삶은 폭력 범죄와 마약, 그로 인한 감옥 생활의 연속이었다. 제임스는 6년 전 18년형을 선고 받았고 16년 동안은 가석방의 희망도 가질 수 없었다. 그때 그에게 델런시에 들어갈지 형량을 모두 채울지 결정할 수 있는 선택권이 주어졌다.

제임스는 6년 만에 상상할 수 없을 만큼 바뀌었다. 우리가 처음 델런시를 방문했을 때 그는 어엿한 전문직업인의 모습이었다. 2년 전부터 마약이나 술을 일체 가까이하지 않았다고 한다. 실버트 박사가 어떻게 그를 이렇게 바꾸었는지 알기 위해 우리는 이 책에서 자주 그녀의 노력을 다루려 한다. 그녀는 우리가 지금까지 연구해온 영향력 귀재들의 원칙과 실천에 의존하고 있다.

탄자니아에서 배운 원칙, 멕시코시티에서 가다듬은 행동, 팔로알토에서 개발한 이론을 결합하면 조지아 주의 랄프 헬스가 어떻게 4,500명이 넘는 기술자들의 행동에 영향을 미쳐 설계에서 생산까지 시간을 단축하며 수십억 달러의 매출을 올렸는지, 마이크 밀러는 어떻게 IT 집단의 문화를 바꿔 성과를 극적으로 향상시켰는지, 오랫동안 체중감량에 실패했던 사람들이 어떻게 성공했는지 알 수 있을 것이다. 무엇보다도 이 증명된 개념과 원칙과 이론들은 거대한 영향력의 보고를 개발하는 데 큰 도움이 될 것이다.

놀라운 긍정적 일탈 사례

우리는 더 철저한 방법을 찾아 샌프란시스코를 떠나 멕시코시티로 가서 텔레비전 프로듀서 미구엘 사비도Miguel Sabido를 만났다. 그는 한 번에 수만 명의 사람들을 설득시키는 방식을 사용했다.

사비도는 사람들의 사고와 행동을 바꾸기 위한 전략으로, 인생을 바꾸는 일일 드라마를 제작했다. 그는 문맹자들에게 글을 가르치기 위해 인기 드라마인 "벤 콘미고(나와 함께 가자)"를 활용했다. 그 결과 25만 시청자들이 그 드라마에서 소개한 무료 문해책자를 받기 위해 멕시코시티 거리로 쏟아져 나왔다. 사비도의 이 교육적 오락 프로그램은 수십 개 국가에서 방송되어 큰 성공을 거두었다. 그의 사례는 어떻게 최고의 교육도구인 텔레비전 드라마를 활용해 사람들의 행동을 바꾸는지 보여준다.

뉴욕에도 인플루엔서가 있다. 브라이언 완싱크Brian Wansink는 주변 환경이 체중감량에 어떤 영향을 끼치는지 연구했다. 우리는 완싱크 등이 '주변의 신비한 능력'을 얻는 법을 배움으로써, 아이들이 더 많은 책을 읽게 하거나 식원들이 서로 협력하게 하는 일에 그 방법을 적용할 수 있었다.

우리는 영향력 행사 방법을 배우기 위해, 조지아 애틀랜타 카터센터의 도널드 홉킨스 박사와 그의 연구진들을 만났다. 그는 몇 가지 핵심행동을 찾아내 아프리카와 아시아의 수백 만 사람들의 나쁜 습관을 개선했다. 홉킨스 박사와 동료들은 수백만 오지 마을 사람들의 위험한 물 마시기 습관을 바꾸어 놓았다. 그는 '긍정적 일탈Positive Deviance'의 원칙을 적용하기 위해 노력했다. 이는 모든 변화의 기본인 핵심행동을 찾기 위해 필요한 요소를 아는 데 도움이 되었다.

이제 구체적으로 살펴보자. 1986년 이후 홉킨스 박사와 그의 팀은 메디나선충병Guinea Worm Disease 박멸에 온힘을 쏟았다. 메디나선충은 90센티미터까지 성장하는 가장 큰 인체 기생충이며 사람 몸속에 들어가면 참을 수 없는 고통을 유발한다. 당시 수백만 명이 이 기생충에 감염된 상태였다. 서아시아와 사하라 사막 이남 지역 주민들은 대부분 정수되지 않은 고인 물을 마시는데, 이때 유충이 몸속으로 들어와서 장기 조직을 파고들어 점차 성충으로 자란다.

메디나선충은 성충이 되면 산과 같은 물질을 분비하며 숙주인 인체의 살갗을 뚫고 나온다. 기생충이 피부표면에 접근하면 산 분비로 인해 고통스러운 물집이 생긴다. 감염된 사람들은 이 끔찍한 고통을 가라앉히기 위해 마을 공동식수원에 뛰어들고, 기생충은 수십 만 개의 알을 낳아 식수원 전체를 오염시키는 악순환이 계속된다.

감염된 사람들은 몇 주 동안 일을 할 수 없다. 부모가 감염되면 아이들은 집안일을 돕느라 학교를 빠지게 된다. 작물재배와 수확이 어려워져 기아가 뒤따른다. 문맹과 빈곤의 순환은 대를 잇는다. 기생충에 의한 2차 감염으로 사망하기도 한다. 지난 3,500여 년 동안 메디나선충은 수십 개 국가에서 경제적 사회적 발전의 장애요소였다.

1986년 홉킨스 박사와 동료들은 메디나선충과의 전쟁을 선포했다. 홉킨스는 23,000개 마을 1억 2천만 명의 사람들이 단 일 년 동안 몇 가지 핵심행동만 바꾼다면 더는 감염이 일어나지 않는다는 사실을 알았다. 하지만 그처럼 많은 국가에 널리 흩어져 거주하는 사람들의 행동을 바꾼다는 것은 생각조차 하기 어려웠다. 게다가 보건체계가 부패해 있거나 아예 존재하지 않는 경우도 많았고 정치적으로도 불안했다.

하지만 홉킨스 박사 팀은 이 일을 해냈다. 그와 동료들은 인류 역사상 그 누구도 해내지 못한 일을 해냈다. 치료약을 발명하지 않고도 세계적인 질환을 박멸한 것이다. 홉킨스 팀은 불가능에 가까운 장애를 극복하고 사고와 행동에 영향을 미치는 것만으로 질환을 퇴치했다.

홉킨스의 성공이 개인, 기업, 지역사회에 시사하는 바는 매우 크다. 모두가 메디나선충 감염 같은 개인적 질환을 가지고 있다고 볼 수 있다. 그러나 자기파멸적 행동은 바꾸기만 하면 성공의 새로운 차원을 여는 열쇠가 된다. 홉킨스는 성공전략을 찾는 법을 가르친 후, 그 성공을 보장하는 핵심행동들을 찾는 법을 가르친다.

최고의 학자들과 함께한 연구

홉킨스, 실버트, 사비도 그리고 우리가 연구한 모든 인플루엔서는 동일한 이론적 기초를 가지고 있었다. 그 기초를 제공한 몇 명의 뛰어난 사회학자들을 소개하겠다. 먼저 자주 인용되는 학자 중의 학자, 앨버트 반두라 Albert Bandura가 있다. 그는 영향력 대가들에게도 스승과 같은 존재다. 훌륭한 인플루엔서들의 사무실 책장에는 으레 반두라의 책이 몇 권씩 꽂혀 있다. 그의 이름은 특히 우리 눈에 띄었다. 그를 처음 만난 때가 40년이 넘었으니 당연한 일이다.

1970년 대 중반 스탠퍼드 대학 연구실에서 반두라를 처음 만났다. 당시 그는 이미 '사회학습이론의 아버지'로 전설 같은 존재였고 온화하면서도 명석한 학자였다. 30년 후 다시 만났을 때도, 83세의 학자는 여전히 세상을 움직일 영향력 연구에 몰두하고 있었다.

반두라의 연구가 어떻게 영향력과 관계가 있고, 세상에 얼마나 큰 도움을 주는지 살펴보자. 반두라 박사는 인간 행동에 급격한 변화를 가져오는 놀라운 지식체계를 만들어냈다. 다른 이론가들이 수십 년 동안 연구해도 성과를 내지 못한 일이었다. 오랜 세월 집밖으로 나오지 못하던 공포증 환자들이 몇 시간 만에 자유롭게 바깥을 돌아다니게 되었다. 수십 년 동안 마약에 중독됐던 사람들이 몇 주 만에 온전한 정신 상태를 되찾고, 삶의 변화를 모색하기 시작했다. 평생 강박증에 시달리던 사람들이 몇 달 만에 새로운 습관을 갖게 되었다.

반두라는 타인의 행동을 관찰함으로써 인간의 행동이 형성된다는 사실을 보여주었다. 대부분의 심리학자들이 인간 행동은 직접적 보상과 처벌에 영향을 받는다고 생각하던 시절, 그는 과감하게 이런 연구결과를 내놓았다. 당시는 행동심리학이 지배하던 시대였지만 인간 행동을 변화시키는 방법에 대해 강렬한 호기심을 가졌던 반두라는 그런 단순한 설명을 인정할 수 없었다. 그는 기존의 이론을 과감하게 버리고 더욱 강력한 이론을 향한 새로운 시도를 시작했다.

반두라는 텔레비전 보급 확대에 비례해 폭력이 증가하는 것을 보고, 청소년들이 텔레비전을 통해 배우들이 때리고 부수는 폭력적 행동을 어떻게 배우는지 조사했다. 텔레비전 폭력의 영향을 조사하기 위해 반두라 팀은 장난감이 가득한 작은 방에서 보육원 아이들이 노는 모습을 유심히 관찰했다. 장난감 중에는 커다란 풍선 오뚜이 '보보인형'도 있었다. 인형 얼굴을 때려서 눕히면 다시 일어나 계속 때릴 수 있었다.

아이들은 여러 가지 장난감을 가지고 놀았다. 가끔 보보인형을 한두 번 때리기도 했다. 그런 아이들에게 새로운 공격적 행동을 보여주면 어떻게 될까? 관찰을 통해 그 행동을 배울까? 반두라는 그 결과를 알기 위해 공격적인 행동을 하는 한 여성의 비디오를 다른 아이들 집단에게 보여주었다. 비디오에 나오는 여성은 나무망치로 보보인형을 마구 때리다가 공중에 집어던지고 계속 발로 차고 깔고 앉아 짓이겼다.

비디오를 본 아이들은 그 모습을 하나씩 따라하며 행동으로 옮겼다. 그녀의 행동이 아이들에게 영향을 미쳤을까? 답을 알고 싶으면 실험용으로 촬영한 흑백영화를 보면 된다. 한 여자아이가 방으로 들어가더니 장난감 더미들을 뒤쳐 나무망치를 찾아낸다. 아이는 망치로 보보인형을 때리기 시작한다. 이 아이와 다른 수십 명의 아이들이 영화에서 보았던 공격적 행동을 따라했다. 장난감 권총으로 인형을 때리는 새로운 공격 모습을 보여주기도 했다. 반두라의 표현을 빌리면, "아이들은 창조적으로 행동을 각색하기도 했다. 한 귀여운 여자아이는 다른 인형을 무기로 사용하기도 했다."

반두라는 이 실험을 통해 인간이 타인의 행동에 영향을 받는다는 사실을 증명했다. 텔레비전이 조장하는 폭력이 시청자들에게 심각한 해악을 끼친다는 결과를 도출한 것이다. 그는 영향력 연구의 핵심을 찔렀다.

이 연구를 포함한 반두라의 다른 수백 가지 연구는 영향력에 대해 알아야 할 첫 번째 사실을 가르쳐준다. "영향력 전략은 연구되고 검증되고 습득될 수 있다"는 것이다. 반두라는 무엇에 집중해야 하는지도 알려준다. 타인의 변화를 원한다고 해서, 그들에게 어린 시절을 기억해내라며 오랫동안 괴롭힐 필요는 없다. 사람들을 조종하기 위해 초콜릿으로 유혹하지 않아도 된다. 사람은 당신 뜻대로 조종할 수 있는 장기판의 졸이 아니다. 비록 그들을 조종할 수 있는 수단이 있다 해도 말이다.

인간은 매우 복잡한 존재다. 생각하고, 관찰하고, 결론을 내리며, 행동한다. 우리는 이 사실을 알아야 한다. 그래서 세상을 바꾸려면 사람들의 행동을 바꿔야 하며, 행동을 바꾸려면 먼저 사고방식을 바꿔야 한다.

변화주도자로 가는 길

우리가 타인에게 영향을 주지 못하는 이유는 성품이 나쁘거나 동기가 부족해서가 아니다. 어떻게 할지 모르기 때문이다. 지속적으로 학습하면 해결되는 문제인 것이다. 우리는 강력한 인플루엔서가 될 수 있다. 다른 사람이 기적적인 변화를 일으키기만 기다릴 필요가 없다. 평온함을 달라고 기도하지 않아도 된다.

주제넘게 나서서 억지로 변화를 강요하지 않아도 된다. 격려의 말이나 끈질긴 주입도 필요 없다. 그저 자신을 인플루엔서로 보며 자기 이미지를 바꾸면 된다. 삶의 모든 영역에 걸쳐서 자기 이미지를 바꿔야 한다. 아울러 뛰어난 인플루엔서들의 행동을 연구하고 배워야 한다. 영향력의 대가들이 실행했던 전략들을 배우면, 오랫동안 우리를 괴롭혔던 문제들을 본격적으로 다룰 수 있을 것이다.

한 가지 전략만으로는 부족하다. 심각하고 집요하며 어려운 문제들을 하나의 방법으로 해결할 수는 없다. 모든 것을 한 번에 해결해주는 비법은 존재하지 않는다. 문제들을 해결하려면 여러 가지 영향력 전략이 필요하다. 그렇기 때문에 이 책에서 인플루엔서들이 사용하는 전략을 소개할 것이다.

이 전략들은 가치중립적이다. 헤로인 중독 근절에 사용될 수도 있고, 헤로인 중독을 일으킬 수도 있다. 고객중심의 기업문화를 창조하는 데 사용될 수도 있고, 그 문화를 파괴하는 데 사용될 수도 있다. 우리가 연구한 인플루엔서들은 높은 이상을 실현하기 위해 영향력 전략을 사용했다. 이처럼 세계 최고의 인플루엔서들이 사용하는 접근 가능하고 투명한 전략을 배우고 이해하면, 삶의 질을 향상시킬 수 있는 능력도 생긴다. 자신의 행동에 영향을 미치고 있는 요소들을 이해하면, 그에 대한 반응을 선택할 수 있는 힘도 더욱 커질 것이다.

우리가 연구하는 영향력 전략들이 당신의 지식과 결합되면, 당신은 영원한 변화의 길로 들어설 것이다. 여러 가지 방법을 사용하라. 삶이 향상될 가능성이 높아질 것이다. 모든 방법들을 결합할 방법을 찾으라. 머리로만 생각했던 변화를 실제로 만들 수 있을 것이다.

어떻게 변화시킬 수 있을까? 그 답을 찾아보자.

2
핵심행동을 찾는 법

최선을 다하는 것만으로는 충분하지 않다.
무엇을 해야 하는지 알고 나서 최선을 다해야 한다.

W. 에드워즈 데밍

타인을 변화시키려면 먼저 무엇을 바꿀지 정해야 한다. 영향력의 귀재들은 행동에 집중한다. 그들은 영향을 미치려고 하는 행동을 확인하기 전에는 성급하게 전략을 세우지 않는다.

여기서 가장 중요한 점은 몇 가지 행동이 큰 변화를 가져올 수 있다는 점이다.

대부분의 영향력의 귀재들이 발견한 획기적인 사실이 무엇인지 아는가? 그것은 바로 몇 가지 핵심행동에 집중할 때 엄청난 영향력이 발휘된다는 사실이다. 영향력이 큰 행동 변화로 수많은 문제들을 해결할 수 있다. 아무리 어렵고 골치 아픈 문제라도 말이다. 그런 핵심행동을 찾았다면 올바른 길로 들어선 것이다.

국왕의 생일선물과 에이즈 퇴치

핵심행동을 끈질기게 찾는 일의 중요성을 확인하기 위해 위왓 로자나 피타야코른Wiwat Rojanapithayakorn 박사를 만났다. 그는 어렵게 올바른 행동을 찾은 후에야 비로소 핵심행동 찾기의 중요성을 깨달았다.

1988년 태국의 국왕 라마 9세는 예순 살 생일을 기념하여 특별사면이라는 선물을 하사했다. 그러나 불행하게도 이 선물은 태국에 전염병을 풀어놓는 결과를 낳았다. 특사 전에는 교도소에서 주사 바늘을 함께 사용하는 죄수들만 에이즈에 걸린 상황이었다. 수년 동안 에이즈는 숙주들과 함께 감옥에 유폐되어 있었다. 하지만 생일을 맞은 국왕이 3만 명이 넘는 죄수들에게 특별사면령을 내리면서 상황은 돌변했다. 유폐 상태에서 벗어난 에이즈 바이러스는 일반인들에게 급속하게 퍼져나갔다. 불과 몇 달 만에 주사기로 마약을 투입하는 사람들의 절반이 에이즈에 감염되었다.

태국 전염병 전문가들은 두려움 속에서 에이즈가 이 마을 저 마을로 퍼져가는 것을 지켜보았다. 마약중독자들에 이어 성매매 여성들이 희생자가 되었다. 일 년 만에 성매매 여성 3분의 1이 에이즈 양성진단을 받은 마을도 있었다. 그 다음에는 기혼남성들이 그 재앙을 가정으로 옮겼다. 에이즈는 남자의 부인과 신생아에게도 전파되었다. 1993년 무렵 태국인 1백만 명이 에이즈에 감염되어 있었다. 세계 보건 전문가들은 몇 년 안에 태국이 세계 최고의 에이즈 감염국이 될 것이며 성인 4명 중 1명이 에이즈 보균자가 된다고 예측했다.

하지만 그런 일은 일어나지 않았다. 2년 만에 에이즈는 수그러들었다. 1990년대 후반, 위왓 박사의 놀라운 영향력 전략 덕분에 새로운 감염자 수가 80퍼센트나 줄어든 것이다. 2004년 태국 정부는 위왓의 노력 덕분에 5백만이 넘는 국민들이 감염을 피할 수 있었을 것으로 추산하고 있다.

하지만 쉽지 않은 일이었다. 첫 번째 시도는 실패했다. 에이즈가 태국 전역을 휩쓸 때, 위왓 박사는 동료들과 함께 라차부리 지방에서 분투 중이었다. 그는 전염병을 막으려면 대중의 경각심을 고취해야 한다는 것을 알고 있었다. 대책을 마련하고자 했지만 찾아내진 못한 보건 전문가들도, 전염병은 무지 속에서 창궐하니 에이즈에 대한 정보를 알려야 한다고 주장했다.

위왓 박사는 이 점을 염두에 두고 보건부 장관직을 수락했다. 그는 CEO가 품질, 서비스, 팀워크를 향상시키려 할 때와 똑같은 방식으로 대중 계몽에 나섰다. 포스터를 배포하고 교육도 실시했다. 유명인에게 텔레비전과 라디오에 출현해 대중을 교육시켜달라고 요청하기도 했다.

위왓 팀은 최선을 다했지만 그들의 노력은 실패로 돌아갔다. 2년 동안 열심히 일하고 많은 예산도 사용했지만 아무것도 이루지 못했다. 오히려 상황은 더욱 악화되었다. 위왓이 계몽책자를 집어던진 것도 그때였다. 더 이상은 에이즈의 급속한 전염을 막지 못한 사람들의 말을 듣지 않고 더 나은 전략을 찾기로 한 것이다. 위왓은 먼저 태국 전역의 에이즈 전파 사이클 관련 데이터를 연구하기 시작했다.

그리고 곧 새로운 에이즈 감염의 97퍼센트가 성매매 여성과의 관계에서 나온다는 사실을 발견했다. 수치가 약간 이상해 보이지만 태국에 15만 명이 넘는 성매매 여성이 있다는 사실을 알면 이해될 것이다. 성인 남성 150명 당 1명꼴이다. 낮은 성매매 가격과 개방적인 성문화로 인해 대다수의 태국 남성들은 정기적으로 사창가를 찾았다.

위왓 박사는 이 통계를 보고 어디에 집중해야 문제를 해결할 수 있는지 깨달았다. 정부는 대규모 성매매 산업의 존재를 공식적으로 부인하지만, 성매매 여성과의 성적 접촉이 전염병을 전파시킨다면 그 부분에 집중할 수밖에 없었다. 태국의 에이즈 감염자가 백만 명을 넘었을 때, 위왓은 정치·사회적으로 민감한 사항이라는 이유로 이 문제를 너무 오래 방치했다는 결론을 내렸다. 사창가에서 발생한 문제라면 해결책 역시 사창가에서 찾아야 했다.

위왓은 전국의 모든 성매매 여성을 설득해 고객에게 콘돔 사용을 적극적으로 요구하면 에이즈 확산을 막을 수 있다고 생각했다. 이것이 1차 전략이었다. 그는 모든 성매매 상황에 콘돔을 사용하게 하는 방법을 찾았다. 이 계획은 전 세계 학자들을 놀라게 할 만큼 큰 성공을 거두었다.

위왓은 핵심행동을 끈질기게 찾아낸 후 거기에만 온전히 집중했다. 그 결과 검증되지 않은 이전 방식에서 탈피해 실제로 효과 있는 해결책을 찾을 수 있었다.

그 무엇보다 먼저 행동을 찾으라

위왓의 성공은 첫 번째 행동 찾기 원칙을 보여준다. "선택할 수 있는 방법이 여러 가지일 때는 구체적인 행동에 집중해야 한다"는 원칙 말이다. 위왓은 영향을 미치고 싶은 정확한 행동, 즉 '콘돔 사용'을 찾아내자 곧바로 사람들에게 동기를 부여했다. 무엇을 해야 하는지 정확하게 인식한 것이다.

모든 영향력의 귀재들은 행동에 초점을 맞춘다. 변화를 원하는 구체적인 행동을 확인하기 전에는 전략을 세우지 않는다. 그들은 제일 먼저 이렇게 질문한다. "현재 상황을 개선하려면 실제로 무엇을 해야 하는가?"

행동이란 말을 오해하면 이 개념을 이해할 수 없다. 다이어트 중인 헨리 덴튼은 손자들의 대화를 우연히 듣고 체중을 줄이기로 결심했다. "우리 할아버지는 너무 뚱뚱해. 심장마비로 돌아가실 거야." 이 한 마디가 "소모되는 칼로리 이상은 섭취하지 않겠다"는 그의 전략을 낳았다. 그의 계획은 체중 감량 방법을 설명하는 데는 효과가 있지만 필요한 행동은 말하지 않는다. 그의 전략은 행동이 아닌 결과에 집중하고 있다. 그가 진짜 원하는 것은 "올바른 어떤 행동을 취하면 그 결과로 칼로리를 소모할 수 있다"는 것이다. 그러나 그가 어떤 행동을 해야 할지는 아직 알 수 없다.

결과를 행동과 혼동하면 심각한 문제가 발생한다. 실패한 대부분의 영향력 전략을 보면 수단과 목적의 혼동을 발견할 수 있다. 일례로 당신의 이웃이 십대들의 문제를 해결하기 위한 세미나에 참가한다고 해보자. 그녀는 중요한 사항을 편하게 이야기하려면 좋은 관계를 맺어야 한다고 생각한다. 맞다. 당연히 그래야 한다. 그러나 이것은 '무엇을 해야 하는가'가 아니라 '무엇을 이뤄야 하는가'일 뿐이다. 그녀의 생각은 실제로 이런 뜻이다. "뭔가를 하라. 그게 뭔지는 모르지만 좋은 관계를 낳는 행동을 하라."

위왓도 처음에는 이런 문제에 봉착했다. 전문가들은 그에게 계속 이렇게 경고했다. "엄청난 질병이 다가오고 있으니 조심해야 한다. 무서운 전염성을 지니고 있는 병이다. 곧 4명 중 1명이 감염될 것이다." 전문가들은 무지한 대중에게 이 심각한 문제에 관한 정보를 나눠야 한다고 주장했다.

그러나 정작 이 주장은 사람들이 실제로 해야 하는 행동을 구체적으로 말해주지 않았다. 그래서 위왓 팀은 대중에게 무엇을 어떻게 하라는 조치를 내리지 못했다. 어느 행동에 집중해야 하는지 알려주지 않으면 사람들은 올바른 행동을 선택하지 못하고 전염병은 계속 확산된다. 태국 시민들은 여기저기서 오싹한 정보를 주워듣고 많이 걱정했지만 질병을 막진 못했다. 그래서 영향력의 대가들은 어떤 도전에 직면하더라도 항상 행동에 초점을 맞춘다.

가장 중요한 핵심행동을 찾으라

위왓의 노력에서 가장 돋보이는 점은, 행동에 초점을 맞추지만 특히 효과가 큰 몇 가지 행동에 집중했다는 사실이다. 두 번째 원칙은 "몇 가지 핵심행동을 찾아내고, 그 행동을 바꾸면 어떤 문제도 쉽게 해결할 수 있다"이다.

대인관계를 연구하는 하워드 마크만은 몇 가지 행동에 집중함으로써 부부들의 이혼을 놀랄 만큼 정확히 예측한다. 그는 부부가 특정 행동을 실천하기만 해도 이혼율을 3분의 1 이상 낮출 수 있다는 사실을 발견했다. 그들의 공통관심사나 자라온 환경, 현재 상황 등을 연구할 필요도 없다. 그저 그들의 논쟁 모습을 지켜보기만 하면 된다. 마크만과 동료들은 단 15분만 할애하면, 향후 5년 동안 어느 커플이 행복하게 지내고 어느 커플이 이혼할지를 90퍼센트의 정확도로 예측한다. 15분 동안 마크만은 부부가 서로 의견이 다른 부분을 토의하게 하고 지켜본다. 그 대화에서 상당한 수준의 상대방 비난, 흥분, 무시, 냉정함 등이 나타나면 그 부부의 미래는 암담하다. 반면 어려운 대화를 나누더라도 서로를 존중하고 공유된 목적을 확인하고, 격앙될 때는 적절한 방식으로 흥분을 가라앉힌 후 다시 대화하는 부부는 행복한 미래를 보장받는다.

델런시를 이끌고 있는 영향력의 귀재 실버트 박사는, 생존 기술이라곤 전혀 없는 사람들과 함께 일하려면 자신의 영향력 전략을 좁혀야 한다는 사실을 알았다. 그래서 그녀는 몇 가지 핵심행동을 찾아

거기에만 집중했다. 그러지 않았다면 힘이 분산되어 모든 노력이 수포로 돌아갔을 것이다.

실버트 박사는 전과자들을 변화시키고 싶다면 가치관을 강조하거나 훈계하거나 감정에 호소하기보다는 행동에 집중해야 한다고 지적한다. 미미 실버트가 제임스에게 델런시에 온 첫날부터 가치관에 관한 설교를 늘어놓았다면 어떻게 되었을까? 제임스는 실버트가 매일 부딪히는 현실을 생생하게 묘사한다.

"원생들은 아침에 '굿모닝'이라는 인사를 들으면 욕으로 대답하죠. 예의나 격식과는 거리가 멀어요."

실버트 박사는 훈계하려 하지 않고 오로지 행동을 변화시키려고만 노력한다. 그것도 여러 가지 행동이 아니라 몇 가지 행동에만 집중한다. 실버트는 쓴웃음을 지으면서 이렇게 말했다. "한 번에 스무 가지 행동을 바꾸려 하면 실패하죠." 실버트는 변화가 필요한 행동을 찾았다. 전과자를 설득해 선량한 시민으로 바꾸는 핵심행동들을 찾아낸 것이다. 그녀는 14,000명이 넘는 범죄자들과 함께한 경험을 통해, 단 두 가지 행동이 변화의 빗장을 열어준다고 확신하게 되었다. 이 두 가지 행동에만 집중하면 다른 모든 행동과 가치관, 태도, 결과도 당연히 좋아질 것이다. 실버트는 이렇게 말했다.

"이곳에서 가장 힘든 일은 몸에 밴 범죄 집단의 규약을 버리는 거죠. 그래서 딱 두 가지만 요구합니다. '자기만 생각하라'와 '고자질하지 말라.' 이 두 행위만 바꿔주면 다른 모든 것이 변화되지요."

제임스가 부연 설명했다. "원생들이 문제를 직시하도록 도와주는 것이 중요합니다. 원생 중에는 어리석은 사람, 무지한 사람, 인종차별주의자도 있죠. 이 모두가 함께 이곳에서 먹고 자니 숙소는 항상 긴장되어 있기 마련이에요. 우리가 바꾸려는 것은 범죄조직의 문화이기 때문에 대화를 많이 하고 있습니다."

실버트는 항상 이 사실을 염두에 두고 두 가지 행동에 초점을 맞춘다. 그녀의 궁극적인 목표는 대화를 통해 범죄조직의 문화를 소멸시키는 것이다. 첫째, 그녀는 원생들에게 다른 사람들의 성공을 책임져줄 것을 요구한다. 둘째, 모두가 다른 사람들의 폭력에 대해 책임을 물을 것을 요구한다.

그래서 각 원생은 새로 들어온 원생들을 일주일 동안 맡는다. 예를 들면 당신이 델런시에 처음 들어왔다면, 일주일 동안 당신보다 먼저 들어온 사람이 당신을 옆에 두고 식당에서 서빙하는 법을 가르칠 것이다. 일주일 후 누군가 새로 들어오면, 당신은 그 신입에게 서빙을 가르쳐는 책임을 맡는다. 그 순간부터 사람들은 더는 당신에게 이래라저래라 말하지 않는다. 대신 '당신의 후배'가 잘하고 있는지만 묻는다.

그 다음에는 두 번째로 중요한 행동을 배운다. 규칙을 어기고, 빈둥거리고, 나쁜 언행을 사용하는 사람들에게 문제점을 거리낌 없이 지적해주는 것이다. 대부분의 전과자들은 이런 문제를 대수롭지 않게 생각하지만, 실버트는 그들이 이 두 가지 핵심행동에 집중함으로써 가치관과 태도를 근본적으로 바꾸도록 돕는다.

모범사례 연구

실버트와 위왓 같은 영향력의 대가들은 핵심행동을 지혜롭게 이용한다. 그것이 그들의 트레이드마크다. 계획 없이 생각대로 영향력 전략을 실행하지 않고 먼저 핵심행동부터 찾는다.

성공을 가져다주는 핵심행동들을 어떻게 찾을 수 있을까? 몇몇 사람들은 체중감량, 생산성 증가 등의 비법을 찾았다고 주장하지만, 실제로 어떻게 증명할 수 있는가? 다행히 모범사례를 연구하는 사람들이 어떤 행동이 성공적인 결과를 가져다주는지 예측할 수 있는 방법을 개발해놓았다. 이제 그 모범사례를 연구해보자.

훌륭한 교사양성 사례

우리는 이 모범사례를 연구하기 위해 솔트레이크 시티에서 에스나 레이드 박사를 만났다. 그녀는 수백 가지 행동 중에서 어떤 행동이 성공하는 사람과 실패하는 사람을 결정하는지 알아내는 방법을 가르쳐주었다. 그녀가 일상적으로 적용하는 그 기법은 핵심행동을 찾는 기준이 되었다.

막 박사학위를 받고 미래의 교사들에게 '학생들의 나쁜 독서습관'에 관한 강의를 시작할 무렵, 그녀는 지도교수를 찾아가서 물었다. "교수님이 가르치는 방법들이 실제로 효과가 있습니까?"

교수는 확실히는 모르겠지만 효과가 있을 거라고 했다. 그러나 효과에 대한 연구는 사실상 전무했다. 레이드 박사는 그 효과를 연구해야겠다고 생각했다. 그녀는 먼저 지역 교육청에 연락해 학생들의 독해력에 대한 통계가 있는지 물었다. 교육청은 20년간의 데이터를 가지고 있었다. 안타까운 현실을 보여주는, 대단히 유익한 연구 자료도 있었다. 학생들의 1학년 첫해의 시험 성적만 가지고 학생들이 3학년, 7학년, 그리고 그 이후에 어떤 성적을 낼지 예측할 수 있는 모델도 있었다.

레이드 박사와 통화한 사람은 "이 모델은 예측력이 아주 높다"고 자부했다. 레이드는 그 말에 깜짝 놀랐다. 그 모델은 현재의 교육시스템이 일학년 때부터 이미 성공 혹은 실패를 가른다고 주장하기 때문이다. 그 이후에는 아이가 어떤 노력을 하던지 결과는 바뀌지 않는다는 말이 아닌가.

놀라고 화난 레이드는 변화를 위해 교사들이 할 수 있는 일이 무엇인지 연구하기로 했다. '그 모델이 실패 그룹으로 예측한 아이들을 맡아서 그 모델이 틀렸음을 증명할 수 있는 교사들이 있을까? 만일 그 모델이 옳다면 성공하는 학생과 실패하는 학생의 차이점은 무엇일까?' 이후 레이드 박사의 천재성과 끈기와 결단력이 발휘되었다. 여러 자료 연구를 통해서 교사가 학생들을 맡은 후 그들의 성적을 향상시킨 사례들을 발견한 것이다. 일부 학생들은 성적이 크게 향상되었나.

레이드는 이렇게 말했다. "그들은 모델의 예측을 보기 좋게 무너뜨려 주었어요. 어떤 이유인지 학생들은 모델의 예측 결과와 달리 좋은 성과를 얻었지요. 반면 예측보다 더 나쁜 성적을 얻은 그룹도 확인할 수 있었습니다. 이 두 그룹에 어떤 일이 일어났는지 궁금했죠. 학생들이 모델 예측보다 더 좋은 성적을 얻게 만든 12명의 교사를 모아서 독해 수준을 예측치보다 높이기 위해 어떤 방법을 사용했는지 물었어요. 하지만 그들조차 성공요인이 무엇인지 모르더군요. 그리고 예측치보다 낮은 성적 그룹의 교사들을 모아서 단도직입적으로 물었죠. '왜 아이들의 학습 능력이 떨어졌나요?' 잠시 어색한 침묵이 흐른 후 그들은 자기도 모르겠다고 털어놓았어요."

이후 레이드는 5년 동안 우수교사와 평범한 교사를 가르는 핵심행동을 찾아내기 위해 갖은 노력과 엄청난 끈기를 발휘했다. 성과가 가장 좋은 교사와 성과가 가장 나쁜 교사를 관찰했고, 박사 과정에 있는 팀과 함께 확인할 수 있는 거의 모든 형태의 교수법 관련 데이터를 수집하고 분류하고 연구했다.

레이드는 열정적으로 연구결과를 설명했다. 그들은 우수교사와 평범한 교사를 나누는 행동들을 발견했다. 그 행동들이 성별이나 연령, 지역과 주제 등에 관계없이 동일하다는 사실도 입증했다.

처벌이 아닌 칭찬을 많이 하는 것은 중요한 핵심행동이다. 최고의 성과를 내는 교사들은 그렇지 않은 교사들보다 긍정적 성과에 대해 훨씬 더 자주 보상했다. 반면 성과가 낮은 교사들은 빨리 실망하고 투덜거린다. "내가 조금 전에 가르쳐줬잖아?" 반면 최고의 성과를 내는 교사들은 작은 향상에도 칭찬을 아끼지 않았고, 그러면 학생들은 더욱 신이 나서 열심히 공부했다.

또 다른 핵심행동은 수업과 질문, 시험 등을 번갈아가며 치르게 하고, 필요에 따라 방법에 변화를 주는 것이다. 성과가 낮은 교사들은 계속 단조로운 방식으로 수업만 하고, 학생들은 배우느라 애를 먹는다. 학생들이 동일한 실수를 반복하기도 한다.

두 가지 핵심행동을 설명한 후 레이드 박사는 말했다. "어떻게 이 두 가지가 우수교사와 평범한 교사를 가르는 핵심행동이 되는지 궁금하실 겁니다." 그녀는 벽장문을 열고 수십 편의 박사학위 논문을 보여줬다.

레이드 박사 팀은 30년 동안 같은 주제를 연구했다. "어떤 핵심행동이 우수교사와 평범한 교사를 갈라놓는가?" 그녀는 학습목표와 관련된 데이터를 찾아 예측모델을 무력화시킨 교사들과 그 모델대로 성과를 낸 교사들을 확인했다. 두 그룹을 관찰하면서 그들의 행동을 분류해, 어떤 행동이 효과가 있고 어떤 행동이 효과가 없는지 파악했다. 그러면서 결과적으로, 좋은 성과를 낳는 행동은 무엇이며 원하는 결과를 얻으려면 어떤 행동에 영향을 줘야 하는지 알게 되었다.

이런 모범사례 연구는 어느 조직에서나 실시될 수 있다. 나는 기업의 생산성 향상을 낳는 행동을 찾을 때 비슷한 기법을 사용했다. 우리는 직장에서 최고의 성과를 내는 직원과 평범한 직원들을 관찰, 비교한 후 두 가지 중요한 행동의 차이를 발견했다. 그 두 가지는 우리의 책 《결정적 순간의 대화》와 《결정적 순간의 대면》에 자세하게 설명해 놓았다.*

　각 분야의 연구자들은 최고의 성과를 내는 사람과 평범한 사람을 비교하여 그 차이를 만들어내는 특별하고 강력한 행동을 발견했다. 그저 책상에 붙어 앉아서 친구들과 이야기하다가 생각해낸 것이 아니라는 뜻이다. 성과 좋은 사람들에게 동료와의 다른 점이 뭐라 생각하는지 캐묻지도 않았다. 그들은 오직 입증된 실적의 소유자들을 면밀히 관찰하고 그들의 성공요인을 발견했을 뿐이다.

　이런 모범사례 연구는 학자들이 핵심행동을 새롭게 발견하고 그것을 실험그룹 참가자들에게 적용해야 제대로 검증된다. 만일 그들이 진짜 올바른 행동을 발견했다면, 실험그룹은 두 가지 핵심행동과 원하는 성과에서 대조그룹보다 훨씬 더 좋은 결과를 보여줄 것이다. 에스나 레이드의 성공을 생각해보자. 메인, 매사추세츠, 미시건, 테네시, 텍사스, 노스캐롤라이나, 사우스캐롤라이나, 네브래스카, 워싱턴, 버지니아, 하와이, 앨라배마, 캘리포니아에서 실시된 연구에서 주제, 학생, 학교 규모, 예산, 인구구성과 관계없이 레이드가 발견한 핵심행동의 변화는 성과를 향상시키며, 그것은 학생의 평생에 영향을 미친다는 것을 보여주었다.

　이 모범사례 연구에서 우리는 두 가지 중요한 사실을 배운다. 첫째로 성공하는 사람들이 어떤 행동을 하는지 발견하는 절차가 있다는 점이다. 우리는 다른 사람들의 핵심행동을 발견했다는 주장을 검

---

* 《결정적 순간의 대화》와 《결정적 순간의 대면》에 대해 구체적으로 알고 싶으면 웹사이트 www.vitalsmarts.com을 참고하라.

증할 때 무엇을 조사해야 하는지 알고 있다. 최고의 성과를 내는 사람들과 평범한 사람들을 과학적으로 비교하지 않았거나, 차이를 드러내는 행동을 발견하지 못했거나, 새로운 피실험자들에게 그 행동을 실험하지 않았거나, 그 결과의 변화가 나타나지 않았다면 잘못된 연구다.

둘째로 우리가 영향을 미치고 싶은 여러 부분에서 핵심행동 연구가 이루어진다는 점이다. 일례로 당뇨병에 걸렸을 때 건강하게 살기 위한 두 가지 핵심행동은 이미 잘 알려져 있다. 하나는 하루 4번 혈당량 검사를 실시하는 것이고, 또 하나는 혈당을 낮추기 위해 인슐린을 적절하게 조절하는 행동이다. 이 두 행동은 건강한 생활의 가능성을 높여준다. 주의 깊게 찾아보면, 훌륭한 학자들이 수많은 사람들에게 영향을 미치는 여러 가지 문제들을 해결할 수 있는 핵심행동을 발견했다는 사실을 알게 될 것이다.

긍정적 일탈 사례 연구

핵심행동을 찾아내는 또 하나의 좋은 방법이 있다. 바로 '긍정적 일탈(Positive Deviance, 보통의 노력과 의지로 할 수 있는 범위를 벗어나는 특별하고 좋은 성과를 낸 행동—옮긴이)"이다. 오랜 세월 검증을 거쳐서 사회학 연구에서 자주 사용되는 이 방법은 어떤 효과를 발휘할까? 아프리카와 아시아에서 이루어진 메디나선충 관련 연구들을 살펴보면 알 수 있다.

메디나선충은 카터센터와 질병관리센터 연구 팀이 고안한 전략에 의해 대부분 박멸되었다. 카터센터의 리더들은 에스나 레이드처럼 호사스러운 연구를 할 수 없었다. 수백 명의 마을 사람들을 대상으로 연구하고, 행동차이에 대한 통계분석으로 핵심행동을 찾아내기란 불가능했다. 그들은 다른 전략을 찾아야 했다.

'긍정적 일탈' 사례 연구는 문제를 해결하고 몇 가지 핵심행동을 찾아내는 데 매우 유익하다. 긍정적 일탈을 연구하려면 먼저 변화 대상인 마을이나 가족, 혹은 조직 한가운데에 뛰어들어야 한다. 그 다음에는 문제가 존재해야 하는데도 존재하지 않는 특이한 상황을 찾아서 연구한다. 마지막으로 성공하는 집단의 행동 특징을 찾는다.

카터센터는 메디나선충 문제를 해결하기 위해 이 방법을 사용했다. 그들은 아프리카 사하라 사막 이남 지역으로 가서 메디나선충 감염 환자가 있어야 하는데 없는 마을을 찾아다녔다. 특히 메디나선충이 창궐하는 지역에 인접해 있는 비감염 마을이 연구대상이었다. 결국 그들은 메디나선충 감염 환자가 거의 없는 특이한 마을을 찾아냈다. 마을 사람들은 대부분 메디나선충 감염 증세가 창궐하는 인근 마을과 같은 식수원을 사용했는데도 끔찍한 질환에 걸리지 않았다.

연구 팀은 금방 핵심행동을 발견할 수 있었다. 팀원들은 물을 길어와 처리하는 과정의 행동이 매우 중요하다고 보고 거기에 집중했다. 메디나선충 증세가 없는 마을도 이웃 마을들과 똑같은 방식으로 물을 길어왔다. 그러나 집에 돌아온 그들은 특이한 행동을 했다. 다른 물통을 가져와서 스카트로 입구를 막은 후 그 위에 물을 부었다. 그런 식으로 메디나선충의 유충을 효과적으로 걸러낸 것이다. 이것이 바로 핵심행동이었다. 메디나선충 감염 예방에 성공한 마을 사람들은 자신만의 해결책을 갖고 있었던 것이다.

연구 팀은 그밖에도 다른 핵심행동들을 충분히 조사했다. 그 결과 값비싼 정수기를 사용하지 않고도 손쉽게 정수할 수 있다는 것을 알게 되었다.

이런 경우는 우리 주변에서도 발견된다. 무신경하고 질 나쁜 의료 서비스를 하는 병원을 경험한 적이 있는가. 한 대형병원의 서비스 품질 지수가 13개월 연속으로 하락했다. 임상의 질은 매우 우수했지만 서비스 지수는 그렇지 못했다. 환자와 보호자들이 인간다운 대우와 서비스를 받고 있다고 느끼지 못하는 사실을 반영한다.

이에 병원장은 임원회의를 소집해 서비스 품질지수에 대한 자료를 나눠주고 문제를 제기했다. "이 문제를 해결하기 위해 우리 임직원 4,000명은 무엇을 해야 하는가?"라는 문제였다. 유능하고 평판 좋은 직원들 여섯 명씩 한 팀으로, 두 팀이 꾸려졌고 각각 병원 업무를 절반씩 맡았다. 긍정적 일탈 사례를 찾는 일이 두 팀의 임무였다. 그들은 높은 고객 만족도를 유지하고 있는 직원들을 찾았다. 병원의 시스템이나 금액, 직원휴게실 카펫 같은 것에는 전혀 신경 쓰지 않고 오직 타인에게 모범이 될 만한 행동-인지할 수 있고 반복할 수 있는 행동-에만 신경을 쏟았다.

두 팀은 수십 명의 환자와 그 가족들과 면담하고 직원들에게 조언도 구했으며, 인터넷을 뒤지고 다른 병원 동료에게 전화를 걸었다. 연구팀은 최고의 성과를 내는 사람과 평범한 사람의 차이점이 무엇인지, 어떤 행동인지 관찰했다.

그 결과 두 팀은 높은 고객 만족도를 가져다주는 핵심행동을 찾아냈다. 그들이 발견한 핵심행동은 다섯 가지였다. 미소 짓기, 환자들과 눈 맞추기, 자기 자신을 밝히기, 사람들에게 자신이 무엇을, 왜 하는지 알려주기, 그리고 "더 필요한 것 있으신가요?"라는 말로 대화를 끝내기였다.

임원들은 이 다섯 가지 행동 실행 전략을 세웠고 그 결과는 놀라웠다. 총 직원 4,000명이 다섯 가지 핵심행동을 시작하자 서비스 품질지수 하락은 멈추고 일 년 연속으로 극적인 상승곡선을 그렸다. 다섯 가지 핵심행동에 집중한 지 일 년 만에 동급 병원 중 최고의 병원이 되었다.

복구 행동을 찾으라

카터센터에서 고심한 메디나선충 문제를 살펴보면서 다음 행동 찾기 원칙을 생각해보자. 연구팀은 비감염 마을 사람들이 기생충 감염을 막기 위해 취한 행동을 발견한 후, 마을에서 감염 환자가 나타날 때 취하는 행동도 조사했다. 세 번째 행동 찾기 원칙의 전형, 바로 복구 행동을 찾는 것이다. 인간은 실수하지 않을 수 없기에 복구 계획을 세워둬야만 한다.

  비감염 마을 사람들은 기생충이 인체에서 나올 때 가장 위험하다는 사실을 알았다. 이미 설명했듯이 감염된 사람들이 끔찍한 통증에서 벗어나는 유일한 방법은 물속에 뛰어드는 것이다. 그러나 감염자들이 식수원에 뛰어든다면 기생충은 금세 타인에게도 전파된다.

  카터센터 팀은 긍정적 일탈을 보여준 마을 사람들이 감염 전파를 막기 위해 취하는 두 가지 조치를 발견했다. 첫째, 마을 사람들은 이웃에 감염자가 생기면 거리낌 없이 그 사실을 모두에게 알렸다. 기생충 감염이 정수되지 않은 물 때문이라는 사실이 확인된 후, 그 질환은 부끄러운 일이 되었고 감염자들은 창피스러워 하며 자신의 실수를 인정했다. 이 마을의 핵심 복구 행동은 감염자들이 못마땅하게 여기더라도, 친구와 이웃들이 감염사실을 모든 사람에게 거리낌 없이 말해주는 것이다. 사람들이 책임감을 갖고 규칙을 지키면 마을 사람들은 감염자로부터 자신을 지킬 수 있었다. 이 결정적 순간의 대화는 마을 사람들로부터 자발적 반응을 불러일으켜 두 번째 핵심 행동이 가능하게 만들었다. 기생충이 인체를 뚫고 나오려면 몇 주 혹은 몇 달이 걸리므로 마을 사람들은 그 동안 감염된 사람이 식수원에 얼씬도 못하게 했다.

  마을 사람이 감염 사실을 모두에게 알리고, 감염자가 식수원에 접근하지 못하게 하는 이 두 가지 복구 행동을 일 년 동안 실행하면 기생충은 영원히 사라진다는 사실이 밝혀졌다. 새로운 유충이 물속에 들어가지 못하기 때문이다.

긍정적 일탈 사례를 찾는 방법은 모든 분야에 적용할 수 있다. 미국의 한 대형 제조업체는 대규모 품질관리운동을 활성화하기 위해 이 기법을 사용했다. 수백 명의 직원들에게 시그마식스(결점을 완전히 제거하기 위한 품질개선 프로그램) 훈련을 실시했지만 아무 성과도 얻지 못한 회사였다. 이해하기 어려운 이유로 인해 시그마식스 과정을 수료한 사람들은 오랫동안 배운 이론을 현실에 적용하지 못했다. 진상 파악을 위해 나와 동료, 매니저 몇 명이 긍정적 일탈 사례를 찾기 시작했다. 우리는 두 가지 측면에서 접근했다. 회사에서 그 이론을 잘 적용하는 방법을 찾은 팀이 있는지? 있다면 다른 팀도 같은 기법을 적용할 수 있는지? 우리는 시그마식스 기법을 성공적으로 적용하고 있는 4개 팀을 찾아냈다. 그러나 다른 팀들은 그러한 노력에 냉소를 보이고 적용을 포기했다.

긍정적 일탈 사례를 보여준 팀들은 어떻게 실패와 그에 따른 냉소를 피할 수 있었을까? 연구자들은 실패한 팀원들과의 면담을 통해 그들의 냉소가 3가지 경험에서 비롯되었음을 발견했다. 첫째, 그들이 제시한 혁신 제안을 상급자가 무시했다. 둘째, 팀에 아무도 손쓰지 못할 만큼 무책임한 동료들이 있어서 개선 아이디어를 내봐야 실행이 불가능하다고 생각했다. 마지막으로 개선 노력을 가로막는 경영방침이나 경영진의 결정에 무력감을 느꼈다.

반면 성공한 팀들은 모든 면에서 그들과 정반대였다. 그들 역시 이 세 가지를 경험했지만 대응 방식은 완전히 달랐다. 지혜롭게 행동해 스스로 패배의식에 사로잡히지 않았다. 그들의 '복구 행동'에는 동료들이 피하는 대화를 적극적으로 시도하는 자세도 포함되어 있었다. 그들은 강력하면서도 기술적으로 상급자에게 도전했고, 자기 몫을 하지 않는 동료들에게 솔직하게 문제를 지적했다. 냉소적인 동료들이 기피하는 경영자들에게, 개선에 방해되는 경영방침이나 관행을 솔직하게 이야기했다.

우리는 그 팀들이 시그마식스 실행에 성공을 거뒀다는 결론을 내렸다. 그들이 더 잘 배웠다거나 상사들에게서 더 많은 지원을 받아서 성공했다기보다는, 결정적 순간의 대화에 적극적으로 나서는 방법을 알고 있었다고 판단했다.

긍정적 이탈 사례 연구는 핵심행동을 찾는 그 방법이 모두에게 사용될 수 있기 때문에 효과적이다. 먼저 변화 대상자들과 환경을 조사하라. 다음에는 그 문제를 경험해야 하는데도 하지 않고 있는 사람들을 찾으라. 그리고 그들과 다른 사람들을 구분하는 특별한 행동을 찾으라. 긍정적 일탈 기법을 자신에게 적용할 때는 현재의 자신과 과거 성공했을 때의 자신을 비교해야 한다. 성공했던 기억을 되살려 어떤 행동으로 성공할 수 있었는지 생각해보라. 그리고 복구행동을 찾으라.

당신의 결과를 검증하라

한 가지 주의할 점이 있다. 학자들은 에스나 레이드와 같은 표준연구방법으로 성과가 가장 높은 사람과 가장 낮은 사람을 비교하고, 행동을 분류·기록하고, 컴퓨터로 어떤 행동이 어떤 결과를 낳는지에 대해 답을 얻는다. 그러나 긍정적 일탈 기법을 사용하면 이런 호사를 누리지 못한다. 실천가들은 현장에서 성공한 피실험자들에 대한 면담과 관찰을 통해 성과가 가장 높은 사람들이 그렇지 못한 사람들과 어떻게 다른지 발견해낸다. 그 다음에 성공을 가져다주는 요인들을 머릿속으로 생각, 정리하며 결론을 내린다.

  이는 문제가 될 수 있다. 사람은 쉽게 오해하고 잘못 생각할 수 있기 때문에, 머리로만 생각하며 최종 결론을 내리면 틀릴 수 있다. 메디나선충 감염에 대한 결론은 쉬운 경우였다. 기생충의 생명주기는 이미 현대 의학으로 밝혀졌다. 그래서 연구팀은 마을 사람들이 스커트로 유충을 걸러내고, 기생충 감염자의 식수원 접근을 차단하는 행동을 관찰하고서는 즉시 정확하게 그 두 행동이 기생충을 제거했다는 결론을 내릴 수 있었다.

  그러나 중요한 이슈에 관해 타인과 대화하는 경우라면 상황이 다르다. 이처럼 미묘한 사안의 경우에는, 형체도 없는 대인관계 기술이 과연 시그마식스 훈련에 효과적이었는지는 확신하기 어렵다. 성공한 팀은 실패한 팀과 달리 이 부분에서 발전이 있었다고 보고했지만, 솔직한 대화가 정말 그런 차이를 낳았는지는 증명할 수 없다.

  컴퓨터 분석 없이 추론에만 의존하면 과학과 비과학의 경계를 넘나들며 혼란스러울 수 있다. 미신은 엉터리 결론을 먹고 산다. 리더가 육감에만 의존하면 기업이 망할 수도 있다.

자신의 관찰 방법과 결론에 자신이 없다면 인과관계를 검증해야 한다. 새로 발견한 핵심행동을 실패한 집단이 행하게 한 후, 그 행동이 실제로 원하는 결과를 도출하는지 확인해야 한다. 시그마식스의 경우, 나는 3가지 핵심행동을 4,000명의 공장 직원들에게 가르쳤고 시그마식스 투자에 대한 회사의 즉각적 이익을 확인했다. 카터센터와 질병관리센터 팀이 프로그램을 시작한 이후, 메디나선충은 11개국에서 박멸되었고 나머지 9개국도 열심히 기생충과 싸우고 있는 중이다. 두 가지 핵심행동에 초점을 맞춘 영향력 전략 덕분에 감염건수는 전 세계적으로 99퍼센트 이상 떨어졌다. 올바른 핵심행동이었음이 입증된 것이다.

일상 속의 핵심행동

가정에서도 핵심행동을 찾아보면 어떨까? 대부분의 사람은 아프리카 사하라 지역의 메디나선충이나 공장의 시그마식스 실패 사례를 다룰 일이 없다. 그렇기에 자신에게는 어떤 행동 찾기 방법이 맞을지 궁금할 것이다. 열심히 다이어트 중인 헨리 덴튼이 체중 감량을 돕는 몇 가지 핵심행동을 찾는 사례에 관심이 가지 않는가?

　헨리는 먼저 살을 빼고 그 상태를 유지하는 데 어떤 행동이 적합한지 아는 전문가들의 조언을 구해야 한다. "섭취한 것보다 많은 칼로리를 소모할 것이다"처럼 결과에만 초점을 맞추지 말고 그러기 위한 핵심행동을 찾아내야 한다.

헨리는 전국체중조절기록소National Weight Control Registry가 최고의 성과를 낸 사람들과 그렇지 못한 사람들을 비교해 체중 감량을 위한 핵심행동을 찾아냈다는 사실을 발견했다. 이 기관은 최소 14킬로그램을 줄이고 그 상태를 6년 이상 유지한 사람들을 조사했는데, 보유 데이터는 3가지 핵심행동을 보여준다. 즉 다이어트에 성공한 사람들은 집에서 기구를 사용해 운동하고, 아침식사를 거르지 않으며 매일 체중을 잰다.

이 핵심행동은 헨리에게는 좋은 출발이 되지만 어디까지나 시작에 불과하다. 이후로는 자기 상황에 적합한 전략을 확인해야 하는데, 이는 긍정적 일탈 연구를 실행하면 알 수 있다. 즉 과거 다이어트에 성공했을 때와 현재의 자신을 비교해보고, 무엇 때문에 체중이 줄었는지 자신에게 물어봐야 한다.

일례로 헨리는 건강식을 했던 과거 상황을 떠올리면서 점심시간을 조심해야 한다는 사실을 깨달을 수 있다. 그는 식당에 갔을 때 무엇을 주문해야 하는지 미리 생각했다가 건강식을 주문한다. 그러지 않으면 폭식하거나 건강에 나쁜 음식들을 먹게 되기 때문이다. 쇼핑할 때도 위험하다. 별 생각 없이 기름기 많은 식품을 구입하면 결국 그것을 다 먹어야 하니 말이다. 헨리는 집에서 억지로 식욕을 억누르는 것보다 건강에 나쁜 식품을 사지 않는 일이 훨씬 쉽다는 사실을 깨닫는다.

헨리는 음식을 먹고 싶을 때마다 우울해지는 경향이 있다. 어차피 다이어트에 실패했으니 소원성취나 하자는 자포자기의 심정으로 실컷 먹은 후 우울해진다. 그의 탐식은 일주일간의 음주로 이어지면서 다시 2킬로그램이 찐다. 그는 이런 자신의 약점을 생각하면서, 다시 과거의 습관으로 돌아가거나 음식을 절제하던 습관과 멀어지려고 할 때마다 복구 계획이 필요하다는 사실을 깨닫는다. 그는 이후 다이어트를 계획할 때는 최근의 탐식습관을 고려해 목표를 재정비할 것이다. 너무 적게 먹거나 너무 많이 운동하며 만회하려고 하지 않고, 현재 상태에 맞게 새롭게 짠 건강계획을 즉시 실시할 것이다.

마지막으로 헨리는 자신에게 어떤 행동이 적합한지 확인하기 위해 수십 가지 간단한 실험을 할 것이다. 한 가지 방법에 몰두하기보다는 자신에게 적합한 방법을 찾을 때까지 여러 가지 운동기법과 음식요법과 쇼핑방식을 실험하고 식당을 찾아볼 것이다.

요약: 핵심행동을 찾으라

행동을 찾으라. 행동에 초점을 맞춘 전략을 찾으라. 결과를 마치 행동인 것처럼 말하는 전문가들에게 속아서는 안 된다. 당신은 이미 어떤 결과를 얻고 싶은지 알고 있다. 그러니 무슨 행동을 해야 하는지 알아야 한다. 모호한 조언을 조심하라. 전문가의 조언을 잘 이해하지 못하는가? 너무 추상적이고 여러 가지 행동을 포함하고 있어서일 가능성이 크다. 게다가 그들이 말하는 행동들이 상당히 잘못된 것일 수 있다.

핵심행동을 찾으라. 영향력의 대가는 몇 가지 행동이 큰 변화를 가져온다는 사실을 알고, 변화의 흐름을 만들어내는 핵심행동을 찾는다. 문제가 크건 작건 수십 가지 행동에 노력을 분산시키면 변화에 필요한 행동을 제대로 행할 수 없다. 모든 사람이 겪는 일반적인 문제라면, 이미 전문가들이 핵심행동을 찾아냈을 것이다.

당신의 개인적 상황에 맞는 핵심행동을 찾고 싶은가? 그렇다면 긍정적 일탈을 연구하라. 당신이나 다른 사람들이 겪는 문제를 경험하지 않은 사람들과 장소, 시기 등을 연구해, 그 차이를 만드는 특별한 행동을 찾으라.

복구 행동을 찾으라. 사람은 누구나 실수하지만, 어떤 사람들은 실수 때문에 절망하는 대신 금세 회복할 수 있는 방법을 찾는다. 일례로 헨리는 어느 날 하루 자신의 다이어트 계획을 지키지 못했다고 좌절하지 않는다. 그는 하루의 실수를 다이어트 실패의 신호로 생각하고 자포자기하거나 자제력을 잃지 않는다. 오히려 무엇이 잘못되었거나 약점인지 살펴보고 시정하게 만들어주는 신호로 여긴다.

헨리는 복구 행동을 찾기 전까지 일보 전진에 이보 후퇴 과정을 반복했다. 그러나 이제는 문제에 부딪혀도 뒷걸음치지 않는다. 실수 때문에 포기하지 않고 오히려 배움의 출발점으로 받아들인다. 복구 행동은 변화주도자의 영향력 전략에서 대단히 중요하다.

당신의 결과를 검증하라. 마지막으로 당신이 직접 조사하여 효과적인 핵심행동이라고 생각하는 행동 후보군을 발견했다면 그것을 검증하라. 그대로 행동했을 때 당신이 원하는 결과가 나오는지 살펴보라. 핵심행동이 있고 없고의 차이점만 비교하지 말고, 원하는 결과가 나타나는지 확인하라.

핵심행동을 쉽게 드러내고 검증하기 위해 간단한 실험을 해보는 것도 좋다. 계속 가설만 세우지 말고 거창하게 실험하려 하지도 말라. 신속하고 쉬우며 안전한 실험을 실시하는 습관을 가지라.

직접 모범사례 연구를 하든, 긍정적 일탈 사례를 찾든, 간단한 실험을 하든, 핵심행동을 확인한 사람들을 찾든, 중요한 사항은 항상 같다. 대충 하고 지나치거나 주변 사람들의 조언을 무작정 받아들이거나 육감에 의존하지 말라. 그 대신 세계 도처에 있는 영향력의 귀재들이 행한 선례를 따르라. 핵심행동을 찾으라. 그러면 안이한 평온을 구하지 않아도 된다.

3
생각을 전환하는 방식

사람은 세 종류가 있다. 읽어서 배우는 사람이 있고,
관찰해서 배우는 소수의 사람들이 있으며,
그 나머지 사람들은 전기 울타리에 오줌을 누고 어떻게 되는지 직접 확인해본다.

윌 로저스

바꾸고 싶은 행동을 확인했으면 사람들이 생각을 바꾸도록 설득해야 한다. 사람들의 행동을 바꾸려면 먼저 행동을 바꾸고 싶은 마음이 생기게끔 사고방식을 바꿔주어야 한다. 하지만 심각하고 어려운 문제가 걸려 있으면, 사람들이 세상을 달리 보도록 설득하기란 쉽지 않다. 그들은 시각을 바꾸려고 하는 당신의 시도에 거부반응을 보인다. 낡고 비합리적 사고와 터무니없는 생각을 고집할 것이다.

  사람들이 그들의 인생에 영향을 미치려는 당신의 노력에 거부감을 보이는 이유를 알기 위해 다시 앨버트 반두라 박사를 만나보자. 그는 사람들이 행동하는 이유에 관한 이론을 만들었고, 사람들의 행동을 바꾸는 방법을 찾아냈다.

공포증 환자에게서 배우다

지난번 반두라 박사를 방문했을 때, 그는 예쁜 옷을 입은 어린 여자아이가 보보인형에 올라타 나무망치로 때리는 모습을 관찰하고 있었다. 인간이 타인의 행동을 따라 배우기 때문에 따분하고 고통스러운 시행착오를 피할 수 있음을 연구 중이었다. 반두라는 사람들이 타인의 행동을 관찰함으로써 배운다는 사실을 발견한 후, 잘못된 인식으로 고통 받는 사람들을 도와주는 일에 관심을 돌렸다. 그는 뱀 공포증 치유법을 찾는 데 노력을 집중했다.

공포증 환자는 사람들의 사고방식을 바꾸는 법을 배울 수 있는 적합한 사례다. 첫째, 공포증 환자의 감정은 왜곡되어 있으며 그 두려움을 없애는 것이 선결과제다. 둘째, 공포증 환자는 항상 변화를 거부한다. 친구들과 사랑하는 사람들의 끊임없는 충고에도 불구하고 오랜 세월 동안 터무니없는 망상을 고집한 공포증 환자들의 잘못된 인식을 어떻게 바꾸는지 살펴보자.

반두라는 피실험자들을 찾기 위해, 뱀만 보면 온몸이 얼어붙는 듯한 공포를 느끼는 사람들에게 심리학과 지하실로 와달라는 광고를 뉴스에 냈다. 오싹한 광고인데도 수백 명이 지하실로 몰려들었고, 다들 뱀을 지나치게 무서워하는 사람들이었다. 그들 대부분은 뱀에 관한 끔찍한 악몽을 꾸었고 집안에서만 지냈다. 작고 무해한 정원뱀까지 무서워하는 바람에 주변 사람들의 비웃음과 조롱을 받았다. 그들이 치료를 받기 위해 모여든 것은 이상한 일이 아니다. 그들은 절망에 빠져 있었다.

뱀은 무섭지 않아요

반두라 박사 팀은 피실험자들이 확보되자 본격적인 연구에 들어갔다. 근거 없는 생각에 빠진 사람들을 설득해 변화시키려면 무엇이 필요한지 말이다. 피실험자들이 무릎에 1.8미터 길이의 붉은꼬리보아뱀을 올려놓고 앉으면 치료에 성공한 것이다. 가능할까? 당연히 처음에는 어느 누구도 뱀을 가둔 투명용기가 있는 방에 들어가려 하지 않았다.

반두라는 일반적인 방법을 사용하지 않았다. 즉 말로 피실험자들을 설득하려 들지 않았다. 사람들은 비현실적 공포(혹은 어리석은 생각)에 빠진 사람들에게는 전문가답게 문제를 잘 설명해주면 고칠 수 있다고 생각하지만, 반두라는 그러지 않았다. 그는 공포증을 극복하는 최선의 방법은 두려움의 대상과 대면하면서 극복하는 것이라고 생각했다. 말로 하는 설득과 강요는 환자들의 두려움과 무력함을 더 증대시킬 뿐이라고 생각했다.

공포증 환자들은 공포의 대상에 정면으로 맞서서, 그 공포가 근거 없고 부당한 것임을 증명해야 하는데도 그러지 못하기 때문에 두려워한다. 공포증 환자들에게 말로 설득하는 것은 통하지 않고, 직접적 경험을 통해 극복하게 만들 수도 없다. 그렇기 때문에 설득은 하되 직접적 경험이 필요 없는 다른 방법을 찾아야 한다. 이 방법은 영향력의 귀재들이 사용하는 가장 중요한 수단이다. 바로 '대리경험 vicarious experience'이다.

대리경험의 효과를 살펴보자. 피실험자들을 핵심행동을 취하는 사람들에게 노출시키면, 대리행동을 하는 사람의 성공과 실패에서 배울 수 있다. 타인의 행동 관찰은 직접경험 다음으로 좋은 방법이다. 1.8미터짜리 보아뱀을 만지는 것보다 훨씬 안전하다.

반두라는 피실험자들에게 출입구에 지켜서서 치료사가 뱀을 만질 때 어떻게 되는지 눈으로 확인해달라고 요청했다. 그것도 힘들다면 유리창을 통해 지켜봐도 된다고 했다. 이제 치료사가 뱀이 있는 방에 들어와서 뱀을 바라보다가 투명용기를 열고 뱀을 어루만진 후 마침내 뱀을 들어 자기 무릎 위에 올려놓는다. 그 과정을 모두 지켜본 피실험자들에게 반두라는 치료사와 똑같이 하라고 요청했다. 피실험자들은 방에 들어가는 일조차 힘들어했다. 하키장갑과 포수용 보호 장구를 요청한 사람도 있었다.

나름으로 무장한 피실험자들은 방에 들어가 뱀이 든 투명용기 앞에 섰다. 여러 번 시도한 끝에 결국 그들은 투명용기를 열었고 재빨리 방에서 도망쳐 나왔다. 아무 해도 입지 않았다. 몇 번의 실험을 거친 후 결국 그들은 뱀에 손을 댔고, 나중에는 맨손으로 뱀을 만졌다. 결국 그들은 1.8킬로미터가 되는 보아뱀을 붙들고 앉았다.

이것은 실제로 일어난 기적이다. 이 모든 과정은 고작 3시간 밖에 걸리지 않았다! 끔찍한 공포로 불안한 삶을 살던 사람들이 반나절 만에 완전히 치료되었고, 그 결과는 평생 지속되었다. 공포증을 가진 사람들은 뱀을 직접 접촉한 이후 다시는 공포를 느끼지 않았다. 그들의 인생은 근본적으로 달라졌다.

반두라 박사는 이렇게 말한다. "피실험자들이 공포증에서 벗어나 자유롭게 활동할 수 있어서 기쁩니다. 그들은 이제 더는 뱀을 두려워하지 않기 때문에 온전한 삶을 살게 될 것입니다. 게다가 스스로 변화할 수 있다는 자신감도 얻었지요. 뱀에 대한 두려움을 극복할 수 있었기 때문에 다른 문제들도 극복할 수 있을 겁니다."

원인과 결과의 지도를 바꾸라

반두라의 연구는 인간 행동에 대한 가르침을 주고 있다. 그의 학습이론은 우리가 연구한 거의 모든 영향력 귀재들에게 학문적 토대가 되었다. 그의 이론 또한 우리가 무엇을 얻어야 하는지, 즉 사람들이 어떻게 생각을 바꾸게 하는지 알려준다.

'생각하는 동물' 인 인간은 행동을 선택할 때, 그 행동을 하면 어떤 결과가 나타나는지 고려하기 마련이다. 행동에 영향을 미치는 사고는 원인과 결과로 이루어져 있다. 일례로 이런 생각이다. '내가 뱀을 만지면, 뱀은 내 팔을 감아서, 나를 바닥에 쓰러트리고, 내 몸을 칭칭 감아서, 날 삼켜버릴 것이다. 그래서 나는 뱀을 멀리한다.' 지각해서 아침회의에 늦었는데도 아무도 신경 쓰지 않으면, 회의시간을 지키지 않아도 된다는 생각이 들 수 있다. 당신의 딸은 졸업 파티 때 재미삼아 마약을 해보면 기분이 끝내줄 테니 딱 한 번만 해야겠다고 생각할지 모른다. 그리고 실제로 해본다.

행동을 바꾸고 싶으면 인과의 지도를 바꿔야 한다.

많은 사람들의 생각은 불완전하거나 부정확하다. 이런 잘못된 생각으로 인해 사람은 파괴적이고 불건전하고 불편한 행동을 하게 된다. 오늘날 인간의 문제는 모두 이런 행동에서 비롯된다. 어느 상황에서나 그 사건에 대한 사람들의 해석이 사실을 호도한다는 점을 알아야 한다. 그런 해석이 모두 사실에 근거를 두고 있지 않기에 신화와 동화, 어리석은 오해와 미신, 공포가 생긴다.

사람들을 설득해서 그들의 생각을 바꿔, 궁극적으로 그들의 행동을 바꾸려고 할 때, 모든 생각을 버리게 할 필요는 없다. 시드니가 오스트레일리아의 수도라는 생각은 옳지 않지만, 남에게 전혀 영향을 미치지 않는다.

타인의 행동을 바꾸고 싶다면 그들이 두 가지 질문에 대답하도록 도와줘야 한다. 첫 번째 질문은 "해야 할 가치가 있는가?"(만일 가치가 없다면 그 이유는 무엇인가?)이며, 두 번째 질문은 "그들은 할 수 있는가?"(만일 할 수 없다면 왜 시도하는가?)이다. 행동을 바꾸려면 이 두 가지 질문만 생각하라. 해야 할 가치가 있는가?(뱀을 만져도 안전할까, 뱀에게 물릴까?) 나는 할 수 있는가?(나는 뱀을 만질 수 있을까, 방에 들어가 사사삭 기설할까?) 행동을 바꾸려 한다면 이런 기대부터 바꿔야 한다.

우리가 타인의 행동을 바꾸기 위해 사용하는 가장 일반적인 수단은 말로 하는 설득이다. 쉽고 편하며(말은 어디서나 할 수 있다) 효과도 오래 간다. 사람들이 우리의 지식과 동기를 신뢰하면, 그들은 우리의 요구를 따르기도 한다.

하지만 어려운 문제일 때는 구두설득이 큰 효과를 발휘하지 못한다. 구두설득은 종종 공격이나 잔소리, 조종하고 있다는 느낌을 주기 때문이다. 잘못된 행동을 고수하는 사람들은 분명 여러 번 그 행동에 대한 지적을 받았을 것이다. 다만 효과가 없을 뿐이다.

만일 당신이 바꾸려 하는 사람들의 행동이 자신에게 장기적으로 좋은 보상이 되거나(대부분의 중독증처럼) 사회의 가치관과 관련이 있다면(대부분의 전통이나 신조), 그들은 자신의 행동이 정당하다고 주장할 수 있다. 반면 그것이 쾌락적이고 편안한 행동이라면 쉽게 포기하지 않을 것이다.

만약 그들에게 당신의 방식대로 세상을 보라며 강압적이고 노골적으로 설득하면, 그들은 당신의 말을 무시할 것이다. 오히려 반대 주장을 펼치면서 당신 논리의 허점과 사실관계의 잘못을 캐내려 할 것이다. 그들은 현재 상태를 유지하기 위해 당신이 틀렸다고 말하는 데서 그치지 않고 당신이 틀렸음을 증명하려 할 것이다. 이미 그들은 최종 판단을 내렸기 때문에 당신은 매번 설득에 실패하고 말 것이다.

좋은 설득수단은 직접경험이다. 끈질긴 문제라면 구두설득 대신, 사람들이 당신과 같은 방식으로 세상을 직접 경험하도록 도와주는 방법이 가장 좋다. 직접경험은 인지 지도cognitive map를 변화시키는 방법 중에서도 가장 기본이다. 뱀 공포증 환자는 다른 사람들이 뱀을 만지는 모습을 봐도 자기 생각을 완전히 바꾸지 못했다. 뱀을 만진 사람은 전문가라고 생각했을 것이다. 그들은 직접 뱀을 만져도 해가 없다는 사실을 확인하고서야 비로소 생각을 바꿨다.

공포증 환자 치료 사례가 지닌 심오하고 분명한 의미를 알아야 한다. 즉 타인이 오랫동안 품었던 생각을 바꾸려면 구두설득이나 토론할 생각은 버려야 한다. 현실 체험을 몇 번이라도 선택해야 한다. 논리적이고 객관적인 세계에 직접 부딪혀 보기 전까지는 그 무엇도 사람의 생각을 바꾸지 못한다.

내가 돕고 있던 미국의 대형 제조업체는 일본 업체들과 힘든 경쟁관계에 있었다. 일본 경쟁업체 근로자들이 더 빠르고 일관되게 작업하기 때문에 근로자 1인당 완제품 비율이 높았다. 8시간 근무시간 동안 일본 근로자들은 미국 근로자들보다 완제품을 40퍼센트 더 생산할 수 있었다. 미국 공장 임원들이 직원들을 모아놓고 "직장을 잃기 싫으면 더 열심히, 더 빠르게 일해야 한다"고 말하자 직원들은 술렁거렸다. 직원들은 그들의 말을 믿지 않고 화를 냈다. "당신들 속셈을 모를 줄 알고? 죽도록 일을 시켜서 당신들만 보너스 두둑이 받으려고 그러는 거잖아!"

회사 측은 멋진 차트, 시청각 설비, 잘 준비된 연설로 여러 번 설득을 시도했지만, 직원들은 경쟁업체의 생산성이 그들보다 40퍼센트나 높다는 사실을 믿지 않았다. 임원들은 자신의 말이 먹히지 않고 직원들이 회사의 주장을 불신한다는 것을 깨닫고, 유례없이 일본 공장을 살펴보기 위해 10명의 직원들로 시찰단을 꾸렸다. 직접경험인 현지조사에 나선 것이다.

임원들은 직원들이 열심히 일하는 일본 경쟁업체 직원들을 보면 그 위협이 얼마나 심각한지 알 수 있으리라고 생각했다. 직원들 역시 직접 현지조사를 하고 싶었다. 그들은 회사 측의 뻔뻔스러운 거짓말을 폭로한다는 한 가지 목적만을 가지고 비행기에 올랐다. 일본 직원들이 그들보다 열심히 일할 리 없다고 생각하면서.

현지조사 팀은 10분 간 일본공장을 돌아본 후, 일본 직원들이 거짓으로 쇼를 하고 있다는 결론을 내렸다. 물론 직원들은 열심히 일하고 있었지만 시찰자들에게 보여주기 위해, 원래보다 훨씬 빠른 속도로 일한다고 생각했다.

그날 밤 시찰단은 회사의 거짓말을 폭로할 계획을 세웠다. 예고 없이 몰래 공장에 들어가 야간 근무조를 지켜보기로 한 것이다. 그러나 그들은 미국 직원들처럼 빈둥거리며 돌아다니기는커녕 주간 근무조보다 빠른 속도로 일하고 있었다.

시찰단은 회사의 주장을 인정하기 싫었지만 하지 않을 수 없었다. 결국 인식을 180도 바꾼 팀원들은 동료들에게 더 열심히 일하지 않으면 언젠가는 모두 직장을 잃게 된다고 설득해야 한다는 사명을 안고 귀국했다. 하지만 마음 깊이 느끼고 작성한 조사 보고서 외에 무엇으로 동료들을 설득할 수 있을까?

실제 경험에 대한 대리경험을 만들라. 대리경험을 제공하라. 반두라가 공포증 환자들에게 뱀을 두려워하지 말라고 설득한 유일한 방법은 대리인을 통해서 이루어졌다. 피실험자들은 타인에게 무슨 일이 일어나는지 관찰함으로써 마치 자신이 경험한 것처럼 결과를 느낄 수 있었다. 반두라 팀은 공포증 환자에게 아무 말도 하지 않았다. 피실험자들은 어떤 것도 강요받지 않았지만, 타인의 행동을 보고 보아뱀을 만져도 괜찮다는 기분을 갖게 되었다.

제조업체 현지 조사팀은 궁극적으로 동료들에게 이렇게 해야 한다. 기본 영향력 도구로 구두설득에 의존하지 않고, 동료들에게 효과적인 대리경험을 제공해야 한다.

대리경험을 제공하라

반두라 팀은 중요한 사실을 발견했다. 첫째, 사람들의 끈질기고 완고한 생각을 바꾸려면 구두설득을 포기하고 직접 체험하게 하는 혁신적 방법을 찾아야 한다. 둘째, 모두에게 체험시킬 수 없다면 대리경험을 제공해야 한다. 이 두 가지 방법은 반두라 팀이 몇 시간 만에 공포증 환자를 치료하는데 도움이 되었을 뿐 아니라, 2-3년도 안되어 전면적인 변화를 가능케 하는 주요 수단이 되었다. 이후 20여 년 동안 사회적 변화에 초점을 맞춰 대리경험을 제공함으로써 수백만 명의 목숨을 구하고, 수천만 명의 인생을 뒤바꿨다.

대부분의 사람들이 전 세계적인 변화를 주도하진 않는다. 대리경험은 부모와 선생, 경영자들과 지역사회 지도자들이 손쉽게 사용할 수 있는 설득 도구다.

성인 문맹자 퇴치를 위해 노력한 미구엘 사비도의 사례를 보자. 직접 읽고 쓰는 방법을 가르쳐주는 과거의 방법은 소수의 관심 있는 사람들만 변화시켰다. 그러나 사비도가 드라마 주인공을 통해 중요한 사회적 교훈을 주는 텔레비전 프로그램을 신설함으로써 몇 주 만에 그런 변화를 성공적으로 이루었다. 말로 하는 설득이 아니라 모든 문맹자가 직접 시청하게 하여 성공을 거둔 것이다.

이미 언급했듯이 반두라의 열성적인 제자인 사비도는 일일드라마 "벤 콘미고"를 제작했다. 드라마 주인공 하나가 글을 몰라 곤란을 겪자 친구들이 성인교육센터를 방문해 문해 자료를 무료로 받아오는 내용이었다. 방영 다음 날, 놀랍게도 25만이 넘는 사람들이 문해 책자를 얻기 위해 멕시코시티 거리로 쏟아져 나왔다.

텔레비전 드라마 같은 인위적인 요소가 어떻게 그런 놀라운 결과를 만들어냈을까? 대단히 중요한 대리경험을 제공했기 때문이다. 드라마가 현실 문제를 다루는 실제 이야기를 담으면, 시청자들은 방어적 태도를 풀고 마치 자신이 직접 경험하는 듯한 영향을 받는다. 그러나 아직 중요한 문제가 남아 있다. 대리모델이 실제로 변화를 가져오는가?

인간의 행동에 대리모델이 미치는 영향을 검증하기 위해 변화전도사 데이비드 포인덱스터David Poindexter는 탄자니아 라디오 프로그램 책임자 마샤 스와이와 함께 그 드라마를 탄자니아에 들여와 먼저 일부 주민들에게 방송했다(텔레비전 보급률이 낮은 지역이었다). 그들은 주민들을 실험군과 통제군으로 나눠서 배우자 학대, 가족계획, 안전한 성생활 같은 행동에 어떤 영향을 미치는지 조사했다.

1993년 처음 방송된 드라마 "시류를 따르자(Twende na Wakati, 트웬드 나 와카티)"에서 마샤와 프로듀서들은 에이즈 문제를 다뤘다. 많은 주민들이 에이즈를 오해하고 있었기 때문에 매우 다루기 어려운 문제였다. 일례로 처녀와 섹스하면 에이즈가 치료된다고 믿는 사람들도 있었다. 작가들은 에이즈의 원인과 결과를 보여주기 위해 음콰주Mkwaju라는 잘생기고 남성 우월적이며 수다스러운 트럭운전사를 주인공으로 세웠다. 음콰주는 아내를 때리고 아들만 좋아하며, 주정뱅이에다가 콘돔 없이 길거리 창녀들과 섹스를 즐기고 자신의 일탈 행위에 대해 허풍을 떠는 인물이었다. 독립적 여성 모델인 그의 아내 투투는 마침내 그를 떠나 자기 사업을 성공적으로 일궈낸다. 결국 에이즈에 걸려 죽는 바람둥이 음콰주 역의 배우는 어찌나 연기를 잘했던지, 그가 동네 가게에 들르면 사람들이 금세 목소리를 알아듣고 비난했다. 특히 여자들은 욕을 하며 돌을 던지기도 했다!

우리는 청취자들의 감정과 행동에 미친 영향을 확인하기 위해 탄자니아 수도 외곽의 여러 청취자 집단을 면담했다. 아버지, 어머니, 할머니, 이모, 5살 된 아이로 이루어진 한 가족은 음콰주의 악행과 잘못에 깊은 영향을 받았다고 했다. 어떤 영향이냐고 묻자, 아버지는 처음에는 음콰주 편이었지만 시간이 가면서 그의 무모한 행동이 아내와 아이들에게 고통을 안겨 주리라 생각했다고 말했다.

몇 주 동안 드라마를 청취한 아버지는 모든 출연자를 동정하게 되었다. 어느 날 투투가 술주정뱅이 남편에게 상처를 입자 그의 가슴이 뜨끔했다. 자신의 아내 역시 비슷한 고통을 받고 있었기 때문이다. 아버지는 바람둥이 트럭운전수가 아니었지만, 술을 좋아한다는 점은 음콰주와 닮았다. 이후 아버지는 술을 끊고 가족에 대한 학대도 중단했다. 그는 꾸며낸 이야기인 드라마를 통해 자기발견이 이루어진 사실에 의아해했지만, 그가 자신의 이야기를 마치자 모든 가족이 고개를 끄덕였다. 아버지는 완전히 바뀌어 있었다.

이 감동적인 이야기는 다른 비슷한 사례들과 함께, 대리 모델이 사람들에게 영향을 미친다는 증거가 되었다. 이 프로그램은 세계 역사상 최초의 통제된 전국적 현지 실험이었다. 탄자니아 도도마 지역은 저녁 라디오 방송을 청취할 수 없었기 때문에 대리 모델의 효과를 비교 조사할 수 있었다. 1993-1995년 전 지역이 다양한 형태의 에이즈 개입을 경험했지만 그 가운데 절반만 라디오 드라마를 청취할 수 있었다.

에버릿 로저스와 아빈드 싱할은 그들의 저서 《에이즈 퇴치: 커뮤니케이션 전략》에서 드라마 방송 지역 인구 4분의 1이 에이즈를 피하기 위해 행동을 바꿨고, 그 변화는 드라마에 영향을 받은 결과라고 밝혔다. 그 영향이 어찌나 크던지 모든 국민에게 확대시키기 위해 통제된 실험을 2년 만에 중단시켜야 했다. 비슷한 결과가 일 년 만에 도도마에도 나타났다.

로저스와 싱할은, 믿음이 가는 모델들에게 노출되는 피실험자들의 사고와 감정은 물론 행동도 영향을 받는다는 사실을 과학적으로 증명했다. 드라마를 청취한 사람들은 청취하지 않은 이웃들보다 더 많이 결혼 상담을 받고, 가족계획을 실시하고, 배우자에게 성실하고, 피임기구를 사용했다.

변화주도자들은 개발도상국만의 대리 모델을 목표로 하지 않는다. 이 같은 방법은 미국 등 선진국에서도 매우 효과적이다. 나는 이미 미국에서 이런 방법을 사용하고 있는 인기 텔레비전 시트콤 프로듀서 노먼 리어를 만났다. 그는 몇몇 리더와 함께 세계 인구성장률을 낮춘다는 목표 아래 프로그램에 가족계획 메시지를 삽입했다.

1972년 리어는 자신의 프로그램 시청률이 41퍼센트에 달할 때, 낙태를 고려하고 있다고 선언한 중년여성 스타가 등장하는 드라마 "모드의 딜레마"를 제작했다. 프라임타임 드라마에 이런 민감한 주제가 등장한 것은 처음이었다. 이는 우연히 삽입된 내용이 아니라, 사회적 변화를 위한 체계적인 대리모델 사용계획의 일환으로 시도되었다. 여론조사에 따르면 이후 수십 개의 프로그램이 대리모델을 사용한 것으로 나타났다.

이야기로 생각 변화를 도우라

이 발견의 의미는 분명하다. 교육적 오락물은 영향력 있고 믿을 만한 이야기를 통해 사람들이 세상을 보는 방식을 바꾸도록 도와준다.

좋은 이야기를 통해 이 대리경험은 변화의 가장 주요 요소인 실제 경험에 가까워진다. 우리는 모두 자신의 이야기를 가지고 있다. 그러니 타인을 설득하기 위해 꼭 프로듀서나 드라마 작가가 될 필요가 없다.

우리는 그냥 좋은 이야기꾼이 되면 된다. 훈계보다는 이야기를 통해 타인이 내 사고방식에 동조하도록 설득할 수 있다. 이야기는 감동을 만들어내며 사람들이 세상을 새로운 방식으로 보도록 도와줄 수 있다. 우리는 가정에서도, 직장에서 이야기할 수 있고 아이들과 이야기를 나눌 수 있다. 언제 어디서나 이야기할 수 있다.

하지만 모든 이야기가 사람들의 생각을 바꿔놓진 않는다. 이야기를 잘하지 못하는 동료나 친지를 때문에 곤경에 빠진 적은 없는가? 이야기를 하려 했지만 공격하고 있다는 인상을 주기도 한다. 어떤 이야기는 강력한 설득 도구가 되지만, 단순한 구두설득은 거부감만 일으키거나 쉽게 잊혀진다. 그렇다면 무엇이 이야기를 강력한 설득 도구로 만드는가?

이해시키기

사람을 말로 설득하려 할 때, 듣는 사람에게도 나와 같은 생각을 떠올리게 하는 말을 선택하고 전달하기란 매우 어렵다. 나는 내 말을 하지만 그들은 그들의 말을 듣는다. 그들의 말을 통해 이미지를 떠올리고, 과거를 떠올리고, 전체적 의미를 파악한다. 그래서 모든 것이 내 의도와 달라질 수 있다.

당신이 경영자이고 직원들에게 좋은 소식이 있다며 신이 나서 향후 계획을 이야기해 준다고 가정하자. 당신의 회사는 가장 큰 경쟁 업체와 합병할 것이다. 당신은 '합병'이라고 말하면서 시너지와 경제 수익을 생각한다. 회사가 좋아지리라 생각한다. 그러나 직원들은 '합병'이라는 말을 들으면 과중 업무, 해고, 적대적인 낯선 사람들을 생각한다. 회사가 지옥이 될 거라고도 생각한다. 설상가상으로 직원들이 떠올리는 부정적인 생각들은, 당신이 그들을 설득하기 위해 들려주는 밋밋한 이야기보다 훨씬 더 믿음 가고 강력하다.

구두설득은 여러 면에서 실패하게 되어 있다. 나는 텍사스 대학의 저명한 커뮤니케이션과 사회변화학 교수 아빈드 싱할 박사를 만났다. 그의 박사과정생인 엘리자베스는 구두설득을 하려 할 때 간단한 언어조차도 해석에 문제가 생기는 바람에 겪은 문제를 들려주었다. 피실험자들은 종종 그녀의 말을 전혀 이해하지 못했다. 그녀가 자신의 말이 명확하다고 생각할 때조차 그랬다.

엘리자베스는 아마존 강 유역에서 현지주민을 대상으로 연구할 때, 과거 무료 진료활동을 나왔던 보건의료인들이 했던 황당한 경험에 관한 이야기를 들었다. 그들은 현지주민에게 질병을 피하려면 물을 15분 동안 끓여 먹어야 한다고 했다. 오염된 물이 건강에 해롭지만 마을 사람들은 누구도 그 말을 듣지 않았다. 나중에 이유를 알아보니, 주민들은 보건의료인들의 말을 알아듣지 못했다. 그들은 '끓인다'는 말과 시간을 재는 단위 '15분'을 이해하지 못했던 것이다.

구두설득은 또 다른 방식으로 실패한다. 대부분의 사람들은 설명할 때 원래 의도에서 구체적인 내용을 생략한 채 본론만 간단히 말한다. 하지만 간략하게 말해서는 우리의 관점을 수용하게 만드는 효과를 얻기 어렵다. 우리는 결과를 신속히 얻기 위해, 자세하고 감정이 포함된 내용을 생략하고 이성적이며 추상적인 말만 늘어놓는다. 그래서 정작 생각이 담고 있는 핵심 요소는 전달하지 못한다.

이런 결점은 효과적인 이야기와 다른 대리경험으로 극복할 수 있다. 잘 만들어진 이야기는 간결한 요약문과 불분명한 결론이 아닌, 구체적이고 생생한 메시지를 전달한다. 영향력 있고, 감동적이고, 기억에 남는 인과관계를 제공해 사람들의 세계관을 변화시킨다. 대리 행동이나 믿음의 결과에 대한 사람들의 생각이 바뀌는 것이다.

신뢰 형성

사람들은 당신이 말하는 목적이 자신을 '설득'하는 것임을 눈치채는 순간부터 당신의 말을 불신하기 시작한다. 그래서 구두설득은 실패하기 쉽다.

이 거부감은 신뢰에 근거를 둔 두 가지 이유에서 비롯된다. 첫째, 사람들은 당신의 전문성을 믿지 못할 수 있다. 특히 자녀들은 부모에게 이런 불신을 품는다. 휴대전화로 문자를 보내는 것도 서투른, 시대에 뒤떨어진 보호자를 신뢰하지 않는 것이다. 둘째, 당신의 전문성은 인정하지만 동기가 불순하다고 의심할 수 있다. 당신은 진실한 마음으로 설명하지만 상대는 그 설득이 '우리에게는 불리하고 저 사람에게만 이익이 되는 일이 아닐까? 우리를 조종하려는 걸까?' 라고 생각한다. 탄자니아의 서구 사회사업가들이 현지주민에게 콘돔 사용을 권장했을 때, 주민들은 콘돔 사용이 에이즈를 퍼트리기 위한 속임수라고 생각했다. 처음부터 콘돔이 에이즈를 일으킨다고 믿은 것이 아니다. 의심스러운 외부인의 권유가 있었기 때문이다.

준비된 이야기는 이 두 가지 불신을 완화시킨다. 친절하고 상세하게 이야기하면, 듣는 사람도 의심을 떨치고 해결책이나 변화 제안에 관심을 갖는다. 실제 상황을 들려주는 이야기는 사람들이 그 결과를 이해하도록 돕는 수단이다.

그러나 이야기할 때도 논리적 오류에 빠질 수 있다. 사람들은 논리가 빈약한 주장을 자주 펼친다. "우리 작은 아버지는 골초였지만 백 살 넘게 사셨어." 실존 인물을 내세워 사실에 근거한 상대의 주장을 꺾을 수 있다고 확신하며, 실제 데이터까지도 폄하하곤 한다. 심지어 그 데이터가 단일 사례보다 훨씬 더 많은 정보에 근거하는 경우에도 그렇다.

우리는 이야기의 신뢰성과 기억의 용이성을 시험하기 위해 MBA 학생들을 세 그룹으로 나누어 동일한 정보를 제공했다. 첫 번째 그룹에는 사실과 그림이 담긴 정보를 말로 설명했다. 두 번째 그룹에는 똑같은 정보를 차트와 그래프 형태로 제공했다. 세 번째 그룹에는 와인 제조업체에서 제공하는 이야기 형식으로 정보를 제공했다.

몇 주 후 테스트 결과, 이야기로 들은 그룹이 다른 두 그룹보다 정보를 더 잘 기억할 뿐 아니라 더 신뢰한나는 사실을 발견했다. 학생들은 차갑고 객관적인 사실보다는 이야기를 믿었다.

이야기를 들을 때는 논리와 분석이 필요 없다. 엄격하게 평가할 필요 없이 그저 이야기 자체에 빠져들 수 있기 때문이다. 창의적 글쓰기 전문가 라조스 에그리Lajos Egri는 청자(聽者)가 이야기에 빠져드는 2단계에 대해 말한다.

"첫 번째 단계에서 청자는 이야기 속 주인공을 자신이 알고 있는 사람으로 인식하게 된다. 두 번째 단계에서 작가는 독자나 시청자들로 하여금 이야기의 상황이 자신에게도 일어날 수 있다고 상상하게 만든다. 그러면 이야기에 청자의 흥분과 감정이 스며들고, 청자는 방관자가 아니라 눈앞에 펼쳐지는 신나는 드라마의 주인공이 된다."

구체적이고 생생한 이야기일수록 감정이입이 잘되기 때문에 더욱 큰 영향력을 발휘한다. 이야기가 통쾌하고 감동적이고 현실적일수록, 청자는 반론을 펼치겠다는 생각에서 벗어나 이야기 자체에 빠져든다. 훌륭한 이야기는 처음부터 반론과 비판이 끼어들 틈을 주지 않는다.

공감의 힘

이야기를 구두설득보다 효과적인 설득수단으로 만드는 세 번째 요소는 인간의 감정이다. 새로운 관점을 이해하고 신뢰한다고 해서 곧바로 행동에 옮기기란 불가능하다. 운동해야 하는 사람들이 자신의 믿음에 따라 안락한 집에서 빠져나와 헬스클럽으로 향하려면, 그

믿음에 대한 관심이 있어야만 한다.

 감동적인 이야기는 청자를 이야기의 흐름에 빠지게 하고 그의 감정을 자극한다. 이야기에 몰입한 사람들은 주인공을 동정하는 수준을 넘어 공감하는 수준에 이른다. 마치 자신이 이야기 속에 들어간 것처럼 생각하는 것이다.

 행동이 뇌신경에 미치는 영향을 연구한 지아코모 리졸라티, 레오나르도 포가시, 비토리오 갈리세는 원숭이의 전두피질 아래에 전극을 부착했다. 조심스럽게 원숭이 뇌의 뉴런이 활동하게 만들자 뜻밖에도 놀라운 일이 벌어졌다.

 "포가시가 과일 그릇의 바나나에 손을 뻗자 원숭이 뉴런의 일부가 반응을 보였다." 연구원 리졸라티의 말이다. 원숭이가 아닌 포가시가 팔을 뻗쳤는데도 원숭이 뇌의 일부 뉴런이 반응한 것이다.

 리졸라티가 '미러 뉴런mirror neuron'이라고 이름 붙인 이 뉴런은 원숭이의 원시적 신경 시스템으로 확인되었다. 인간의 경우 이 시스템은 고도화되어 있고 전통적인 개념 추론(사고)이 아닌 직접적 자극(감정)을 통해 타인을 이해하게 해준다는 사실이 밝혀졌다.

 그런 점에서 드라마를 청취한 탄자니아 여성이 남자 주인공 배우에게 돌을 던진 이유를 살펴보자. 여자들은 그 배우에게 달려가 사인을 요청하거나, 그가 맡은 배역의 캐릭터에 대해 이야기를 나누지 않았다. 그들은 난봉꾼 음콰주 때문에 상처 입은 조강지처 투투에게 감정이입하여 실제로 분노했다. 많은 피해자들이 그 상황에서 했을 법한 행동을 자신들이 직접 보였다. 미러 뉴런이 반응한 것이다.

전 세계 수천 명의 시청자와 청취자들이 드라마에서 귀한 교훈과 감동을 받았다며 감사 편지를 쓰고 이메일을 보내는 이유가 바로 이 공감적 반응이다. 이런 생생한 이야기는 지적, 감정적으로 우리 인생의 일부가 되는 대리경험을 창출한다.

당신을 위한 이야기

사고방식을 바꿀 방법을 찾는 사람들은 행동도 쉽게 바꿀 수 있다. 앞서 변화의 초점을 "해야 할 가치가 있는가?"와 "할 수 있는가?"라는 질문의 대답에 초점을 맞춰야 한다고 했다. 사람들이 인과관계를 더 정확히 보도록 도우려면 구두설득에만 의존하지 말라. 그보다 훨씬 이해하기 쉽고, 믿을 수 있고, 영향력 있는 방법을 사용하라. 그중 하나가 대리경험을 활용하는 방법이다. 가장 편하고 쉬운 정신지도 변화 도구인 적절한 이야기를 능숙하게 이용할 수도 있어야 한다.

탁월한 이야기꾼이 되라

다시 미국 제조업체의 일본 사찰단 이야기로 돌아가자. 그들은 열심히 일하지 않으면 모두 해고되리라는 점을 하루 빨리 전하기 위해 서둘러 귀국했다. 하지만 그들의 정보 전달방식은 최악이었다. 그들은 일단 동료들을 모아놓고 현지조사 결과를 발표했다. 실제로 경쟁업체는 훨씬 더 신속하고 일관성 있게 작업해 40퍼센트 이상의 생산성을 발휘한다고 알려줬다. 이 간단하고 재미없는 발표가 끝나자 노조원들은 엄청난 야유를 보냈다.

사찰단은 굴하지 않고 다른 직원들을 불러 다시 조사 결과를 들려줬지만 더 많은 야유만 받았다. 마지막으로 단장은 뛰어난 이야기꾼을 뽑아 다른 직원들에게 이야기하도록 했다. 그는 "직원들이여 단결하라! 그렇지 않으면 다 죽는다!" 식의 성급한 메시지 전달 대신, 경쟁업체에서 일어났던 일을 10분 동안 아래와 같은 흐름으로 생생하게 이야기했다.

우리는 일본에 도착했을 때, 그들이 곧 당도할 외국 사찰단에게 보여주기 위해 분명히 쇼를 할 거라고 생각했다. 그들은 정말 쇼를 했다! (직원들 웃음).

그러나 우린 속지 않았다(직원들 환호).

우린 몇 시간 후 몰래 공장에 잠입해 적들을 염탐했다(역시 환호).

그런데 이게 뭐지? 그들은 주간반보다 더 빠른 속도로 일하고 있었다(직원들 침묵).

우울한 광경이었다. 만일 일본 근로자들이 계속 우리보다 높은 성과를 낸다면, 일본 기업은 원가를 낮춰 우리 시장을 지배할 것이다. 그러면 회사는 인원을 감축할 테고 우리는 일자리를 잃을 것이다(직원들 우울해하며 한탄).

우리는 일본 근로자들을 염탐한 후 숙소로 돌아와 경쟁자들을 물리칠 방법을 궁리했다. 그 때 한 가지 생각이 떠올랐다. 일본 공장 생산라인에 들어가 일을 잘해낼 수 있는지 직접 확인해보면 어떨까? 이틀 동안 우리는 일본 공장의 생산라인에 들어가 여러 가지 작업을 했고 다 잘해냈다. 힘들었지만 해낼 수 없는 일은 없었다(직원들 다시 환호).

결론을 말하자면 이렇다. 우리가 올바르고 적절한 조치를 취한다면, 우리의 운명을 직접 만들어낼 수 있고 일자리도 지킬 수 있다(우레와 같은 박수)!

이제 직원들은 더 열심히 일하자는 개선 계획에 귀를 기울일 마음의 자세를 갖게 되었다. 이야기꾼은 상황을 이야기 형식으로 설명해 엄청난 효과를 거두었다. "우리도 할 수 있다(사찰단이 생산라인에서 직접 일하며 증명했다)", "해야 할 가치가 있다(열심히 하지 않으면 어떻게 되는지 분명하게 밝힘으로써 직원들에게 개선의 가치를 알려주었다)는 것을 말해주었다. 생생한 이야기를 통해 중요한 두 가지 메시지를 성공적으로 전달한 것이다. 동기를 부여하고, 이해를 돕고, 믿음을 주는 이야기는 강력한 설득도구다.

전체를 이야기하라

초반에 현지조사팀은 거두절미하고 황급히 본론만 꺼내놓고 동료들을 설득하려 했다. 영향력 있는 화법을 사용하지 않고 감정과 의미를 제거한 채 핵심만 말했다. 그 결과 열성적인 직원들마저도 그들에게 등을 돌리고 말았다. 우리도 자주 이런 실수를 저지른다. 선한 의도로 사회정책을 수립하려는 사람들도 정작 이야기를 제대로 활용하지 못해 공감을 얻지 못하기도 한다. 설득력 있는 이야기를 하다가 무심코 핵심요소를 빠뜨리는 바람에 이야기의 효과를 반감시키는 경우도 있다.

시작 전부터 엄청나게 홍보했던 "스케어드 스트레이트(Scared Straight, 범법자들을 대상으로 진행하는 장기수 방문 형식)"라는 프로그램이 있다. 법을 위반한 십대들이 교도소를 방문해, 죄수들이 들려주는 고통스럽고 무서운 교도소 생활을 경청한다. 이 프로그램의 목적은 비행 청소년들이 죄수들의 이야기를 듣고 두려워하며 범법 행위를 기피하게 만드는 것이다.

하지만 프로그램은 기획 의도대로 효과를 거두지 못했다. 면밀한 조사를 통해 연구자들은, 겁주기 프로그램에 참가한 십대들과 그렇지 않은 다른 범법자들의 재범률이 거의 같다는 사실을 밝혀냈다. 효과가 없는 이유는 이 프로그램이 이야기의 중요한 부분을 간과했기 때문이다. 재소자들의 이야기는 감옥이 나쁘다는 것을 분명히 알려주었다. 비행 청소년들도 그 사실을 인지했다. 당연히 그들은 절대로 감옥에 들어오고 싶어 하지 않았다.

그러나 재소자들은 "너희들이 계속 법을 어긴다면 결국 붙잡혀서 감옥에 오게 될 것"이라는 메시지를 확실하게 심어주지 못했다. 자신감이 넘치는 대부분이 십대들은 '잘못을 저질러도 나는 무사할 것'이라는 환상에 사로잡혀 있기 때문에 이 프로그램의 교훈을 인지하지 못했다. '내가 계속 비행을 저지른다면 붙잡힐 것이고, 붙잡히면 감옥에 갈 것이다. 그러니까 이제 잘못을 저지르지 말아야겠다'는 완전한 인지 지도를 만들지 못하고, '나는 절대 붙잡히지 않을 테니 이런 끔찍한 교도소 생활은 나와 아무 상관이 없다'고 믿은 것이다.

희망을 주라

아프고 부정적인 결과만 말해주고 끝나는 이야기는 아무 의미가 없고 효과도 없다. 그 결과와 함께 믿음이 가고 분명한 해결책을 제공해야만 한다.

피실험자들에게 부정적 결과만 이야기해준 스탠퍼드 대학 연구팀이 어떤 결과를 얻었는지 아는가? 연구자들은 피실험자들에게 치실 사용을 권장하려고 혐오스러운 썩은 잇몸 사진을 보여주었다. 과연 그들은 사진을 본 후 열심히 치실을 사용했을까? 아니다. 장기적으로 피실험자들에게는 어떤 변화도 일어나지 않았다. 그들은 혐오 사진만 봤을 뿐, 어떠한 해결책이나 시정조치를 제공받지 못했기 때문이다. 단기적으로 약간 개선될지는 몰라도 공포 그 자체가 영속적인 변화를 가져올 수는 없다.

흡연자의 끔찍한 폐사진이나 테러로 희생된 충격적인 시신 모습을 보여주는 수많은 광고들도 마찬가지다. 이런 자극적 광고가 아무리 많은 상을 받았다 해도, 그런 끔찍한 결과를 피하기 위해 취해야 할 행동을 제시하지 않으면 장기적인 행동 변화는 일어나지 않는다.

사진이 아무리 감동적이라 해도, 문제 해결법을 말해주지 않으면 완전한 이야기가 될 수 없다. 일반적으로 해결책을 제시하지 않으면 사람들은 메시지 자체를 잊어버리고 만다.

따라서 사람들이 세상을 더욱 완전하고 정확하게 보게 하려면 냉혹한 현실 이야기에, 희망을 주는 구체적이고 생생한 해결책을 더해야 한다. 완전한 이야기를 해주라. 희망을 선사하라.

이야기와 경험을 결합하라

계속 언급하듯이 이야기는 사람들의 생각을 바꾸는 주요 수단이다. 그러나 이야기는 사람의 마음을 열도록 도와줄 수는 있어도 생각을 완전히 바꿔놓을 수는 없다. 그래서 영향력 대가들은 사람들이 개인적 경험을 말하게 하는 첫 단계로 이야기를 활용한다. 개인적 경험은 대부분 충분한 자원(시간과 금전)을 필요로 하기 때문에 변화 창조에는 비효율적이다. 그러나 앞서 소개한 미국 회사의 사찰단들처럼, 몇 사람의 직접경험과 이야기가 결합되면 영향력은 배가된다.

대리경험과 실제경험을 함께 사용하면 큰 효과를 얻을 수 있다. 실제로 이야기는 사람들이 개인적 경험을 말할 수 있도록 하기 위한 수단으로 사용되는 경우가 많다. 하버드 의대 보건의료정책과 임상교수이며 보건의료개선연구소IHI 소장 돈 버웍Don Berwick 박사는 최근 인터뷰에서 놀라운 통계를 공개했다. 미국 학술원National Academy of Science에 따르면 매년 44,000-98,000명이 오진 때문에 목숨을 잃는다는 사실이다. 미국에서 의료상해medical injury는 공공보건 유해요소

8위에 올라 있다.

2004년 12월 버윅은 수천 명의 보건의료 전문가들 앞에서 대담하게 문제를 제기했다. "우리는 오진으로 인한 10만 명의 생명을 구해내야 합니다. 2006년 6월 14일까지 그렇게 해야만 합니다." 그는 잠시 멈췄다가 덧붙였다. "오전 9시까지 말입니다." 결국 10만 명 살리기 운동은 성공을 거뒀다. 얼마 지나지 않아 IHI는 이 운동을 전 세계로 확대해 목표인원을 5백만 명으로 늘려 잡았다.

버윅의 가장 큰 도전은 무엇일까? 보건의료 전문가들이 자신의 보건의료 시스템이 환자들에게 해를 끼칠 수 있으며, 이에 따라 입원기간이 늘어나고 심지어 환자가 사망할 수도 있음을 인정하게 만든 것이다.

의사들에게 본의 아니게 환자들을 위험에 빠뜨릴 수도 있다고 고백하게 만들기란 결코 쉽지 않다. 히포크라테스 선서를 한 그들의 목적은 환자를 도와주고, 치료하고, 적어도 그들에게 해를 입히지는 않는 것이다. 고도로 숙련된 전문가들이지만 자신의 개별 행동이 엄청나게 정교하고 복잡한 인체에 어떤 결과로 나타날 수 있는지 모르는 경우가 허다했다. 그런데도 버윅은 어떻게 의사들이 방어적 태도를 취하지 않으면서 그 문제에 에너지를 쏟고 호기심을 갖게 만들었을까?

그는 보건의료 전문가들에게 여러 가지 이야기를 들려준다. 그중 하나가 버윅과 동료들이 애석하게 생각하는 조시 킹의 이야기다.

어이 없는 비극

춤을 좋아하는 조시 킹은 갓 18개월 된 어린 아기였다. 갈색 눈과 머리의 귀여운 조시는 얼마 전 "사랑해요"라는 말도 배웠다. 2001년 1월 조시는 뜨거운 욕조에 들어갔다가 심한 화상을 입었다. 부모는 급히 존스홉킨스 병원으로 달려가 아이를 중환자실에 입원시켰다. 다행히 곧 회복된 조시는 일반실로 옮겨졌고 수일 후 퇴원하라는 진단을 받았다.

그런데 조시 어머니는 무언가 잘못되었음을 느꼈다. "아이는 우리가 음료를 마실 때마다 자기도 달라고 소리 질렀어요. 이상한 일이었죠. 의료진은 아이에게 물을 주면 안 된다고 했거든요. 간호사와 아이를 목욕시킬 때도 계속 목욕수건을 빨아먹는 거예요." 어머니는 간호사에게 아이가 목마르니 의사를 불러달라고 요청했지만, 괜찮으니 걱정하지 말라는 말만 들었다. 다른 간호사에게도 아이를 봐달라고 요청했지만 그 역시 안심하라고 말했다.

조시의 어머니는 그날 밤 간호사를 두 번 불렀고 다음날 새벽 6시까지 병상을 지켰다. 그 직후 조시는 갑자기 위독해졌다. 어머니는 목이 메어 말했다. "조시의 발을 주무르고 있을 때 아이 심장이 멎었어요. 눈동자가 움직이지 않아서 도와달라고 소리쳤어요. 속수무책으로 서 있는데 의사와 간호사들이 병실로 달려오더군요. 그리고 나는 목사와 함께 작은 방으로 안내를 받았어요." 퇴원 예정 이틀 전 조시는 목이 말라 죽을 것처럼 굴었다. 어머니는 계속 의료진에게 도움을 요청했으나 결국 아이는 마취제 오용과 탈수증으로 사망하고 말았다.

헌신적인 의료진들은 이 이야기를 들으면 황당해하며 "어떻게 그런 일이 발생할 수 있죠?"라고 되묻는다. 의사, 간호사, 원무과 직원들 모두 분노하지만 그뿐이다. 충분한 자기반성은 하지 못한다. "어떻게 그 지경까지 되도록 내버려두었나요?"라고 모두 입 모아 말하지만, 그럴 때 어떻게 해야 할지 생각하면서 "우리도 그런 적은 없었나?" 자문하고 반성하는 사람은 극소수에 불과하다.

"우리 병원에서는 그런 일이 없어서 정말 다행이에요"라는 말을 들을 때마다 버윅은 그들을 나무라거나 비난하지 않는다. 그러나 심각한 문제라고 생각한다. "문제는 나쁜 사람이 아니라 나쁜 시스템입니다." 그래서 그는 시스템 설계자들이 직접 이야기를 경험하도록 만든다.

버윅은 그들에게 이렇게 말한다. "우리 병원에 의료사고가 없다고 확신합니까? 어떻게 그것을 확인할 수 있지요? 최근 이 병원에서 사망한 50명을 이렇게 점검해보면 어떨까요? '환자들이 어떻게 사망했는가? 그들의 사망이 예상된 것이었는가? 사망을 막기 위해 무엇을 할 수 있었는가?'" 마지막으로 그는 병원 리더들에게 직접 그 사항들을 조사하고(타인에게 맡겨서는 안 된다) 결과를 이야기해달라고 요청한다.

많은 사람들이 자기 병원의 조시 킹 이야기를 풀어놓는다. 버윅이 하버드 사무실에서 병원 경영자들에게 결과 보고를 요청하면, 그들은 차례로 자기 병원의 사례를 이야기하며 눈물을 흘린다. 그리고 그런 개인적 경험이 "인생을 바꿔놓았다"고 입 모아 말한다. 이후 10년 동안 이 병원 경영자들은 병원의 안전을 향상시키기 위해 노력하는 진정한 리더가 되었다.

전 세계 사람들의 생각 바꾸기

지금까지 살펴보았던 내용을 다시 종합해보자. 카터센터의 메디나선충 박멸 프로그램으로 돌아가자. 전 세계적으로(한 번에 한 마을씩) 사람들의 생각을 바꾸는 수단으로 이야기와 경험을 어떻게 사용하는지 알아보자.

카터 전 대통령은 고원 장군을 선발하여 나이지리아 프로젝트 팀에 합류시켰다. 나이지리아 참모총장과 대통령을 지낸 고원은 민주주의와 국가안정을 확립해 국민의 사랑을 한 몸에 받은 인물이다. 그래서 장군이 마을을 방문한 날은 그 마을 역사상 가장 중요한 날이었다. 춤과 노래와 시찰로 환영행사를 마친 고원은 좋은 소식을 가져왔다고 말했다. 먼저 마을 사람들에게 '불뱀(메디나선충)'으로 얼마나 고통받고 있느냐고 물은 후, 불뱀을 영원히 없애는 방법을 알려주러 왔다고 했다.

장군은 마을 사람들에게 샘에서 물을 떠오라고 했다. 사람들은 질그릇에 물을 가득 담아 장군에게 건네주었다. 그는 모든 사람이 그

물을 자세히 볼 수 있도록 투명 용기에 부었다. 물을 양동이나 솥으로 나르는 대부분의 사람들에게는 새로운 경험이었다. 처음으로 자기들이 먹는 더러운 물을 자세히 살펴본 것이다. 고원은 그들에게 확대경으로 자세히 들여다보라고 하고, 무엇이 보이는지 말해보라고 권했다.

누군가 헤엄치며 돌아다니는 작은 벌레들이 많다고 말했다. 사람들은 앞 다투어 확대경을 들여다보고 불쾌해한다. 그들이 지켜보는 가운데 고원은 다른 유리병을 천으로 된 필터로 덮고 샘물을 부은 후 보여준다. 작은 벌레들은 모두 사라졌고 탁하고 누렇던 물은 맑은 액체로 바뀌었다.

고원은 마을 사람들에게 어떤 물을 마시고 싶은지 물었고, 당연히 모두 맑은 물을 가리켰다. 그는 족장에게 정수된 물이 담긴 병을 건네준다. 족장은 그 물을 마시고 감탄했다.

모든 사람의 관심을 받은 고원은 이제 한 이웃 마을에 대해 이야기한다. 메디나선충으로 극심한 고통을 겪는 마을이었다. 그들 상당수가 감염되어 제대로 일을 하지 못했기 때문에, 농작물은 들에서 썩고 가축들도 죽어나갔다. 그때 고원이 나타나 정수법을 가르쳐주었다. 마을 사람들은 2년 동안 그가 시키는 대로 따라했고 3년째 되던 해 감염자는 한 명도 발생하지 않았다. 기생충이 완전히 없어진 것이다.

"여러분도 그들처럼 할 수 있습니다. 영원히 불뱀에서 벗어날 수 있습니다!" 고원은 마을 사람들에게 약속했다.

마을 사람들은 고개를 끄덕였다. 바로 그 자리에서 고원의 말을 100퍼센트 신뢰하진 못하겠지만, 그의 확실한 경험과 영향력 있는 이야기는 적어도 불신을 해소해주었다. 그는 사람들의 생각을 바꾸기 시작했다. 이는 타인의 행동을 변화시키는 첫 단계다.

요약: 생각 바꾸기

'해야 할 가치'가 있고, '필요한 행동'을 할 수 있다면 누구든 생각을 바꾸려 할 것이다. 이 두 가지 인지 지도를 바꿔놓는다면 새로운 행동을 하거나 과거 행동을 중단할 것이다. 둘 중 하나 혹은 둘 다 바꾸려 할 때, 대부분의 사람들은 구두설득에 의존한다. 쉽고 효과도 즉각적으로 볼 수 있기 때문이다. 그러나 풀기 힘들고 심각한 문제라면 구두설득의 효과는 떨어지기 마련이므로, 새로운 행동을 해야 하는 이유와 그 장점을 직접 경험하도록 도와줘야 한다. 즉 현지 조사를 해야 한다. 실제경험을 만들어낼 수 없다면 대리경험을 사용하는 것이 가장 좋은 방법이다. 재미있고 생생한 이야기를 이용하는 것이다.

이야기는 모든 사람에게 즉시 이용할 수 있는, 놀라운 힘을 가진 설득 도구다. 호소력 있는 이야기는 사람들로 하여금 그 이야기 속의 경험으로 빠져들게 한다. 이야기는 생생한 이미지를 창조하고 구체적으로 자세하게 묘사하기 때문에 단순히 사실을 말할 때보다 더욱 신뢰감을 준다. 이야기에 푹 빠진 청자들이 불신을 거두고 믿음을 갖게 되면, 실제로 이야기 내용과 같은 행동을 하는 듯한 공감 반응이 창출된다.

완전한 이야기를 하라. 현재 행동과 그에 따른 현재 혹은 미래의 부정적 결과를 확실하게 연결시켜야 한다. 더욱 좋고 새로운 결과를 낳는 긍정적 대안행동도 이야기에 포함되어야 한다. 이야기는 "해야 할 가치가 있는가?"와 "나는 그것을 할 수 있는가?"를 모두 다뤄야 한다. 행동 변화에 이보다 중요한 요소는 없다.

2
변화를 피할 수 없게 하라

누가 인간의 영향력에 한계를 정하겠는가?
랄프 왈도 에머슨

Make Change Inevitable

현재 당신이 갖고 있는 심각하고 끈질긴 문제를 해결하는 데 도움이 되는 핵심행동을 찾았다면? 게다가 모든 관련자들에게도 변화의 필요성을 인식시켰다면? 이제 남은 것은 행동 변화뿐이다. 행동을 바꾸기 위해서는 무엇을 어떻게 해야 할까?

이 질문에 대답하기 위해 북아프리카의 메디나선충 박멸 프로그램을 떠올려보자. 나이지리아의 한 마을, 당신은 고원 장군을 따르는 주민이다. 고원은 사람들의 잘못된 생각과 행동을 퇴치하기 위해 당신 마을을 방문했다. 생각이 바뀌면 행동은 매우 쉽게 바꿀 수 있다. 그렇다면 이제 어떻게 해야 하는가?

사람들은 저마다 자신이 선호하는 설득 방법을 갖고 있다. 규칙을 정하기도 하고, 훈련 프로그램을 만들기도 한다. 그러나 선호 방법만 고수하다 보면 문제가 발생한다. 방법 자체의 문제가 아니라 너무 단순한 상황이 될 수 있다는 뜻이다. 마치 가벼운 배낭 하나 달랑 메고 에베레스트를 등반하는 것과 같다. 간단한 식량과 물도 필요하지만, 본격적으로 등반하려면 훨씬 더 많은 물품이 있어야 한다. 간단한 방법만으로는 어렵고 복잡한 문제를 효과적으로 풀 수 없다.

그런데도 사람들은 늘 한 가지 영향력 전략에 의존한다. 게으른 직원들을 어떻게 열정적으로 변화시킬 수 있냐고 경영자에게 물어보라. 그들은 새로운 교육훈련 프로그램을 그 답으로 제시할 것이다. 1990년대 제너럴일렉트릭 주가를 최고로 끌어올렸다고 믿는 그런 훈련 프로그램 말이다. 교육훈련이 출발점은 될 수 있으나, 더 훌륭한 문화를 창조하려면 훨씬 더 많은 것이 필요하다. 정치인들에게 범죄를 없애기 위해 무엇을 하는지 물어보면, 그들은 중죄인의 형량을 높이기 위해 열심히 노력한다고 대답할 것이다. 지역사회 지도자들에게 늘어나는 소아 비만을 막기 위해 어떤 조치를 취하는지 물어보면, 최근 학교 주변 가게에 사탕 뽑는 기계를 없앴다고 자랑할 것이다. 그러나 이런 단순한 해결책으로는 변화를 일으킬 수 없다.

빠른 문제 해결을 원하지 않는 사람은 없다. 기적의 다이어트 알약, 4주 속성 몸짱 만들기, 한 달 만에 마스터하는 대박 투자법……단 하나의 비법만으로 그동안 골머리 앓던 문제가 깨끗이 풀릴 것 같고, 다 잘될 거라고 생각한다.

그러나 심각하고 끈질긴 문제를 해결하려면 몇 가지 핵심행동을 목표로 한 복합 전략이 필요하다. 모든 변화주도자는 이 핵심 원칙을 충실히 이행하여 성공한 것이다. 한 가지 전략만으로는 불가능하다. 다른 사람들은 항상 실패하는 분야에서 성공하는 사람은 복합 전략 항상 실패하는 부분에서 성공하는 사람들은 하나가 아닌 복합 요인을 사용한다. 성공에 필요한 최소한의 전략보다 더 많은 영향력 전략을 사용하고, 그 어떤 것도 운에 맡기지 않는다.

 앞장에서는 몇 가지 핵심행동만 하면 혁신적이고 엄청난 변화를 가져올 수 있다고 했는데, 더 많아야 한다니 실망스러운가? 우리는 몇 가지 핵심행동에만 집중하면 되지만, 그 뒤에는 올바른 행동을 촉진하거나 방해하는 여러 가지 요소와 사회적으로 요구되는 행동을 권장하거나 방해하는 요소가 함께 존재한다는 사실을 알아야 한다. 이처럼 다양한 요소를 무시하면 핵심행동을 제대로 행할 수 없다.

 다행히 좋은 소식이 있다. 우리는 인간의 행동에 영향을 미치는 요소들을 잘 알고 있다. 그 요소들을 통일성 있고 실행 가능한 모델로 만들어, 생각을 정리하고 완전한 영향력 전략들을 선택하는 데 사용하면 궁극적인 변화를 꾀할 수 있다.

위대한 6가지 영향력 요소

실행 가능 모델을 구체적으로 살펴보자. 여러 번 언급했듯이 인간의 행동에 영향을 미치는 거의 모든 요소는 단 두 가지 정신 지도에 작용한다. "나는 필요한 행동을 할 수 있는가?" "해야 할 가치가 있는 행동인가?" 첫 번째 질문은 "나는 할 수 있는가?"이고 두 번째 질문은 "나는 동기부여가 되었는가?"라고 묻는 것이다. 행동에 영향을 미치는 요소가 아무리 많아도, 모든 전략은 이 두 가지 주요 요소 중 하나, 즉 동기부여나 핵심행동을 할 수 있게끔 작용한다. 동기부여와 핵심행동 모두에 작용하는 전략도 있다.

실행 가능 모델은 크게 동기부여와 능력이라는 두 영역으로 구성되어 있고, 이 둘은 다시 개인적, 사회적, 구조적 차원으로 나뉜다. 이 3가지 차원은 각각 전문적 학문분야 즉, 심리학과, 사회심리학, 조직론으로 대변된다. 이 3가지 차원을 연구하여 이미 알고 있는 영향력 기법에서 자신에게 맞는 전략을 선택할 수 있다.

영향력의 대가들이 이용하는 영향력 요소의 범위를 간단하게 살펴보자. 지금 잘 모른다 해도 괜찮다. 앞으로 우리는 여러 가지 영향력 수단을 구체적으로 설명할 것이다. 당신은 삶의 질을 향상시키는 데 얼마나 많은 요소가 작용하는지 알게 될 것이다. 가장 먼저, 당신이 필요할 때 언제라도 영향력 요소들을 이용하는 방법을 배우게 된다.

개인적 차원에서 영향력의 대가들은 끊임없는 연습을 통해 행동을 구체적으로 코칭하고, 핵심행동을 내재적 동기와 연결시킨다. 사회적 차원에서 지혜로운 이들은 목표행동에 동기를 부여하고 그 행동을 하기 위해 강력한 힘을 가진 사회적 영향력을 이용한다. 구조적 차원에서 최고의 성과를 내는 사람들은 타인이 잘 사용하지 않는 방법을 적극적으로 사용한다. 이들은 타인이 핵심행동을 할 수 있도록 동기부여하기 위해 적절한 보상구소를 만든다. 그리고 시스템, 프로세스, 보고구조, 시각적 그림, 업무설계, 도구, 비품, 장비 등을 사용해 핵심행동을 지원한다.

영향력의 대가들은 이 모델을 이용해 성공 가능성을 높이려면 어느 요소를 사용해야 하는지 정확하게 알고 있다.

6가지 영향력 요소 모델은 다음 그림으로 표현할 수 있다.

이 6가지 요소의 작용법을 알기 위해 다시 나이지리아의 마을로 돌아가자. 마을 사람들은 메디나선충을 박멸하기 위해 3가지 핵심행동만 하면 된다. 첫째, 물을 정수해서 마셔야 한다. 그다지 어려운 일이 아니다. 둘째, 감염자가 발생했다면 증상이 자연 소멸될 때까지 그를 공동 식수원에 접근하지 못하게 해야 한다. 이 역시 그냥 식수원에 가까이 가지 않게만 하면 된다. 마지막으로 정수하지 않거나 감염된 사람이 있다면, 마을 사람들은 그에게 책임을 물어야 한다.

우리는 메디나선충을 박멸하는 3가지 행동을 알고 있으므로, 이 영향력 프로젝트가 매우 단순하고 쉽다고 생각한다. 그러나 그들에게 진심으로 당부하고 계몽책자를 나눠주기에 앞서, 이 6가지 영향력 요소들이 프로젝트에 어떤 영향을 미치는지 살펴보자.

요소 1: 개인적 동기부여. 메디나선충이 몸 밖으로 빠져나올 때, 감염자는 극심한 고통을 느낀다. 감염자의 팔이나 다리에서 기생충이 나올 때 잘못 잡아당기면 끊어지기 때문에, 2주에서 길게는 몇 달에 걸쳐 기생충을 막대기로 감아 천천히 끄집어내야 한다. 이렇게 오랜 시간 겪는 고통을 완화시키는 유일한 방법은 물 속에 들어가는 것이다. 즉 개인적으로는 핵심행동과 반대되는 행동을 하게끔 동기가 부여된다. 개인적 동기부여 문제를 해결하지 못하면 영향력 프로젝트는 실패하고 만다.

요소 2: 개인적 능력. 마을 사람들은 대부분 물을 정수하는 법을 알지 못한다. 고원이 떠난 후 물을 정수하려 노력했지만 여전히 메디나선충은 기승을 부렸다. 정수할 때 부주의하게 여기저기 물을 튀겨 식수를 감염시켰고, 정수된 물을 정수되지 않은 물이 남아 있는 용기에 부어 사용하기 일쑤였기 때문이다. 마을 사람들의 개인적 능력을 향상시킬 수 있는 교육이 필요하다.

요소 3: 사회적 동기부여. 당신이 마을 사람들에게 메디나선충 제거법을 가르쳐도, 아무도 당신의 조언에 관심을 보이지 않을 것이다. 외부인이어서 신뢰를 받지 못하기 때문이다. 족장과는 잘 지내고 있다 해도 마을에는 세 부족이 있고, 두 부족은 족장에게 반감을 품고 있다. 족장이 당신의 뒤를 봐주고 있기 때문에 그들은 당신에게 무조건 반대한다. 이런 상황을 바꾸지 않으면 사회적 동기부여에 심각한 문제가 발생한다.

요소 4: 사회적 능력. 성공적으로 메디나선충을 박멸하고 싶다면 마을 사람들이 서로 도와야 한다. 감염자가 발생하면 누구도 혼자 힘으로 회복할 수 없다. 그렇기에 마을 전체의 노력이 필요하다. 감염자가 발생하면 다른 사람들이 그 대신 물을 길어다줘야 한다. 그가 물을 긷고 정수하도록 충분한 도구를 확보하게끔 이웃들이 도와야 한다. 감염자가 도움을 받지 못한다면 사회적 능력의 핵심 요소를 잃게 된다.

요소 5: 구조적 동기부여. 현재 마을 사람들의 경제적 상황이 어렵다면, 감염자도 일하지 않을 수 없다. 생존을 위해 농사를 짓고 가축을 돌보면 자연히 식수원 근처에 가게 되고, 3가지 핵심행동을 망치게 된다. 이와 같은 기존 보상구조를 보완하지 않으면 감염자들은 자신과 가족을 위해 마을 전체를 희생시킬 것이다. 이러한 구조적 동기부여 문제를 해결하지 않고 영향력 프로젝트를 추진하면 실패하고 만다.

요소 6: 구조적 능력. 마지막으로 마을 사람들은 감염자가 식수원에 접근하지 못한 상태에서 정수하거나 고통을 완화하는 데 필요한 도구나 방법을 갖고 있지 않다. 게다가 마을 구조상 식수원에 쉽게 접근할 수 있기 때문에 감염자들은 고통스러운 몸을 물에 담그고 싶은 유혹을 느낄 수밖에 없다. 이 마지막 영향력 요소에 대해 조치를 취하지 않으면, 어떤 노력을 한다 해도 실패로 끝날 것이다.

6가지 요소 모두 이용하라

앞에서 영향력의 6가지 요소가 메디나선충 박멸 프로젝트에 어떻게 작용하는지 살펴보았다. 이제 영향력 대가들이 심각하고 끈질긴 문제를 해결하려 할 때 각 요소에 그토록 신경을 쓰는 이유를 알았을 것이다. 단 한 가지 요소라도 소홀히 하면 실패하기 때문이다.

이 6가지 요소가 서로 결합해 어떻게 작용하는지 알아보기 위해, 실버트 박사가 범죄자들을 모범시민으로 바꿔놓을 때 6가지 설득 도구로 무엇을 했는지 탐구할 것이다. 또한 체중 감량을 위해 노력하는 사람을 관찰, 6가지 요소가 이 고질적인 문제에 어떻게 적용되는지 살펴보려 한다.

마지막으로 당신의 가장 큰 문제를 하나 떠올린 후에, 그것을 염두에 두고 다음 장부터 읽어가라. 그리고 자신만의 6가지 요소에 대한 전략을 정립하라. 그러면 인생에서 성공한 수십 명의 인플루엔서들처럼 당신을 오랫동안 곤란하게 만들었던 문제들을 해결할 수 있을 것이다.

4
원하는 것에 동기를 강화하라

근면은 미래의 이익이 되고, 나태는 현재의 이익이 된다.

스티븐 라이트

이 장에서는 가장 기본이 되는 첫 번째 동기부여 요소, 내재적 만족을 살펴보겠다. 이 영향력 요소는 다음과 같은 문제를 제기한다.

우리는 필요한 활동을 할 때 개인적 만족을 얻는가?

핵심행동 자체가 즐거움을 주는가? 그렇지 않다면 어떻게 해야 사람들이 핵심행동을 취하게 할 수 있는가?

당신은 마약중독자가 장기간 금단의 고통을 이겨내며 결국 마약을 끊도록 설득할 수 있겠는가? 신참 간호사가 무서운 의사에게 "진료 전에는 손을 깨끗이 씻으세요!"라고 말하도록 동기부여할 수 있겠는가?

행동에 대한 내적 반응을 바꿀 방법을 찾아내지 못하면, 즉 올바른 행동을 즐기고 잘못된 행동을 고통스럽게 만들 수 없다면, 외부

인센티브나 처벌에 의존해 부족한 동기를 보충해줘야 한다. 사춘기 아들에게 쓰레기를 내놔달라고 할 때마다 외출을 금지하겠다고 협박하거나 "제발"을 남발하진 않는가? 직원들이 제품 품질검사를 소홀히 해 항상 입이 아프도록 주의를 주진 않는가? 집 근처 전봇대 옆에 누군가 계속 잡동사니를 버린다면, 우리는 그를 고발해야 한다. 그러나 굳이 우리가 호소나 설득, 읍소나 고발을 하지 않아도, 그들이 자신의 그런 행동을 반성하고 꺼리게 된다면 문제는 자연스레 사라지지 않겠는가.

사람들이 유익하고 건전한 행동을 만족스러워 하게 만든다면, 잘못되고 불건전한 행동을 마음으로부터 불만스럽게 여기게 하는 방법을 찾는다면 굳이 그들을 압박하지 않아도 행동 자체가 동기를 부여할 것이다.

가장 먼저 검토해야 할 일은 "행동을 대하는 사람들의 태도를 바꿀 수 있는가?"이다. 커피에 설탕 한 숟가락 더 넣는 쉬운 문제를 말하는 것이 아니다. 행동의 의미를 싫어하는 것에서 만족스러운 것으로, 즐거운 것에서 역겨운 것으로, 모욕적인 것에서 고무적인 것으로 바꿀 수 있는가를 말한다.

불가능하다고 생각하지만 유능한 인플루엔서에게 물어보라. 그들은 분명 이렇게 대답할 것이다. "당연히 할 수 있다."

그리고 우리도 해야만 한다.

테리의 눈물

화요일 오후 3시 17분, 회계사무실에서 나온 테리는 재무 데이터 CD를 델런시 스트리트 식당으로 가져가고 있다. 매니저는 가능한 빨리 데이터를 가져오라는 매니저의 요구를 받아 컴퓨터에 저장된 자료를 디스크에 옮겨서 식당으로 가는 중이다.

  테리 스스로도 자신의 행동이 믿을 수 없을 만큼 빨라졌다는 사실에 놀라워한다. 최근 이렇게 빨리 움직인 기억이 없다. 그녀는 9살 때부터 의도적으로 무심한 걸음걸이를 익혔고 "네가 아무리 뭐라고 해도 난 내 맘대로 산다"는 자신의 인생관에 커다란 자부심을 갖고 있었다. 이런 태도로 인해 청소년기의 대부분을 교도소에서 보냈지만 개의치 않았다. 술집에서 그녀에게 추파를 보내는 사내를 죽이고 살인자가 되었어도 여전했다. 누구도 그녀에게 이래라 저래라 하지 않았다. 단 한 명도.

  그런 테리는 왜 지금 이렇게 서두르고 있을까? 19개월 전 그녀는 잔여 형기 5년을 사는 대신 델런시 스트리트에 들어가기로 했다. 테리는 매학기 델런시 졸업식에 참가했다. 샌프란시스코에 거주하는 500명의 원생들이 이 대규모 행사에 모여 서로의 발전을 축하했다. 테리도 두 번의 졸업식에서 뛰어난 성과를 인정받아 표창을 받았다. 그러나 그때도 그녀는 바닥만 응시하며 사람들의 칭찬을 귓등으로도 듣지 않고 무시했고, 박수가 끝나자 무표정하게 자리로 돌아갔다. "나 원 참! 서빙 좀 한다고 뭐가 달라져? 진짜 시시하군. 난 이런 일 안 해!"

지난주 졸업식 때도 사람들은 테리의 졸업과 팀장 임명에 대해 이야기했다. 하지만 이번에는 달랐다. 테리는 그녀의 놀라운 성과를 발표하는 실버트 박사를 바라보다가, 박사의 칭찬을 듣는 실수를 저지르고 말았다. 아주 잠깐이었지만 말이다. 박수가 터졌고 그녀는 주변을 돌아보다가 팀원 몇 명과 눈이 마주쳤지만 재빨리 눈을 깔았다. 자리로 돌아온 그녀는 다리에 힘이 빠지는 기분을 느꼈다.

"내가 왜 이러지? 배가 고파서 그런가." 그녀는 혼자 중얼거리며 초콜릿을 베어 물었다.

서둘러 식당으로 향하던 테리는 문득 아래를 바라보았다. 자신의 다리가 너무 빨리 움직였다. 마치 제멋대로 움직이는 것 같았다. 문득 얼굴에 손을 갖다 댄 테리는 자신의 볼이 젖어 있다는 것을 알았다.

'대체 이게 뭐지? 내가 왜……?'

테리는 울고 있었다.

고통을 기쁨으로 바꾸라

테리에게 무슨 일이 일어난 걸까? 한때 경멸했던 일을 즐기게 된 걸까? 그녀는 무언가를 해냈다는 데서 즐거움을 느끼고 있었다. 자신의 일에서 즐거움을 발견한 것이다. 고무적이게도, 관심이 마음속에서부터 우러나오기 시작했다. "오후 내내 생각한 끝에 마침내 깨달았어요. 관심 있는 일이 생겨서 울었던 거죠. 라이오넬에게 자료를 가져다주는 일이 걱정됐거든요." 테리는 말했다.

이것이 사실이라면, 다시 말해 테리가 지금까지 싫어했던 일을 즐기는 방법을 찾았다면 다른 사람들도 그럴 수 있지 않을까? 이 마법으로 당신의 아들이 기꺼이 쓰레기를 버려주고 집안일을 도와주고픈 마음을 갖게 할 수 있을까? 이 마법으로 당신의 팀원들이 실수를 줄이고 업무를 지겨워하는 대신 즐거워하게끔 만들 수 있을까? 이 마법으로 다이어트 중인 헨리가 당근을 초콜릿 먹듯 할 수 있을까?

사실 활동 그 자체가 만족을 주지 않아도, 사람들은 대부분의 모든 활동에서 즐거움을 얻는다. 유명한 작가이자 정신과의사인 스코트 펙은 직설적으로 말했다.

"자연스러운 욕구나 행동이라 해도 바꿀 수 없거나 고칠 수 없는 것은 아니다. 일례로 양치질을 살펴보자. 양치질은 전혀 자연스러운 행동이 아니다. 그러나 우리는 스스로 그 부자연스러운 행동을 하게끔 만든다. 인간의 또 다른 특징, 우리 인간을 더욱 인간적으로 만드는 특징은 부자연스러운 행동을 할 수 있고, 자신의 본성을 초월하고 변화시킬 수 있다는 점이다."

스코트 펙의 지적은 희망적이다. 핵심행동과 관련된 감정을 바꾸는 방법을 찾을 수 있다면, 충동석인 나쁜 습관을 양치실하시 못해 불쾌한 상황처럼 멀리하고 싶게 만들 수 있다. 또한 과거에는 좋아하지 않았던 행동도 양치질처럼 자연스럽고 만족스럽게 익힐 수 있다. 이 중요한 개념을 생각하지 않으면, 행동을 바꾸도록 동기를 부여하려고 할 때 활동 그 자체를 좋아하게 만드는 방법을 찾기보다는 돈과 명언에만 의존하게 될 것이다.

이 모든 초월과 변화를 어떻게 이루는지 확인하려면 먼저 우리의 호불호가 어디서 오는지 알아야 한다. 즐거움과 고통의 근원을 이해하면, 현명한 인플루엔서들은 그 지식으로 해야 할 일을 가르쳐준다.

선호의 감정은 상당부분 생리적 욕구에서 온다. 인간은 음식과 보온, 휴식과 섹스, 공기에 대한 강렬한 욕구를 갖고 있다. 그러나 생리적 욕구를 운명으로 받아들일 필요는 없다. 생리적 욕구는 타고나는 것이지만 그 중 일부는(혹은 감정에 그 욕구가 미치는 영향은) 놀랍게도 쉽게 바뀔 수 있다. 유명한 '파블로프의 개'에 관한 실험도 그 사실을 알려준다. 신호에 따라 반복적으로 먹이를 받아먹은 개들은 신호음이 들리기만 해도 침을 흘렸다.

상벌의 신호로 중립적 자극을 사용하는 이런 종류의 학습을 고전적 조건화classical conditioning라고 한다. 우리의 관심을 끄는 점은, 이 고전적 조건화로 인해 개가 종소리를 좋아하게 되었다는 사실이다. 중립적 자극이라도 긍정적 혹은 부정적 사건의 신호로 사용하면, 우리는 그 신호를 중립적이지 않게 받아들인다.

심리학자 브라이언 완싱크는 고전적 조건화가 음식이라는 기본 욕구에 미치는 영향을 연구했다. 그는 2차 대전 당시 남태평양에서 복무했던 퇴역군인들을 조사하면서, 그들 중 약 3분의 1이 중국음식을 좋아하지만 3분의 1은 중국음식을 싫어한다는 사실을 발견했다. 왜 이런 차이가 발생한 걸까?

그들은 전쟁 중에 중국음식만 먹어야 했다. 당시 전방에서 치열한 전투를 치렀던 3분의 1은 중국음식을 혐오했다. 반면 후방에서 근무했던 3분의 1은 중국음식을 좋아했다. 이처럼 군인들은 중국음식을 좋아하거나 싫어하도록 조건화되었고, 이 선호현상은 50년 후에도 계속되었다. 학습되고 지속된 것이다.

파블로프의 실험은 종소리를 긍정적인 것(음식)과 연결시켰지만, 다른 연구자들은 부정적인 것 즉 전기충격 등을 신호로 사용했다. 그 결과 두려움과 고통은 사람들의 선호에 극적인 변화를 가져왔다. 《시계태엽 오렌지》의 주인공인 망나니 알렉스는 '혐오요법' 치료를 받는다. 교도소 의사들은 알렉스에게 심한 구토를 일으키는 약을 주면서 베토벤의 교향곡 9번을 배경음악으로 삽입한 폭력 영상을 보여준다. 그 결과 알렉스는 더 이상 자기 자신을 방어할 수도, 베토벤 음악을 즐길 수도 없게 되고 말았다.

혐오요법은 필요하다기보다는 호기심 때문에 많이 사용한다. 훌륭한 인플루엔서들은 혐오요법 같은 공격적 조작법을 사용하지 않는다. 윤리적이고, 원칙을 중시하며, 친절하기 때문에 고통을 주는 방법은 피한다.

행동 교정을 위해 꼬챙이로 찔러서는 안 된다면 어떤 방법을 사용해야 할까? 우리는 윤리적이면서도 강력한 두 가지 방법을 사용해 중립적이거나 유해한 행동에 대한 반응을 바꿀 수 있다. 바로 새로운 경험을 만들고, 새로운 동기를 부여하는 일이 그 방법이다.

새로운 경험을 만들라

어설픈 지식은 위험하다. 사람들은 때로 새로운 행동에 대한 생각조차 하기 싫어한다. 정확하게 판단할 충분한 지식이 없기 때문이다. 새로운 행동에 대해 상상하면 대체로 부정적인 결과를 떠올리기 쉽다. 하지만 진실은 그렇지 않다.

일단 먼저 행동하라

특정 행동을 할 때의 느낌과 기분을 잘못 예상하는 일은 이상하지도, 불합리하지도 않다. 누구나 그럴 수 있다. 인간은 행복해기 위해 무엇을 해야 하는지 예측하는 일에 매우 서툴다. 잘못 예상하고 판단하기 때문에 행복해지지 못하는 것이다. 심리학자 대니얼 길버트는 연구를 통해, 인간은 자신이 좋아하는 것과 싫어하는 것을 잘 판단하지 못한다는 사실을 보여주면서 명성을 얻었다. 일례로 대부분의 피실험자들은 일 년에 수입이 3만 달러가 늘어나면 지금보다 훨씬 더 행복하리라고 생각한다. 반면 매일 30분씩 산책하기는 별로 중요하지 않은 사항이라고 여긴다. 하지만 그가 연구한 결과, 규칙적인 산책이 소득증가보다 훨씬 더 행복을 증진시킨다는 사실이 드러났다.

실버트는 행복을 예측하지 못하는 원생들의 문제를 정면으로 다룬다. 새로 입소한 원생들에게 힘들고 따분한 일을 시키는 것이 그녀의 일이다. 평생 범죄를 저지르며 지낸 사람들은 준법적인 생활을 모른다. 그렇기 때문에 자신의 남은 삶이 재미없고 지루할 거라고 생각한다. 행복을 잘못 예측한 것이다. 범죄의 흥분과 마약의 쾌락을 버리고 화장실 청소나 하며 살게 되는 건 아닐까 걱정한다. 꼬박꼬박 월급을 받고 자기 집을 갖는 등, 법을 잘 지키며 성실히 사는 인생의 온갖 즐거움을 상상하지 못한다.

실버트는 델런시의 비전을 세우는 데 많은 시간을 보낼 수도 있었다. 원생들에게 이런 말을 자주자주 되풀이 할 수도 있었다. "나를 믿어요. 여러분은 곧 이 생활을 좋아하게 될 거예요. 여기를 나갈 때쯤이면 글도 깨치고 고등학교 과정까지 다 마쳤을 거예요. 음악회와 박물관에도 자주 갈 겁니다. 세 가지 기술도 배우고 수십 가지 새로운 일을 경험할 거예요. 친구들도 많이 생길 거예요. 그러니 어서 오세요."

이런 주장을 하기는 쉽다. 그러나 이런 식으로 설득하기는 어렵다. 무슨 말인지 이해하지 못할 테니 말이다. 이제껏 그들이 몰랐던 사실, 그들이 판단할 근거가 전혀 없는 활동과 결과를 설명하는 내용이기 때문이다. 그런 활동과 결과를 얻기 위해 현재의 즐거움을 포기하라고 권하는 말이다. 그런 식의 설득은 효과를 발휘하지 못한다.

실버트는 원생들이 새로운 인생의 좋은 점을 직접 경험하려면 시간이 걸린다는 것을 잘 알았다. "그들이 고등학교 학력을 취득하면,

우리는 샌프란시스코 주정부를 통해 2년제 졸업증을 수여합니다. 학사학위를 받는 사람도 있지요. 하지만 그들은 공부에 필요한 규율을 싫어합니다. 오페라나 연극 극장, 박물관에 데려가면 불평하고 싫어하죠. 그래서 저는 계속 이렇게 말해줍니다. '중국음식을 싫어할 수도 있어요. 하지만 일단 한 번 중국음식을 먹어보면 생각이 달라질 거예요.'라고요. 여기 처음 들어온 사람들은 모든 것을 싫어합니다. 물론 그 중 아무 것도 해본 적이 없지요."

그래서 실버트는 서두르지 않는다. 그냥 그들에게 공부하고, 오페라를 관람하고, 다른 원생을 멘토링하라고 요구할 뿐이다. 원생들이 일단 새로운 행동을 시도하면 대체로 그 행동을 좋아하게 된다는 사실을 경험을 통해 체득했기 때문이다. 그들 중 오페라의 팬이 되는 사람은 별로 없지만, 90퍼센트 이상은 과거에 상상하지도 못했던 수십 가지 행동을 즐긴다.

테리가 화요일 오후 3시 17분 삶의 전환점을 맞은 것처럼, 원생들이 스스로 깨달을 때까지 실버트는 그들에게 계속 요구한다. 델런시의 거의 모든 원생이 테리와 같은 경험을 겪는다. 완전히 다른 사람이 되는 날이 반드시 오고, 그때마다 그들은 기뻐한다. 원생들은 관심이라는 것을 갖게 되고, 자신이 해낸 일에 만족을 느낀다. 준법적인 생활이 주는 내재적 만족을 발견하게 된다.

"일단 해보면 좋아하게 될 것"이라는 전략은 모델을 이용할 때 더욱 효과적이다. 영향력 대가들은 믿음만으로 핵심행동을 권하기 어려울 때는 대리경험을 사용하면 좋다는 것을 알았다. 미구엘 사비도는 글을 모르는 수십만 멕시코인들이 그들과 처지가 같은 한 남자의 이야기에 빠지게 함으로써 자연스럽게 문맹 프로그램에 참가하게 만들었다.

처음에 나이든 시청자들은 젊은 사람들과 함께 배우고 자신의 약점을 인정하는 것을 창피하게 여겨 소극적으로 굴었다. 그러나 매주 드라마를 통해 글을 배우는 과정을 지켜보고 글을 읽는다는 것이 어떤지 대리경험을 하면서, 공부의 중요성과 의미를 깨닫기 시작했다. 그들은 재미있는 책을 읽을 수 있으면 삶이 얼마나 즐거워질지 상상했다. 글을 깨친 할아버지가 손자에게 어떤 영향을 줄 수 있는지 생각했다. 문해 학교를 졸업했다는 자부심이 어떤 것인지 느꼈다. 마침내 그들은 드라마에 나온 문해 정보를 요구하면서 멕시코시티 거리로 쏟아져 나왔다.

그들이 문해 학교에 들어가면 어떻게 될까? 글을 배우는 일이 쉽지 않고, 항상 재미있지도 않다는 사실을 금세 알게 될 것이다. 곧바로 손자들에게 책을 읽어줄 수도 없다. 하지만 다행스럽게도 드라마 주인공들은 학습 과정에서 겪는 어려움도 보여주었다. 대리경험을 통해 글 읽는 즐거움을 이해했지만, 그 즐거움을 자기 것으로 만들려면 자신만의 노력이 필요하다.

하기 싫은 일을 게임으로 만들라

중립적이거나 싫은 행동을 즐거운 행동으로 바꾸는 다른 방법을 살펴보자. 새롭지만 선호하진 않는 행동을 시도할 때는 어떻게 해야 할까? 사람들은 특별히 좋아하지도 않고 보상도 없는 것처럼 보이는 여러 가지 일을 하지만, 어떻게 해서든 거기서 즐거움을 얻어낸다. 그 비결은 무엇일까?

동기부여의 비결은 활동 밖에 존재하는 한 가지 요소에 있다는 것이 밝혀졌다. 바로 도전적 목표의 주인이 되는 것이다. 시카고대학 교수 미하이 칙센트미하이는 '몰입'과 그로 인해 발생하는 즐거움을 연구하는 데 평생을 바쳤다. 도전할 만한 목표가 있고 분명한 피드백이 빈번하게 제공된다면, 어떤 활동에도 몰두할 수 있다는 것이 그의 주장이다. 그렇기에 우리는 종종 하기 싫은 일도 게임처럼 느끼곤 한다.

농구장에 스코어보드가 없다면 어떨까? 팬들은 얼마나 오랫동안 경기를 관람할 수 있을까? 선수들은 얼마나 오랫동안 몸을 사리지 않고 코트를 누빌 수 있을까? 하기 싫거나 어려운 행동을 즐겁게 만드는 방법은 스코어보드를 사용해 게임으로 만드는 것이다.

점수는 선수와 팬에게 제공되는 분명하고 빈번한 피드백이다. 점수는 과제를 성취로 변환하고 성취는 만족을 낳는다. 칙센트미하이의 연구결과를 직관적으로 이해한 비디오 게임 제작자들은 이런 동기부여 방법을 게임 제작에 사용한다. 점수 상황을 계속 보여주면서 반복적인 활동을 요구하고, 게임하는 사람들은 다음 단계의 미션으로 넘어가기 위해 노력하다가 중독되기도 한다.

새로운 동기를 만들라

"해보면 좋아하게 될 것"이라는 전략은 "그 행동을 하면 새로운 보상을 받게 된다"는 가정에서 나왔다. 행동 자체에 보상이 내재된 경우는 거의 없다. 끊임없는 피드백을 통해 게임으로 만들기도 매우 어렵다. 행동도 즐겁지 않고 피드백도 동기를 부여하지 않는다면, 과연 무엇을 할 수 있을까?

이는 매우 중요한 질문이다. 우리가 해야 하는 수많은 중요한 행동들은 원래부터 즐겁지 않은 행동이기 때문이다. 당신의 몸에서 메디나선충 5마리가 꿈틀거리며 밖으로 나오려 하고 있다면, 유일한 관심사는 고통을 가라앉히는 방법뿐이다. 고통이 끝나기만을 바라는 이 상황에서 "해보면 좋아하게 될 것"이라는 전략은 전혀 통하지 않는다. 스코어보드를 만든다 해도(식수원에 얼마나 오랫동안 접근하지 않을 수 있는지 날짜를 세는 것), 고통은 사라지지 않는다. 그렇다면 어떻게 해야 할까? 지금 당장 괴로움에 몸부림치며 식수원에 뛰어들지 않을 수 있는 방법은 무엇일까?

자신이 설정한 기준과 연결하라

하기 싫은 노력은 내면에서만 나오는 완전히 다른 종류의 동기부여가 있어야만 가능하다. 사람들은 스스로 그 행동에 몰입하면서 내적 동기부여를 자극한다. 행동을 개인적 의미를 지닌 이슈로 만드는 것이다. 성공은 게임의 다음 단계로 넘어가는 도전 그 이상, 즉 자기 자신에 대해 설정한 목표 기준에서 비롯된다. 가치 있는 도전이 되는 높은 기준을 세우고, 그런 사람이 되기 위해 노력하는 것이다.

그리고리 페렐만이 바로 그런 사람이다. 오랜 세월 페렐만은 상트페테르부르크의 어두컴컴한 아파트에 틀어박혀 수학 연구에만 전념했다. 몇 년 전 이 천재 학자는 공식적으로 해결 불가능 판정을 받은 문제를 풀어서 세상을 놀라게 했다. 보통 사람들은 이해조차 할 수 없는 난해한 문제, 100년 동안 전 세계 수많은 수학자들이 도전했지만 실패하고 난제로 남아 있던 '푸앵카레 추측 Poincare Conjecture'을 해결한 것이다.

페렐만은 괴짜였다. 그저 재미로 그 문제를 연구했고, 풀었다는 사실을 세상에 알린 방법도 의외였다. 직접 웹사이트에 답을 올린 것이다. 오랫동안 집중적으로 이 문제를 연구하여 풀은 후, 인터넷을 통해 자신의 극적인 성공을 자축했다.

페렐만이 그토록 오랜 시간 연구에만 몰두하게 만든 것은 무엇이었을까? 돈도 아니고 명예도 아니다. 그가 웹사이트에 올린 답은 '수학계의 노벨상'인 필즈상 심사위원들의 관심을 끌었다. 결국 필즈상 수상자로 결정되었고 백만 달러의 상금도 받게 되었지만, 페렐만은 둘 다 거절했다. 자신은 또 연구해야 할 일이 있으니 내버려두라며 말이다. 지금도 그는 비좁은 아파트에서 다른 문제와 씨름하고 있을 것이다.

페렐만은 수학에 비범한 재능이 있었지만 그의 동기부여 요소는 전혀 특별하지 않았다. 세상에서 가장 강력한 인센티브는 행동과 업적에 대한 자신의 평가다. 자신이 설정한 기준을 달성하면 만족과 행복을 느낀다. 자신이 원하는 삶을 살고 있다고 생각하게 된다.

페렐만은 앞서 살펴본 3가지 내재적 요소에서 즐거움을 얻지 않았을까. 성취를 즐기고, 게임에 도전하기를 좋아했고, 자신이 원하는 사람의 이미지에 부합되어 기뻤을 것이다. 난제를 풀었을 때 그가 느낀 깊고 순수한 만족은, 그가 거절한 백만 달러의 상금보다 값지고 소중했을 것이다.

도덕률에 충실하라

우리는 페렐만이 아니다. 비범한 그와는 비교할 수도 없는 평범한 사람들이다. 천재 수학자도 아니고 그만한 열정도 없다. 대부분 자신의 행동을 더 큰 목적과 관련지어 생각하지 않고 행동하기에, 페렐만 같은 내적 동기부여가 이루어지지 않는다. 왜 그럴까?

사람들은 마치 자동조종장치에 움직이듯 환경에 반응한다. 현재의 선택이 자신의 이상, 가치 혹은 도덕률을 반영했는지는 염두에 두지 않는다. 행동하면서 마음으로 행동과 개인적 기준의 관계를 떠올리는 경우는 매우 드물다. 마이클 데이비스는 행동을 가치와 연결시키지 못한 상태를 '미시 시야 microscopic vision'라고 칭했고, 엘렌 랭거는 '마음 놓음 mindlessness'이라고 부르며, 패트리셔 워헤인은 '도덕적 상상력의 결핍'이라고 했다. 무어라고 부르든 간에, 이 상태는 자신의 가치나 도덕 혹은 개인적 기준과 행동의 연관성을 생각하지 않고 일상에 매몰된 경향을 나타낸다. 대부분의 보통 사람들은 나쁜 의도를 품고 범죄를 저지르지 않는다. 악행을 하는 이유는 생각이 있어서가 아니라 생각이 없어서다. 아무 행동도 하지 않는 이유도 마찬가지 선상에서 볼 수 있다.

우리는 매일 가치나 도덕이 반영되지 않은 활동을 하며 산다. 그래서 위협이나 도전을 받으면 행동이 악화된다. 스트레스를 받으면 울화가 치밀고 호흡이 가빠지며 자존감이 낮아진다.

이와 관련된 유명 일화도 있다. 미국 최고의 수면연구기관인 모턴 티오콜Morton Thiokol의 부사장 로버트 룬드는 1986년 1월 어느 날 주요 회의에 참석했다. 내로라하는 기술자들이 모여 우주왕복선 챌린저호의 발사 여부를 논의하는 자리였다.

룬드는 좋은 사람이다. 성실한 가장이고 좋은 이웃이며 정직한 시민이다. 투철한 직업의식과 헌신적 노력, 세심한 주의력으로 높은 자리까지 오를 수 있었다.

이날 회의에서 룬드는 양해를 구했다. 얼마 전 룬드의 기술 스태프들은 오링O-ring이 낮은 온도에서 제 기능을 할 수 있을지 모르겠다며 걱정했다. 과거에 가장 낮은 로켓 발사 온도는 화씨 54도였지만 이번 발사 예상 온도는 26도였다. 만일 오링에 문제가 생기면 끔찍한 결과가 나올 터였다.

NASA는 스태프들의 우려에 관한 확실한 데이터를 요구했고, 룬드는 결정을 내려야 했다. 무슨 말을 해야 할지, 어떤 입장을 취해야 할지 생각하고 있을 때, 그의 상사가 말했다. "룬드, 엔지니어가 아닌 경영자로서 말해주시오." 이 한 마디로 인해 회의의 성격은 돌변하고 말았다. 로켓 탑승자의 생명을 보호하는 문제가 아닌, 경영자로서 이윤을 위한 결정을 내리는 자리로 변해버렸다. 말 한 마디로 입증될 수 없는 오링의 위험은 다른 많은 문제들처럼 경영진의 불확실성 영역으로 들어왔다. 승무원의 생명 보호는 최우선적 고려 사항에서 밀려나고 말았다. 결국 룬드는 우주왕복선 발사에 동의했다. 그 이후의 이야기는 다들 알고 있는 비극으로 막을 내렸다.

로버트 룬드는 도덕적 문제로 고민했지만, 결국 미시적 위기 분석과 불확실성 관리에 초점을 맞췄다. 가장 도덕적인 행동을 해야 할 때 가장 부도덕한 행동을 저질렀다. 당연히 비난받아야 할 행동이지만 누가 그를 비난할 수 있겠는가. 우리 모두 다 그렇지 않은가. 냉정한 현실의 요구에 직면하면 가치와 원칙을 어기는 행동도 불사한다. 시야를 좁히고 미시적 부분에만 집중함으로써 감정에 이끌린 행동을 저지른다. 스스로 못마땅하게 여기면서 자신의 가치에 반하는 행동을 한다. 그러나 결정의 순간, 한 발 물러나 큰 그림을 볼 수 있다면 상황과 결과는 완전히 달라진다.

진정한 인플루엔서가 되려면 이 과제를 극복해야 한다. 자신의 선택과 도덕관이 일치하는지 확인하고, 그 순간이 매우 중요하다고 인식해야 한다. 여러 장애요인과 스트레스를 견뎌내고 이 시각을 유지해야 한다.

사람들의 행동을 가치와 효과적으로 연결시키는 방법을 배우기 위해 믿음직스러운 스승 앨버트 반두라 박사의 도움을 받아보자. 반두라는 반복적으로 이렇게 질문했다. "사람들의 행동을 그들의 가치

혹은 신념과 어떻게 연결시켜줄 수 있을까?" "사람들은 어떻게 도덕적 이탈moral disengagement 상태를 유지하는가?" "사람들은 어떻게 자신이 신봉하는 가치에 명백하게 반하는 행동을 하는 걸까?"

반두라는 연구를 통해 사람들이 가치에 반하는 행동을 행하는 4가지 전략을 발견했다. 우리를 도덕관념이 없는 사람으로 몰고 가는 이 4가지 전략은 도덕적 합리화, 비인간화, 의미축소, 책임회피다. 이 전력들이 사람들로 하여금 어떻게 도덕적 이탈을 하게 만드는지 실제 사례를 통해 살펴보자.

포드 자동차의 리콜담당 이사 데니스 조이아는 차가 전소되어 여러 명이 사망한 '포드 핀토'의 생생하고 구체적인 잔해 사진들을 보고도 포드 핀토의 리콜을 실시하지 않았다. 당시 자료에 따르면, 이 모델은 시속 48킬로미터일 때 추돌사고가 발생하면 연료탱크가 파열되어 운전자와 근처 행인들이 심하게 다치거나 사망할 수 있었다. 그러나 조이아는 사고 사진을 보고도 고작 한 대당 11달러밖에 들지 않는 리콜을 결정하지 않았다.

조이아는 사고대책을 세울 때, 비용편익분석을 하도록 훈련받은 사람이다. 그는 훈련 받은 대로 실행했을 뿐이다. 포드는 인명의 가치를 20만 달러로 정해서 리콜 비용을 계산했다. 리콜하지 않고 사고 시 합의를 보는 것이 리콜보다 이익이었다. 사고는 당시 100건 정도 발생했다.

조이아가 받은 훈련은 살인 행위를 정당화하는 도덕적 틀을 만들었다. 그가 너무했다고 생각할지 모르지만, 우리도 매일 그와 비슷한 행동을 한다. 엄격한 오염 규제 기준을 지키기보다 저렴한 벌금을 받아들이는 기업은 호흡기가 약한 사람들을 괴롭게 만든다. 하지만 우리는 이런 측면에서 생각하지 못한다. 조이아가 생명이 아닌 보상청구 건수를 생각하듯, 우리는 건강이 아닌 비용을 고려한다.

인간은 다른 도덕적 결과, 예를 들면 소비자들에게 저렴한 가격으로 제품을 공급한다는 결과에만 집중하면서 자신의 잘못된 행동을 합리화한다. 이때 선택으로 영향을 받는 사람은 비인간화된다. 자기 행동의 의미를 축소하려 한다. "고작 100명의 목숨이야. 그것과 우리 차로 혜택 받는 수십만 명의 소비자들을 비교보라고." 마지막으로는 책임을 회피한다. "아니, 비용편익분석 규정을 내가 정했어? 원래 다 그런 거잖아."

행동과 도덕성을 단절시키는 악습에서 벗어나는 유일한 방법은 행동과 도덕을 다시 연결시키는 것이다. 현실적 요구에만 집중하지 말라. 더 큰 도덕적 문제에 눈을 돌려 현실을 도덕적 틀에서 바라봐야 한다. 연결 방식도 중요하다. 단순한 훈계, 설교, 죄책감을 주는 방식은 통하지 않는다. 깊은 감동과 울림이 있어야 한다. 행동을 더 큰 도덕적 이슈와 다시 연결하지 못하면, 순간적인 감정에 휘둘리게 되어 결국 단기적이고 근시안적인 선택을 하고 말 것이다.

행동을 도덕적 가치와 연결하라

자신의 행동을 도덕적 관점에서 바라보면, 그 결과와 연결 상태가 보인다. 저명한 심리학자 스탠튼 필은 "인간은 더 넓은 도덕적 관점을 가져야만 인생의 가장 어려운 도전도 극복할 수 있다"고 주장했다. 실제로 필은 폭넓은 가치와 연결할 수 있는 능력이, 장기적이고 중독적인 습관을 버릴 수 있는 사람과 그렇지 못한 사람을 예측할 수 있는 핵심 변수임을 보여주었다. 이 능력은 다른 어떤 변수보다도 예측에 유용하다. 그는 내면의 가치를 현재의 행동과 다시 연결하는 법을 아는 사람은 마약처럼 중독성 강한 습관도 극복할 수 있다는 것을 발견했다.

실버트는 필의 조언에 따라 델런시 원생들이 매일 그들의 가치와 연결된 행동을 하도록 도왔다. 앞서 언급했듯, 원생들은 처음 들어오면 "모두가 모두에게 도전해야 한다"는 말을 듣는다. 그들은 이 말을 "친구를 고자질하라"고 받아들인다. 그들에게 있어 고자질은 도덕적으로 비열한 배신행위며 의리에 반하는 짓이고, '사람은 그러면 안 된다'고 여긴다. 만일 친구가 마약을 찾아 나선다면, 그들은 과거의 습관에 따라 의리를 지키려고 함구할 것이다. 더욱 긍정적이고 도덕적인 측면에서 고자질 행위를 바라보지 않는 한 계속 그럴 것이다. 하지만 이제 원생들은 델런시의 새로운 도덕규범에 따라 온갖 잘못된 행동에 도전하고 있다.

당연히 실버트는 원생들이 그럴 수 있도록 물심양면으로 돕는다. 위법 사실을 신고하는 습관이 핵심행동이며, 깊은 도덕적 의미를 지닌 사명이기도 하다는 점을 항상 강조한다. 하지만 그 규범의 도덕성을 직접적으로 말하지 않는다. 대신 이렇게 말한다.

"우리의 접근 방법은 약간 독특하죠. 우리는 항상 도덕을 이야기해요. 내 전공은 범죄학과 심리학이지만, 무엇이 범죄를 일으키는지 전혀 모르는 것처럼 문제에 접근합니다. 우리는 그냥 이렇게 말해요. '우리 모두 가족이고 여기는 우리 집이야. 이게 우리의 신조란다. 우리는 이렇게 행동하고, 그 이유는 이래서야. 다른 사람들의 잘못을 우리에게 알려주는 것이 그들을 도와주는 거야. 성공하려면 서로 도와야 하기 때문이야.' 우리는 간단한 도덕적 이상에 기초를 둔 공동체를 만들려 노력합니다. 그리고 공동체가 지탱할 수 있는 강력한 규범을 만듭니다."

실버트는 사람들이 자신의 행동을 더 크고 더 중요한 도덕적 사명의 측면에서 바라볼 수 있다면 못할 일이 없다고 생각한다. 그럴 수 있다면 범죄에서 손을 씻고, 마약과 폭력을 중단하리라 믿는다.

그녀는 자존감이라고는 전혀 없는 상태의 사람들을 상대한다. 그렇기에 더 큰 도덕적 사명에 연결시킴으로써 자존감을 되찾는 방법을 가르친다. "나는 자존감이라는 말을 좋아하지 않습니다. 궁극적으로 자존감을 얻지 않으면 스스로 무너지고 말아요. 다른 사람이 줄 수 있는 게 아니니까요. 집단에 들어간다고, '당신 정말 좋은 사람이군요'라는 말을 듣는다고 생기는 게 아닙니다. 자신이 좋은 사람임을 스스로에게 납득시켜야 하고, 그러기 위해서는 노력이 필요합니다.

하지만 혼자 한다고 생기지 않아요. 타인의 도움을 받는다고 해결되는 것도 아니죠. 자존감은 다른 사람들을 도와줄 때 생깁니다. 타인을 도울 때, 진정한 자신을 찾게 됩니다. 실패자에게 책임을 물어야 하나고요? 당연히 그래야 합니다. 그것이 바로 그들을 돕는 일이고, 그렇게 해야 자기 자신을 존중하게 됩니다. 타인에게 소중한 존재가 되면 당신은 진정 소중한 존재입니다."

실버트 박사는 '고자질'이라는 부끄러운 용어로 표현된 행동을 그것의 결과와 가치, 전체적인 도덕의식과 연결시킨다. 그게 효과가 있는 걸까? 도덕성을 강조하는 옛날식 동기부여로 원생들이 책임감과 자제력을 되찾을 수 있을까? 물론이다. 델런시에는 경비원도 없고 자물쇠도 없으며 제약도 없다. 오직 수천 개의 성공 사례만 있을 뿐이다. 그 외에 또 어떤 증거가 필요하겠는가.

인간적 결과를 생각하라

우리는 좋은 행동을 즐겁게, 나쁜 행동을 싫어하게 만드는 방법을 찾고 있다. 그래서 하기 싫은 행동을 즐거운 것으로 바꾸기 위해 인간의 가치와 도덕적 규범을 어떻게 이용할지 숙고한다.

이제 다른 측면을 살펴보자. 우리는 나쁜 일을 할 때, 일례로 누군가를 학대할 때 그런 행동을 하는 자신에 대해 기분 나쁘게 여기지 않는다. 여기서의 '학대'는 광범위한 의미다. 비인간적인 범죄 외에도 고객의 정당한 요구를 무시하거나, 타인의 고통은 생각하지 않고 해고시키거나, 타부서의 실패를 획책하거나, 마트에 빨리 들어가려고 장애인 주차공간에 주차하는 행위까지 포함시킨 개념이다.

인간은 자신의 행동이 가져올 부정적 결과를 너무나 자주, 그리고 쉽게 망각하는 동물이다. 이런 우리의 행동을 결과와 연결시키도록 도와주고, 나아가 인간 존중이라는 훌륭한 가치와 다시 연결시키기 위해 영향력의 대가들은 어떤 가르침을 제시하는가?

첫째, 우리는 아무 거리낌 없이 타인을 학대할 수 있는 존재가 인간이라는 사실을 깨달아야 한다. 교묘히 법망을 피하며 범죄를 저지르는 메커니즘은 매우 단순하다. 상대방을 나와 같은 인간으로 여기지 않거나 무시할 때, 인간은 자신이 상대에게 어떤 행동을 하는지 쉽게 잊어버린다. '좋은 사람에게는 잘해줘야 하지만 나쁜 사람은 홀대하고 경멸해야 해. 그들은 그런 대접을 받아 마땅하니까.' 대부분의 사람들은 이렇게 생각한다.

반두라는 이 명제에 대한 검증을 통해 비인간화가 야기하는 결과를 보여주었다. 그의 연구는 이 질문에서 시작되었다. "상대방을 인격적으로 대하지 않고 그에게 꼬리표를 붙이는 말 한 마디가 선인을 악인으로 만들 수 있을까?"

반두라는 피실험자들에게 인근 대학 학생들이 과제를 잘 이해하지 못하면 그들에게 충격을 주도록 요청했다. 충격은 10단계까지였다. 피실험자들은 조수와 실험자의 대화를 엿들을 수 있었다. 조수는 다음 세 가지 말 중 하나를 사용한다.

중립적인 말: "다른 학교에서 피실험자들이 왔어요."
인간적인 말: "다른 학교에서 피실험자들이 왔어요. 멋진 학생들

이네요."

비인간적인 말: "다른 학교에서 피실험자들이 왔어요. 짐승 같은 학생들이네요."

이후 반두라는 피실험자들에게 충격을 주라고 압박하지 않았다. 결정은 전적으로 피실험자들이 내렸다. 이 실험에서 학생들이 짐승 같다고 생각한 피실험자들은 실험할 때마다 더 높은 단계의 충격을 가해, 중립적인 말을 들은 사람들보다 훨씬 더 많은 벌을 줬다. 반면 인간적인 말을 들은 피실험자들은 더 낮은 단계의 충격을 가했다.

꼬리표 한 마디 말로도 선인이 악인으로 바뀔 수 있다.

IHI의 10만 명 살리기 운동을 이끌고 있는 버윅은 "사람들을 차갑고 객관적인 데이터로 전환시키는 일이 일상적인 비인간화를 야기한다"고 말한다. 그는 병원 경영자들이 안전문제에서 인간적 요소를 배제할 때 큰 문제가 발생한다고 경고한다.

특별히 인격적인 문제가 있는 것도 아닌데, 경영자라는 자리에 있으면 인간적 요소를 접할 수 없기 때문에 그럴 수 있다. 새삼스러운 일이 아니다. 경영자들은 데이터에 파묻혀 지내며 그 데이터에 대해 즉각적인 행동을 취해야 한다. 정보 과잉도 문제지만 더 큰 문제는 인간의 재난을 단순한 사실여부와 수치로 바꿔놓는 정보의 추상성이다.

대부분의 경영자는 어떤 감정 요소도 없는 차가운 숫자 형태로 정보를 얻는다. "추상성은 내게 필요한 에너지를 빼앗아갑니다. 개인의 고통이 도표나 그래프로 표기되면 그 본질은 대부분 상실되고 말아요. 그래프를 보는 경영자는 고통스러워 하는 환자가 아닌, 숫자를 봅니다. 그렇기 때문에 부정적인 결과가 발생해도 실제로는 그렇게 심각한 문제가 아니라고 생각하기 쉽지요." 버윅은 말했다

인간적 요소가 배제되면, 경영자는 환자 안전 데이터를 아무런 감정 없이 읽게 된다. 환자를 특별 대우하거나 환자 안전에 우선순위를 두는 대신, 스프레드시트 속 또 하나의 수치로 생각하게 된다.

강력한 직접경험과 대리경험을 만들어낸 버윅은 경영자들로 하여금 안전문제라고 하는 인간적 요소와 다시 연결되도록 도왔다. 버윅은 사람들을 변화시키기 위해 이야기와 의미 있는 감정적 사건을 이용했다. 흔한 구두설득, 특히 사실 데이터와 그림을 사용했다면 그의 신뢰와 영향력은 있을 수 없었다. 공교롭게도 병원 경영자들은 친분이 있는 한 개인의 고통이 더 중요하다고 생각하면서도, 때로는 그 고통을 다른 수십 명의 고통과 함께 묶어 하나의 인상적인 수치로 만들어버리고 싶은 유혹을 느낀다. 그렇게 하면 이름도 얼굴도 인간적 요소도 잃어버리고, 결국 자신의 영향력도 잃고 만다.

버윅은 이런 실수를 저지르지 않았다. 그는 병원 경영자들의 대리경험을 도와준다. "직접 환자를 찾아가 그의 고통을 조사하십시오. 그 일을 다른 사람에게 맡기지 말고 직접 하신 후 제게 그 경험을 말해주십시오." 경영자들은 버윅의 도움을 받아 인간적 요소를 가진 결과를 직접 경험하면서 서비스 질 개선의 전도사가 되었다. 환자의 얼굴과 이름을 아는 이상, 인간적 요소가 배제된 통계에 빠진 도덕

적 이탈상태를 지속할 수 없었다.

이것을 기업에 적용해보자. 당신이 사무실 내 칸막이를 없애고, 협력과 팀워크를 강화하려 한다면 주의해야 할 사항이 있다. 도덕적 이탈은 항상 정치적, 호전적, 자기중심적 행동을 수반한다. 이런 일상적인 도덕적 이탈은 다른 사람들이나 집단에서 인간적 요소를 배제하고 꼬리표를 붙이기 형식으로 나타난다('한심한 놈', '멍청이', '그들', '기업', '현장'). 자신의 도덕성을 되찾고 싶다면 꼬리표와 별명을 사용하지 말라. 다른 사람들과 다른 집단에 대한 자기중심적이고 비판적인 설명에 대해 정식으로 문제를 제기하라. 마지막으로 다른 사람들에 대해 존중하는 태도로 이름을 부르며 모범을 보이라.

선택을 존중하여 마음을 얻으라

전술적 측면을 살펴보자. 사람들이 건전한 행동에서 더욱 큰 즐거움을 얻고, 불건전한 행동에서 쾌락을 얻지 못하도록 도우려면 전술을 주의 깊게 선택하라. 사람들이 소중하게 여기는 가치나 도덕적 나침반과 다시 연결되도록 도와준답시고, 설교를 늘어놓거나 조종하려 한다면 거부감만 일으킬 수 있다. 당신 뜻대로 움직이게 하려고 하면 할수록 영향력은 줄어든다. 특히 중독자들에게는 더욱 그렇다. 그들은 이미 사랑하는 사람들의 간곡한 설득도 귀에 못이 박히도록 들었고, 전문가의 설교와 강연도 들었을 테고, 교회 목사에게서 자신과 타인을 파멸시키는 중독에 대해 장광설도 들었을 것이다.

그런데도 그들은 정상적 삶으로 돌아오라는 목소리에 귀를 막았다. 그들은 자신의 도덕적 나침반에서 우연히 벗어나지 않았다. 의도적으로 이탈한 것이다. 행동과 가치가 완벽히 단절되어 있고 그에 따른 부조화가 너무도 고통스럽기에, 그들은 타인의 도움을 노골적으로 거부한다. 이런 사람들에게는 구두설득과 기타 통제기법이 통하지 않는다.

윌리엄 밀러는 중독자들을 도덕적 나침반과 연결해 인생을 치유하도록 도와주는 영향력 전문가다. "치료를 많이 하는 게 좋은가, 적게 하는 게 좋은가?"라는 문제에 대해 인상적인 연구를 실시한 그는, 치료 기간이 중요하지 않다는 사실을 발견했다. 이 연구 때문에 그는 동종업계의 경계 대상이 되었다. 이후에는 "특별히 더 좋은 치료법이 존재하는가?"를 연구했고, 이 역시 중요한 문제가 아니라는 결론을 내렸다.

사람들은 차별성을 부각하려고 노력했지만 밀러는 이 차별성을 무력화시켜 동종업계를 불쾌하게 만든 후, 한 가지 중요한 차별성을 발견했다. 그것은 카운슬러들이 하지 않는 행동과 관계가 있었다.

카운슬링과 관련하여 널리 퍼져 있는 오해 중 하나는 "대면이 변화의 동기를 부여한다"이다. 하지만 가족들의 개입과 카운슬러가 주도하는 대면에 대한 요란한 선전에도 불구하고, 밀러는 싫어하는 친구나 동료, 치료사, 카운슬러들을 억지로 대면하게 해봤자 효과가 없다는 사실을 밝혀냈다. 오히려 한 연구 결과, 대면으로 인해 음주 습관이 더 심해진 사례가 나타났다. 그러자 밀러는 다른 방향의 연구를 시작했다. 매일 카운슬러가 환자들로 하여금 그들의 식상한 친구들이 원하는 것이 아니라 본인이 원하는 것을 발견하게 도와준다면 어떻게 될까.

밀러는 이 연구를 통해, 사람들이 현재의 나쁜 행동을 마음속 기본 가치와 다시 연결하게 도와주는 가장 좋은 방법은 그들의 사고와 행동에 대한 간섭을 중단하는 것임을 발견했다. 이제 어떻게 해야 하는지 분명해졌다. 판단을 공감으로, 훈계를 질문으로 바꿔야 한다. 그래야 영향력이 생긴다. 자신의 의지를 타인에게 강요하려는 노력을 멈추는 순간, 우리는 자유로워진다. 그들의 세계관이 옳은지에 대한 쓸데없는 논쟁에서 한 발 물러나게 된다.

밀러는 이 발견을 계기로 동기부여 인터뷰motivational interviewing라는 영향력 발휘법을 개발했다. 카운슬러는 열린 질문을 통해 환자 자신에게 가장 중요한 것은 무엇이고, 가치 있는 삶을 살려면 어떤 변화가 필요한지 알 수 있도록 도와준다. 카운슬러가 듣고 그들이 말할 때, 그들은 무엇을 해야 하는지 스스로 깨닫게 된다. 그 다음에는 필요한 행동을 취한다.

이후 실시된 수십 회의 연구는 밀러의 접근법이 알코올중독, 흡연, 마약중독, 다이어트 실패를 극복하고, 정신과치료와 꾸준한 운동 등을 지속하도록 도와주는 데 효과가 있다는 결과를 보여주었다. 게다가 동기부여 인터뷰의 효과는 치료에만 국한되지 않는다. 현명한 리더는 명령을 대화로 바꿔 같은 결과를 얻어낸다.

록히드사의 사장 랠프 헬스는 18개월 안에 제5세대 F-22 전투기를 생산해내야 하는 과제를 안고 있었다. 전투기 개발에는 대략 10

년이 걸린다. 18개월이라는 짧은 시간에 과제를 해결하려다가는 4,500명의 엔지니어와 기술자들의 거센 반발에 부딪힐 것이다. 아이디어보다는 결과가 중요하며, 공학기술은 생산을 위해 존재한다고 그들을 설득해야 했다. 아무리 봐도 쉽지 않은 설득이다.

그래서 헬스는 설득을 포기했다. 그 대신 그들의 말을 들었다. 그는 몇 주 동안 수많은 직원들을 만나 이야기를 들으며 그들의 욕구와 좌절, 열망을 이해하려고 노력했다. 그리고 직원들의 욕구, 관심사, 목표를 반영한 명령을 내렸다. 그의 영향력은 문제의 대면이 아닌 경청에서 나왔다.

윌리엄 밀러는 우리에게 "생각의 변화는 강요할 수 없으며, 선택하게 해야 한다"는 비결을 가르쳐준다. 자신의 가치와 연결된 행동을 하는 사람은 엄청난 희생도 감수할 수 있다. 하지만 강요하면 완강한 저항에 부딪힐 뿐이다.

의료기기 회사 가이던트Guidant 의 CEO 진저 그레이엄은 위기 속에서 이 비결을 배웠다. 새로운 심혈관 스텐트(혈관 폐색 등을 막기 위해 혈관에 주입하는 것) 출시 후 매출이 급상승했다. 그레이엄은 〈하버드 비즈니스 리뷰〉 2002년 4월 호에 "정직을 원한다면 일부 규칙은 무시하라"는 제목으로 당시 상황을 소개했다. 스텐트 공급이 절대적으로 부족한데다 설상가상으로 휴가철이 다가오고 있었다. 경영자들은 수요를 맞추려면 새로운 생산시설이 가동될 때까지 일주일에 7일간 3교대로 쉬지 않고 일해야 한다고 주장했다. 그레이엄은 그대로 명령할 수 있었다. 하지만 그 지시가 통할 것 같지 않았다.

휴가를 즐겨야 할 직원들에게 휴일근무를 강요하는 것은 공정하지 못하며, 원성만 사고 생산성도 크게 떨어질 거라고 생각했다.

그래서 그녀는 다른 방법을 선택했다. 우선 전 직원회의에서 임직원의 노고를 치하했고 판매실적을 알렸다. 관상동맥 우회술을 사용하지 않고 스텐트만 사용해 환자의 생명을 구한 성공사례들을 읽어주었다. 매출실적에 근거하여 공급을 충분히 늘리지 않으면 어느 정도의 부족분이 발생하는지 알렸다. 그리고 요청했다. "우리는 환자와 우리 자신에게 무언가 보여줄 기회를 잡았습니다. 의료기 산업 역사상 어느 회사도 한 적 없는 일입니다. 우리에게는 도전을 딛고 일어설 의무가 있습니다. 여러분이 힘을 모아 이 도전을 극복한다면, 회사가 어려울 때 여러분의 삶에 고통을 주기 위해 할 수 있는 모든 일을 다 할 것입니다."

30분 만에 직원과 경영진은 협약을 맺었다. 근무 중 선물 구입 및 포장 시간 허용, 출퇴근을 위한 심야 택시 제공, 피자 주문 등 휴일근무 시 필요한 경영진의 지원 목록을 만들었다. 결국 회사는 사상 최고의 실적을 올렸고, 필요한 모든 환자에게 스텐트가 공급되었다. 한 분기 만에 전체매출은 3배 가까이 뛰었고 직원들은 두둑한 보너스를 받았다. 무엇보다도 이 경험을 한 모든 사람은 특별한 일을 해냈다고 느꼈다. 중요한 그 무엇, 바로 도덕성의 회복이었다. 그들은 기꺼이 그것을 선택했다.

밀러와 헬스와 그레이엄이 배운 비결은 이것이다. "간섭을 포기하면 반대그룹도 설득할 수 있다." 구두설득을 포기하면 중독과 고질적 행동에 영향을 미칠 가능성이 생긴다. 또한 가장 강력한 동기 가운데 하나인 헌신적 마음에 접근할 수 있다.

요약: 내재적 만족

사람들이 올바른 행동에서 내재적 만족을 얻거나 잘못된 행동에서 거부감을 느끼도록 도와주기 위해서는 몇 가지 영향력 전략이 필요하다. 필요한 행동이 즐겁지 않다고 생각하는 사람이라면 그냥 그 행동에 빠지게 하라. 살과의 전쟁을 벌이고 있는 헨리는 일단 해보면, 건강에 유익한 음식을 좋아하게 되고, 운동에서 즐거움을 얻게 될 것이다.

새로운 행동을 실험할 때는 결과에 대한 성취감에 초점을 맞추라. 성취를 위한 성취를 즐기게 하라. 자긍심과 경쟁심을 이용하라. 장기적인 성취가 필요하다면 그들이 되고 싶어 하는 롤모델을 상기시키라. 헨리는 현재 상태에도 불구하고 자신을 건강한 사람으로 여긴다. 새로 시작한 건강한 행동에 어떤 즐거움이 있는지 생각하고 새로운 차원의 성공을 축하하라.

별로 만족스럽지 않은 활동 혹은 큰 쾌락을 주는 나쁜 행동을 다룰 때는, 활동 그 자체에 초점을 맞추지 말고 핵심행동을 그의 가치관에 다시 연결시키라. 사람들이 따르거나 따르지 않는 장기적인 가치에 대해 담대하고 솔직하게 말해주라.

헨리는 운동 시작 후 처음 몇 주 동안, 현재 겪고 있는 불편함이 아니라 이후 건강한 삶에 초점을 맞춰야 했다. 한참 후 운동이 덜 힘들고 즐거워지자 비로소 그는 핵심행동 자체에서 만족을 얻었다.

자신과 타인에게 심각한 해를 끼치는 부적절한 행동을 한다면, 도덕적 이탈을 극복하고 행동이 도덕의식과 다시 연결되도록 도우라. 인간적 요소를 통계로 전환해 행동의 의미를 축소하거나 합리화하지 않게 하라.

마지막으로 거부감이 심한 사람을 대할 때는 논리와 주장으로 그들을 압도해 조종하려 하지 말라. 그들이 원하는 것이 무엇인지 대화를 나누라. 그들 스스로 현재의 행동과 그들이 진정으로 원하는 것 사이의 연결고리를 찾게 하라.

당신이 해결하려는 문제를 생각할 때, 내재적 만족을 주는 요소들을 마음껏 이용하라. 버웍은 이렇게 말했다. "우수함에 대한 최고의 동기부여요소는 내재된 요소입니다. 이 동기부여요소는 사람들의 책임감과 관계있지요. 일을 잘하고 싶어 하고, 자긍심을 느끼길 원하고, 무언가를 성취하여 행복한 마음으로 귀가하고 싶어 합니다." 그는 옳은 행동을 하고자 하는 인간의 강렬한 욕구를 인정한다. 그 내재된 욕구는 외부적 보상이나 처벌보다 훨씬 강력한 영향력 도구가 된다.

5
한계를 뛰어넘으라

재미있는 점은, 연습을 할수록 운이 많이 따른다는 사실이다.

놀드 파머

앞에서 우리는 핵심행동에 영향을 미치는 수단으로서 개인적 열정을 이용하는 방법을 살펴보았다. 덧붙여 말하면, 영향을 발휘하지 못하는 것을 순전히 동기부여 실패의 탓으로 돌릴 때 성공이 제약받을 수 있다. 심리학자 리 로스는 이것을 '기본적 귀인오류 fundamental attribution error'라고 부른다. '사람이 변하지 않는 이유는 변화를 원하지 않아서다.' 이런 단순한 생각은 변화의 지렛대를 부러뜨리는 장애물이다.

우리는 핵심행동에 필요한 능력이 부족한 사람을 인지하면서도, 정작 그 사람에게 그 행동과 수행 능력을 알려주거나 가르칠 필요성을 잘 느끼지 못한다. 경영자들이 실제 적용과정은 없고 매뉴얼을 읽고 이야기만 듣는 리더십 교육에 직원들을 참가시키는 것도 이런 실수다. 참가자들은 리더십 내용을 아는 것과 행하는 것이 동일하다고 오해할 수 있다. 물론 아는 것과 행하는 것은 다르다. 실제로 참가자들은 교육에서 배운 기술 중 극히 일부만 적용 가능하다.

리더와 교육자들이 능력향상 기회는 주지 않고 동기부여만 시키면 변화는 일어나지 않는다. 오히려 원성과 스트레스만 쌓일 것이다. 영향력의 대가들은 정반대 방법을 선택한다. 그들은 능력향상을 돕는 전략에 집중하고, 동기부여법으로 능력 문제를 해결하려 하지 않는다.

동기부여와 능력 문제를 얼마나 쉽게 혼동하는지 알아보기 위해 살과의 전쟁 중인 우리의 친구 헨리를 다시 만나보자.

희망은 모두에게 있다

초콜릿 대신 작은 당근을 간식으로 먹는다고 하는 헨리의 핵심행동이 위험에 처했다. 지금 헨리는 먹다 남긴 초콜릿의 포장지를 다시 펼치고 있다. 사실 이 초콜릿은 그가 산 것이 아니다. 그가 초콜릿을 좋아하는 것을 아는 동료의 선물이다. 헨리는 유혹의 초콜릿을 일주일 동안 책상 위에 놓아두었다.

방금 전 헨리는 초콜릿 무게가 어느 정도인지 확인해보겠다며 두꺼운 판자처럼 생긴 초콜릿을 들어올렸다. 그러자 안쪽 포장이 벗겨져 있는 것을 발견했다. 금방이라도 포장이 떨어져나갈 것처럼 보였다. 아름답게 빛나는 은박지가 유혹적인 모습을 드러내보였다. 초콜릿을 감싼 마지막 방어물이다.

헨리가 살짝 끝을 당기자 포장은 스르르 벗겨졌다. 그는 몇 초 동안 거의 멍한 상태로 있었다. 헨리의 손이 아무 생각 없이 은박지 끝 접힌 부분을 벗겨내자 초콜릿이 드러났다. 손가락으로 흑갈색 초콜릿 한 조각을 떼어내자, 불현듯 초콜릿으로 가득했던 어린 시절이 떠올랐다. 그는 초콜릿 조각을 입에 가져갔고 게임 끝이었다. 초콜릿은 코코아, 지방, 설탕 덩어리에서 셀룰라이트로 가차 없이 변신해갔다.

그러자 문제가 발생했다. 비밀스러운 즐거움 한 조각을 맛본 헨리는 우울해졌다. 초콜릿을 먹은 그는 자기 수양이 부족해 다이어트를 못하고 있다는 것을 확신하게 되었다. 투지나 의지가 매우 부족하다고 생각했다. 사실 헨리는 약한 사람이다. 게걸스럽게 초콜릿을 먹기 전까지 그는 운동을 시작해야겠다며 열심히 칼로리를 줄였다. 강철 같은 의지로 칼로리 섭취량을 줄이며 열흘을 견뎠다. 그러나 은박지 포장에 손을 댄 순간, 그는 파멸의 나락으로 떨어졌다.

헨리는 자신이 유전자의 영향에서 벗어날 수 있을지도 의아했다. 다이어트를 지속할 만한 자기 규율도, 운동을 효과적으로 할 만한 용기도 없었다. 항상 숨 가쁘게 살아야 하는 것이 자신의 운명 같았다. 그러나 헨리는 모르고 있었지만 장기간의 연구를 통해, 그가 그런 운명이 아니라는 사실이 밝혀졌다. 헨리는 초콜릿의 유혹을 견디는 데 필요한 행동과 운동능력을 향상시키는 방법을 배울 수 있다.

헨리가 어렸을 때부터 들었던 수많은 이야기는 틀렸을 수 있다.

말재주가 없다는 어머니의 말, 리더십이 없다는 아버지의 말을 듣고 자란 헨리는 자신이 태어날 때부터 잘하는 거라곤 없는 사람이라고 생각했다. 분명 그는 육상선수로 태어나지 않았다. 음악에도 소질이 없고 대인관계 기술도 좋은 편이 아니다. 헨리가 잘하는 것은 과소비와 비디오게임, 스위스 초콜릿 먹기다. 이런 상황은 변하지 않을 것이다. 모든 사람과 마찬가지로 헨리도 유전자와 싸울 수는 없는 노릇이기 때문이다.

그러나 헨리의 생각은 완전히 틀렸다. 그는 스탠퍼드 대학의 심리학자 캐럴 드웩 교수가 말한 '고정된 사고 fixed mindset'에 빠져 있다. 자신은 개선될 수 없다고 생각해 노력도 하지 않고 부정적인 자기실현 예언만 일삼는다. 하지만 헨리는 운이 좋다. 학자들은 한때 유전자가 용기, 정신력, 절제력 등에 결정적인 영향을 미친다고 생각했지만 사실은 그렇지 않다. 학자들과 철학자들이 설명했던 "오랫동안 유전되는, 평생 함께할 성격"은 오늘날 걷고 말하고 휘파람 부는 법을 배우듯 학습 가능한 것으로 알려져 있다. 그러니 헨릭은 드웩이 말한 '성장 사고 growth mindset'를 선택할 수 있다. 영향력 대가들이 항시 사용하는, 효과적인 학습기술과 기술 개발법을 배우면 된다. 헨리는 먼저 배우는 방법을 배워야 한다. 그는 대부분의 사람들과 올바른 특성을 갖고 태어났다. 다만 그 특성을 발휘하는 법을 모를 뿐이다.

'자기규율'이라는 중요한 특징을 찾기 위해 장기간 추적 끝에 밝혀진 사실들을 살펴보자. 유혹적인 초콜릿, 멋진 최신제품을 손에 넣으라는 유혹의 소리를 견딜 수 있는 능력, 욕구충족을 늦출 수 있는 능력이 내면의 성품을 반영한 것이 아니라면 대체 무엇일까?

사람들이 유혹을 견디지 못하는 이유가 궁금했던 스탠퍼드의 월터 미첼 교수는 이 문제를 본격적으로 연구했다. 올바른 특성이 있는 사람도 있고 없는 사람도 있는 걸까? 만일 그렇다면 올바른 특성은 평생 그 사람의 성과에 영향을 미칠까? 미첼의 연구결과는 심리학의 새로운 지평을 열었다.

대부분의 의지는 기술이다

4살 된 꼬마 티미는 스탠퍼드 대학 심리학과 지하 실험실 회색 금속 탁자 앞에 앉아 있었다. 그곳에는 아이의 마음을 온통 사로잡는 매력적인 것이 있었다. 탁자 위의 마시멜로였다. 티미의 엄마가 컵에 넣어두었다. 여느 아이처럼 티미는 마시멜로를 매우 좋아한다.

티미를 그 방으로 데려온 친절한 남자는 아이에게 두 가지 선택을 할 수 있다고 말했다. 티미는 마시멜로를 먹고 싶으면 언제든 집어먹을 수 있다. 하지만 남자가 돌아올 때까지 몇 분 동안 기다렸다면 먹는다면 상으로 주는 마시멜로를 한 개 더 먹을 수 있다.

설명 후 남자는 방을 나갔다. 티미는 먹음직스러운 마시멜로를 응시하면서 먹고 싶은 유혹을 참기 위해 의자에서 몸을 비틀고 발을 흔들었다. 기다리면 두 개를 먹을 수 있으니까! 하지만 어린 티미에게 그 유혹은 너무 강했다. 아이는 결국 탁자로 다가가 마시멜로를 잡은 후 조심스럽게 주변을 둘러보고선 입속에 넣었다. 티미와 헨리는 같은 부류인 듯하다.

실제로 티미는 미첼이 40년 이상 연구한 수십 명의 피실험자 중 한 명이다. 미첼은 어린 피실험자들의 몇 퍼센트가 욕구충족을 늦출 수 있는지, 그리고 이 성격특성이 어른이 된 후 그들의 삶에 어떤 영향을 미치는지 알고 싶었다. 미첼은 어렸을 때 자제력을 보여주는 아이들은 커서도 그 성격특성으로 성공 가능성이 높다는 가설을 세웠다.

이 연구와 다른 비슷한 연구에서 미첼은 아이가 성인이 될 때까지의 과정을 추적했다. 그는 욕구충족을 늦출 수 있는 능력이 다른 많은 요소보다 미래 예측력이 높다는 것을 발견했다. 연구자들은 단 몇 분 동안 아이들을 관찰했지만, 그 실험결과는 많은 것을 말해주었다. 마시멜로를 하나 더 먹기 위해 기다리는 아이들은 그렇지 않은 아이들보다 성인이 되어서 더 대인관계가 원활했고, 자기주장이 분명했고, 신뢰가 높았고, 좌절을 쉽게 극복할 수 있었다. 그들은 마시멜로를 미리 먹은 아이들보다 SAT점수가 평균 210점이 더 높았다.

이후 10년 동안 실시된 다양한 연령층(성인 포함)에 대한 비슷한 연구는 자제력을 발휘한 사람들이 그렇지 못한 사람들보다 높은 성취도를 보인다는 사실을 확인시켜 주었다. 자제력이 높은 고등학생들은 그렇지 않은 학생보다 좋은 성적을 보였다. 자제력이 있는 대학생들은 학점이 더 높았고, 직장인들은 더 만족스러운 대인관계를 형성했고 승진도 빨랐다. 반면 자제력이 부족한 사람들은 공격성이 강하고, 비행 빈도가 높으며, 건강에도 많은 문제를 보였다.

미첼은 성격특성의 주요 요소를 발견했다. 단기 유혹을 견딜 수 있는 능력을 타고난 아이들은 평생 더 성공적인 삶을 살았다. 4살 된 아이의 마시멜로에 대한 반응만 보고 평생의 성과를 예측할 수 있다는 사실은 놀랍지만 우울하다. 세상의 유혹을 견딜 수 있는 운명을 타고나든지, 헨리처럼 지금 즐기고 나중에 혹독한 대가를 치르는 운명을 타고 난단 말인가? 이것이 정말로 이 연구의 결론인가? 인간은 성공하거나 실패할 운명을 타고난다는 말인가?

한 가지 사실은 분명하다. 욕구충족을 늦추는 능력은 장기성과를 예측하는 데 유용하다는 점이다. 마시멜로를 이용한 연구에 대해서는 아무도 반박하지 못했지만, 이 강력한 효과의 원인에 대해서는 의견이 분분했다. 자제력은 타고난 성격특성에서 나오는가, 후천적으로 배울 수 있는 어떤 특성에서 나오는가?

1965년 미첼과 반두라는 "의지는 타고난 특성"이라는 가정에 도전하는 공동연구에 착수했다. 인간의 학습능력을 신봉하는 반두라는 미첼과 함께 욕구충족을 지연시킨 피실험자들의 안정성을 검증하는 실험을 시작했다. 마시멜로 실험과 비슷한 연구에서 두 사람은 초등학교 4-5학년생들을 관찰했다. 그들은 욕구충족을 늦추지 못했던 아이들을 늦추는 방법을 알고 있는 성인 역할모델과 접촉시켰다. 아이들은 어른들이 욕구충족을 늦추는 모습과 방법을 보고 그대로 따라했다.

성인 역할모델을 단 한 번 만난 후, 욕구충족을 늦추지 못하던 아이들은 욕구충족을 늦출 수 있었다. 흥미롭게도, 몇 달 후 실시된 후속 연구에서 욕구충족을 늦추는 기술을 배운 아이들은 그 기술의 상당 부분을 계속 사용했다. 그렇다면 타고난 유전적 성격특성이 그렇게 예측력이 높은 이유는 무엇일까?

이 중요한 질문에 대한 답이 우리 모두에게는 좋은 소식이고 특히 헨리에게는 희망이 될 것이다. 미첼은 욕구충족을 지연시켜 더 큰 보상을 얻었던 사람들을 면밀하게 살펴보고, 그들이 단기적인 유혹을 피하는 기술을 가지고 있었다는 결론을 내렸다. 그들은 단순히 유혹을 피한 것이 아니다. 관심을 단기적인 욕구충족에서, 마시멜로를 하나 더 얻는다는 장기적인 목표로 돌릴 수 있는 구체적이고 습득 가능한 방법을 사용한 것이다.

아마 헨리는 욕구충족을 늦추는 방법을 배울 수 있을 것이다. 하지만 그 방법이 헨리가 원하는 대로 신체적으로 건강한 사람을 만들어줄 수 있을까? 그는 조깅도, 웨이트 트레이닝도 잘하지 못한다. 모든 종류의 운동에 서툴다. 체격, 폐활량, 근육 등 타고난 요소들이 운동성과를 좌우하는데 헨리는 그 어떤 요소도 갖지 못했다. 헨리가 헬스클럽을 어슬렁거리는 조각처럼 잘 다듬어진 근육을 가진 사람이 되기를 기대할 수 없다. 그런데 정말 그럴까?

연습이 재능을 만든다

심리학자 앤더스 에릭슨은 정상에 오른 사람들은 어떻게 그럴 수 있었는지 관심을 가졌다. 그는 우연 혹은 타고난 능력 때문이라고 생각하지 않았다. 그는 일을 잘하는 사람과 못하는 사람이 있는 이유를 평생 연구하면서, 어느 분야든 정상에 오른 사람들은 '의도적 연습deliberate practice' 같은 기본에 충실했기 때문에 타인을 앞서갈 수 있었다고 주장한다.

대부분의 사람들은 운동실력은 타고나야 한다고 생각하지만, 에릭슨은 뛰어난 운동실력을 보이는 사람들이 연습 외에 다른 수단으로 그렇게 되었다는 증거는 전혀 없다고 주장한다. 그의 연구는 용기, 능력, 엘리트 신분 등은 유전자가 결정하는 것이 아니라 의도적이고 완전한 연습을 통해 기술을 향상시키는 방법을 알고 있느냐에 따라 결정된다는 사실을 보여준다.

에릭슨은 피겨 스케이터들이 빙판 위에서 보통 스케이터들과 얼마나 다르게 연습하는지 설명한다. 올림픽 기대주들은 아직 습득하지 못한 기술을 연습하지만 취미로 배우는 스케이터들은 이미 배운 기술을 연습한다. 아마추어들은 연습 시간의 절반을 친구들과의 잡담으로 허비한다. 빙상 위에서 같은 시간을 보내지만 얻는 결과는 스케이터마다 다르다. 연습 방식이 다르기 때문이다. 에릭슨의 이 연구결과는 복잡한 리스트 암기, 체스, 바이올린, 운동 등 거의 모든 부분에 적용된다. 또한 연설, 대인관계, 감정이 개입되거나 민감하거나 위험이 큰 대화 등에도 적용된다.

여기서 사람들은 위험한 함정에 빠진다. 의도적 연습을 통해 성과 향상이 이루어지는 분야는 피겨 스케이트나 체스, 바이올린처럼 확실한 기술이 필요한 특정 분야에만 국한된다고 생각한다. 반면 코치의 도움을 받아 동료들과 잘 지내는 방법, 팀원들이 품질을 향상시키도록 동기를 부여하는 법, 사춘기 십대와 감정적으로 통하는 방법, 의사의 진료과실을 지적해주는 방법도 연습으로 배운다고는 생각하지 못한다. 모호하고 감정적인 대인관계 기술은 연습할 수 있는 것이 아니라고 여긴다. 게다가 코치의 도움까지 받으며 연습해야 한다고는 상상도 하지 못한다.

하지만 이 모두 역시 연습할 수 있는 기술이다. 병원 외과의사가 수술 중 실수를 저질렀다고 가정하자. 유방절제술을 하면서 흉강을 보호하는 작은 근육을 제거하고 말았다. 마취의사는 계기 수치가 급격하게 올라가는 것을 보면서 한쪽 폐가 공기를 흡입하지 못하고 있다고 생각한다. 수술을 보조하는 두 명의 간호사도 비슷한 위급상황 신호를 목격한다. 만일 수술팀이 즉시 시정조치를 취하지 않으면 환자는 사망할 수도 있다. 하지만 시정조치를 취하려면 의사가 자신의 실수를 인정하든지 다른 팀원이 의사의 실수를 지적해야 한다.

수술을 보조하는 스태프들에게 초점을 맞춰보자. 대부분은 의사의 실수를 지적하기 어려워 할 것이다. 자칫 주제넘게 나서거나 반항한다는 인상을 줄 수 있기 때문이다. 법률적인 문제도 있어서 편하게 대화하기 어렵다. 게다가 그들은 과거에 비슷한 상황에서 용기 있게 나섰던 동료들이 잘못되거나 호되게 당하는 모습을 보았다. 그래서 자기 대신 다른 사람이 그 일을 해주기를 바란다. 그렇게 귀중한 시간을 흘려보낸다.

피를 뽑거나, 환자를 옮기거나, 의료계기를 읽는 간호사와 의료기사들이 까다로운 의사에게 문제를 지적하는 방법을 배우고 연습하지 못했기 때문에 이와 비슷한 의료과실이 수도 없이 발생한다. 그들은 무슨 말을 어떻게 해야 하는지 모른다. 자신감도 부족하다.

대인관계 기술 부족으로 인한 심각한 상황은 비단 보건의료 분야만이 아니다. 상사의 아이디어가 말도 안 되고 위험한데도 두려워서 지적하거나 개선점을 내놓지 못하는 부하직원들을 보라. 그 결과 좋은 아이디어는 나오지 않고 팀은 나쁜 결정을 내리게 된다. 상사의 아이디어를 솔직하게 지적하기 위해서는 기술이 필요하며, 기술은 연습을 필요로 한다. 정신적으로 학대하는 배우자나 학교에서 친구를 따돌리는 아이, 마약중독자를 대할 때도 마찬가지다. 조롱받거나 무시당하지 않고 시도할 수 있어야 한다. 대인관계 기술은 특히 복잡하기 때문에 의도적 연습을 포함한 지도를 받아야 향상될 수 있다.

위왓 박사는 젊은 성매매 여성들에게 돈 많고 나이든 남성 고객들이 콘돔 사용을 거부하면 서비스를 거부하라고 요구했다. 하지만 그녀들은 불평만 늘어놓을 뿐 그 요청을 받아들이지 않았다. 고객에게 무엇을 어떻게 말해야 하는지 몰랐기 때문에 자신과 타인을 위험에 빠뜨렸다.

그래서 위왓은 경험이 많은 성매매 여성들을 통해 젊은 여성들에게 건강을 지키는 방법을 교육시달라고 요청했다. 그들은 고객에게 불쾌감을 주지 않고 분명한 입장을 전달하는 모범대화집도 나눠주었다. 무엇보다도 젊은 여성들은 무엇을 어떻게 말해야 하는지 자신감이 생길 때까지 대화를 연습했다. 그들은 모범대화를 완전히 외어서 익숙하게 사용할 수 있을 때까지 계속 연습하고 피드백을 받았다. 구체적인 코칭과 피드백을 제공해 큰 효과를 거둔 것이다. 콘돔 사용률은 14퍼센트에서 90퍼센트로 올라갔다. 수백만 명의 생명을 구할 수 있었다.

우리가 직면하고 있는 심각하고 끈질긴 문제는 대체로 유전자, 용기의 부족, 성격결함이라기보다는 기술부족에서 발생한다. 오랫동안 성격특성으로 인식되었던 자기규율과 뛰어난 성과는 의도적 연습을 할 수 있는 능력에서 나온다. 올바른 행동을 하는 방법을 배울 때, 초콜릿의 유혹에서 벗어나고 상사와의 어려운 대화도 해낼 수 있을 것이다.

복잡한 기술을 익히라

연습이라고 해서 다 같은 것은 아니다. 타이핑, 운전, 골프, 테니스처럼 단순한 일은 약 50시간 정도 연습하면 최고의 숙련도에 이른다고 한다. 그 이후에는 행동이 자동적으로 이루어진다. 그런 행동은 힘들이지 않고 쉽게 할 수 있지만 거기서 발전은 멈춘다. 이미 최고의 수준에 도달했다고 생각하며, 더 좋은 새로운 방법을 배울 생각을 하지 않는다.

어떤 기술의 경우에는 최고 수준에 도달하지 않은 상태에서 연습을 멈추기도 한다. 더 노력해봐야 한계효용체감의 법칙이 작용하리라 생각하고 배움을 중단하는 것이다. 워드 프로세서나 웹 서버 사용법은 가장 기본 기능만 익힌 후 더 이상 배우지 않는다. 자신의 능력을 새로운 차원으로 끌어올릴 수 있는 기능을 배우지 않는다.

직장에서 이 같은 발전 정지는 매우 불만족스러운 결과를 낳는다. 대부분의 전문직 종사자들은 계속 발전하다가 '통할 수 있는' 수준에 도달하면 발전을 멈춘다. 소프트웨어 개발자들은 대개 입사한 지 5년쯤 되면 기술이 정점이 도달한다. 이 수준을 뛰어넘은 발전은 근무기간과 무관하다.

그러면 지속적인 발전을 이루게 만드는 것은 무엇일까? 앤더스 에릭슨 박사에 따르면 발전은 보통 연습이 아니라 특별한 연습과 관련이 있다. 의도적 연습을 할 때 발전할 수 있다는 것이다. 그는 분야를 막론하고 근무기간과 성과수준은 상관관계가 없음을 발견했다.

그의 발견은 놀라운 의미를 내포하고 있다. 20년 된 베테랑 뇌 전문의가 5년 된 신참의사와 별 기술 차이가 없다는 뜻이다. 두 의사의 실력차이는 경험이 아니라 의도적 연습에서 나온다. 기술을 습득하려면 시간이 필요하지만(작곡, 무용, 과학, 소설, 체스, 농구 같은 분야에서 최고수준에 되려면 10년 이상이 걸릴 것이다) 그것이 결정적인 변수는 아니다. 결정적인 요소는 시간의 지혜로운 사용이다. 그것이 바로 기술을 익히는 기술이다.

우리는 이미 의도적 연습이 성과에 큰 영향을 미칠 수 있음을 보여주는 증거를 가지고 있다. 수학에서 높이뛰기에 이르기까지 우리는 모든 것을 가르칠 수 있다. 로저 베이컨은 미적분을 익히는 데 30-40년이 걸린다고 말했지만, 요즘에는 고등학교에서도 미적분을 배운다. 오늘날의 음악가들의 기술은 과거 거장들의 기술 수준과 맞먹거나 그 수준을 뛰어넘고 있다. 스포츠에서도 기록은 계속 경신되고 있다. 타잔으로 유명한 조니 와이즈뮬러가 1924년 올림픽 수영에서 5개의 금메달을 땄을 때, 그로부터 오랜 세월이 지난 후 고등학생들이 그보다 더 나은 기록을 세울 줄은 아무도 몰랐을 것이다.

그러면 의도적 연습이란 무엇일까? 어떻게 그 기법을 핵심행동에 적용하여 영향력 전략을 강화할 수 있을까?

의도적 연습은 온전히 집중하라

의도적 연습은 집중을 요구한다. 의도적 연습에는 딴생각, 자동적이고 형식적인 행동이 있어서는 안 된다. 자신이 무엇을 하고 있고, 무엇을 하고 있지 않는지, 왜 하는지 왜 하지 않는지 지켜보면서 온전하게 집중해야 한다.

배우는 사람들이 가장 어려워하는 것이 바로 집중이다. 최고의 음악가와 운동선수들이 의도적 연습을 제대로 하지 못하는 것은 집중력을 유지하기 어렵기 때문이다. 대부분은 오전 중 정신이 맑을 때

딱 한 시간 동안만 최고수준의 집중을 유지할 수 있다. 운동선수들의 총연습시간은 하루 5시간을 넘지 않고, 잠도 일반인보다 많이 잔다고 한다.

즉각적이고 분명한 피드백을 제공하라

   기술 연습 시간보다는, 분명하고 빈번한 피드백이 훨씬 더 중요하다. 체스 선수들은 자신의 경기와 명인들이 펼쳤던 경기를 비교하는 데 하루 약 4시간을 사용한다. 그들은 자신이 둔 최선의 수를 명인들의 수와 비교한다. 그들의 수가 명인들의 수와 다를 때는 명인들이 무엇을 보았고, 자신은 무엇을 못 봤는지 생각한다. 자신을 최고의 선수들과 비교함으로써 기술을 향상시킨다. 완전한 집중과 즉각적인 피드백으로 학습효과를 촉진시킨다. 선수들은 자기 페이스를 잃었을 때를 즉시 알며, 자신의 악수에서 배운다.

   스포츠 스타들 역시 성과 향상을 위해 즉각적인 피드백을 요구한다. 경기 시 작지만 중요한 측면에 초점을 맞추는 경향이 있으며, 한 라운드를 다음 라운드와 꼼꼼하게 비교한다. 수영 금메달리스트인 나탈리 쿨린은 상대방보다 적은 스트로크의 영법을 사용하는데, 이는 힘의 측면에서 엄청난 장점이다. 그녀는 연습할 때마다 자신의 스트로크에 집중한다. "우리는 항상 물속에서 경기합니다. 한 번의 스트로크 이동 거리를 조금만 늘려도 엄청난 결과를 가져올 수 있지요." 나탈리는 랩을 돌 때마다 스트로크를 몇 번 했는지 정확하게 알고, 거기에 맞춰 다음 랩에서 피치를 조정한다. 이런 집중되고 의도된 연습은 일반적인 연습보다 훨씬 빨리 성과를 높여준다.

　신속한 피드백은 전통적인 교수법을 혼란에 빠뜨리기도 한다. 많은 교사들이 시험은 학생들을 힘들게 하고 괴롭히기 때문에 가능한 시험 횟수를 줄여야 한다고 주장한다. 그러나 연구 결과는 정반대였다. 성적 향상에는 잦은 시험이 더 효과적이었다. 에스나 레이드는 유능한 교사들의 핵심행동 중 하나는, 교습과 시험의 간격을 극단적으로 줄이는 것이라고 말했다. 시험을 자주 보면 시험에 익숙해지고, 학생들은 더는 시험을 두려워하지 않게 된다. 시험은 기준과 비교할 때 자신이 어느 정도의 성과를 내고 있는지 확인하는 기회가 된다.

　분명한 피드백을 제공받는 의도적 연습과 우리가 리더들을 훈련하는 방식을 비교해보자. 경영학 교수들은 리더십을 기술로 생각하지 않는 경향이 있다. 교수들은 행동법이 아닌 사고법을 가르친다. MBA 과정을 밟거나 리더십 훈련을 받는 경영자들은, 사례를 읽거나 알고리즘을 적용하라는 과제를 받는다. 그러나 무언가를 연습하라는 과제는 받지 않는다.

　일반 경영대학원은 발표나 연설 형식으로 교육한다. 학생들은 빤한 성과요소들만 연습한다. 핫이슈에 관한 토론, 나쁜 행동 지적, 협력과 회의 진행, 상사와 의견 대립 시 대처법, 행동변화를 일으키는 리더십 기술 등에 대해서는 연습하라는 과제는 받지 않는다. 이들 모두 구체적인 행동, 의도적 연습을 통해서만 배울 수 있는 기술이다.

큰 목표를 작은 목적들로 나누라

의도적 연습을 다른 차원에서 살펴보자. 당신이 의사라면 환자들이 뇌졸중을 예방할 수 있는 알약을 복용하도록 어떻게 동기를 부여하겠는가? 그들이 이미 뇌졸중을 경험했다면 알약 복용을 권장하기 쉽다고 느낄 것이다. 하지만 문제가 하나 있다. 그 약은 다리경련, 고통스러운 발진, 기력감소, 변비, 두통, 성기능장애를 일으킬 수 있다. 알약을 복용한 환자는 단기적으로 불쾌한 부작용 때문에 고통스러워 한다. 알약을 복용하지 않는다고 반드시 뇌졸중에 걸리는 것도 아니다. 그렇기 때문에 알약 복용을 설득하기가 어렵다. 실제로 오랫동안 수많은 뇌졸중 환자들이 알약 복용을 거부했다.

연구자들은 장기적 목표(뇌졸중 재발 예방)에 집중하기를 포기하고 대신 환자들이 작은 목표를 정하도록 도왔다. 그러는 동시에 환자들에게 신속한 피드백을 제공했다. 그러자 상황은 완전히 달라졌다. 연구자들은 환자들에게 알약과 함께 혈압측정기와 일지를 제공했다. 환자들은 매일 알약을 복용한 후 혈압을 측정하고, 혈압변화와 다른 개선내용을 일지에 적었다. 변화는 극적이고 즉각적으로 나타났다. 작은 목표(매일 검사하고 기록하기)를 세우고 그것을 달성하게 하자, 환자들은 자신이 살펴보고 조절할 수 있는 일에 집중했다. 이 방법은 자신의 상태가 호전되고 있음을 알려주었고, 약의 효과를 확인시켜주었으며, 알약을 복용하도록 동기를 부여했다. 이제 환자들은 기꺼이 알약을 복용하고 있다.

영향력 대가들은 오래전부터 분명하고 달성 가능한 목표 설정의 중요성을 알고 있었다. 구체적인 목표 설정이 얼마나 중요한지 그들은 잘 알았다. 사람들은 중요성을 안다고 하면서도 실제로 행동에 옮기진 않는다. 보통 수준의 배구선수들은 집중력을 높이기 위한 목표를 설정한다. 반면 뛰어난 선수들은 볼을 정확하게 토스하는 연습이 필요하다고 생각하며, 정확한 토스에 필요한 모든 요소를 안다.

뛰어난 선수들은 결과보다는 행동이나 과정을 개선하기 위해 목표를 정한다. 구체적인 성과기준에 초점을 맞춘다. 뛰어난 배구선수들은 토스, 스파이크, 리시브, 블로킹 등 구체적인 행동 과정에 대한 목표를 설정한다. 농구에서 자유투 성공률이 70퍼센트가 넘는 선수들은 55퍼센트가 안 되는 선수들과 연습 방법이 다르다. 뛰어난 슈터는 "팔꿈치를 안쪽으로 모은다" "팔동작을 끝까지 정확히 한다" 등의 기술 중심적인 목표를 설정한다. 자유투 성공률이 55퍼센트 이하인 선수들은 "이번에는 계속해서 10개를 성공해야지" 같은 결과 지향적인 목표를 설정하는 경향이 있다.

이 차이점은 선수들이 실패할 때도 여실히 드러난다. 연구자들은 자유투 두 개를 모두 실패한 선수들에게 이유를 물었다. 뛰어난 선수들은 "팔꿈치를 안쪽으로 모으지 못했습니다"처럼 자신이 잘못한 구체적인 기술을 지적했다. 그러나 성공률이 낮은 선수는 "집중력을 잃었어요"처럼 모호하게 말했다.

작은 목표로 동기부여하는 방법을 주목하라. 사람들은 성공하지 못할까 두려워한다. 실패하면 나쁜 일이 일어날까 두려워한다. 자신의 행동이 파국적 결과를 낳을 거라고 생각하면, 그 실패의 예상은 진짜 자기파멸적 행동을 낳는다. 대부분의 사람들은 성공하지 못하고 실패하면 대가를 치러야 한다는 가정에서부터 시작한다. 실패해 심한 고통을 받기 전에 미리 그 고통을 완화하도록 실패할 거라는 증거부터 찾기도 한다.

두려움이 기대에 앞선다면 자신의 기술을 향상시켜야 하고, 성공에 대한 기대가 실제 능력과 함께 성장하도록 특별한 관심을 기울여야 한다. 하지만 어떻게? 이미 살펴봤듯 구두설득만으로는 불가능하다. 연구에 따르면 내성적인 대학 2학년생들에게 데이트 기술을 가르쳤을 때, 학생들은 자신이 발전하고 있다는 증거를 봐야 유용한 기술을 배웠음을 인정하거나 새로운 기술을 실제로 적용했다.

이 발전의 증거는 어디에서 찾을 수 있는가? 발전 그 자체에서 찾는다. 성공이 성공을 부른다. 성공한 사람들은 그 직접적 경험(생각을 변화시키는 강력한 수단이 될 수 있다)을 통해 자신이 목표를 달성할 수 있다는 것을 배운다. 불행하게도 회의적인 사람들은 위험해 보이는 행동을 하지 않기에 성공하지 못한다. 이런 사람은 어떻게 해야 할까?

반두라 박사는 "사람들이 두려워하는 일을 스스로 하도록 도와주려면, 자신감을 낳는 신속하고 긍정적인 피드백을 제공해야 한다"고 주장한다. 해야 할 구체적인 행동을 명시한 단기적이고 구체적이며 쉽고 위험성이 낮은 목표를 정해야 한다는 뜻이다. 복잡한 일을 간단하게 만들라. 긴 업무를 짧은 업무로 만들라. 모호한 것을 구체적으로 만들라. 위험한 일을 안전한 일로 만들라.

델런시 친구들을 통해 단기적이고 구체적이며 쉽고 위험이 낮은 목표를 거시적 목표와 연결시키는 방법을 살펴보자. 이곳에 들어오는 범죄자와 사회적 패배자들은 글도 모르고 기술도 없다. 전문성도 학문적 재능도 전무할 뿐 아니라 대인관계기술과 사회적 생존능력도 부족하다.

그렇다면 이 원생들에게 수십, 아니 수백 가지 기술을 어떻게 가르칠 수 있나? 코끼리 한 마리를 냉장고에 어떻게 집어넣을까? 한 번에 한 부분씩 꾸준히 넣으면 언젠가는 다 넣을 수 있다는 우스갯소리도 있지 않은가. 무엇을 가르칠지 정했으면-일례로 서빙-그 다음에는 서빙에 필요한 구체적인 기술을 하나씩 가르친다. 처음 일하는 날 저녁에는 서빙 중에서도 포크 놓는 법을 가르친다. 배우는 신입원생은 마약중단으로 인해 금단현상을 겪고, 입소하여 문화 충격을 받고, 기타 신체적·정신적 문제를 가질 수 있지만, 포크를 제대로 놓을 수 있을 때까지 포크 놓는 법을 연습한다. 그 다음에는 나이프 놓는 법을 가르친다.

실패에 대비하고 회복력을 키우라

학습 초기 단계에 계속 성공만 경험한 사람은 실패했을 때 쉽게 좌절할 수 있다. 계속되는 쉬운 성공은 크게 노력하지 않아도 된다는 잘못된 기대를 심어줄 수 있다. 그러면 진짜 심각한 문제에 부딪혔을 때 크게 절망하고 만다.

이 문제를 해결하기 위해 사람들은 노력과 끈기와 회복력은 훗날 성공으로 보상받는다는 사실을 배워야 한다. 따라서 연습할 때는 노력과 끈기를 요구하는 일들을 점진적으로 늘려야 한다. 어려운 일을 극복하고 실패에서 회복할 때, 학습자들은 실패를 장애물이 아니라 지속적인 학습이 필요하다는 신호로 받아들일 수 있다.

자신에게 문제와 실패를 이야기할 수 있는 능력은 특히 자신에 대해 부정적 이미지를 가지고 있는 사람에게 매우 중요하다. 실패했을 때 "이런, 또 실패군!"이라는 말 대신 "아하, 이렇게 하면 안 되는구나!"라고 하라. 실패를 장애물이 아닌 성공의 안내자로 보라.

실패는 더 많은 노력과 끈기가 필요하다는 신호다. 때로는 변화 전략이나 전술이 필요하다는 표시다. 결코 성공할 수 없다거나 안이한 평온을 빌어야 한다는 표시로 실패를 받아들이면 안 된다. 절반 정도 먹은 아이스크림을 보면서 다이어트 중인 당신은 무슨 생각을 하는가? 더는 먹으면 안 되겠다고 결론 내리는가, 아니면 퇴근길 아이스크림 가게 앞을 지날 때 참을 수 없는 유혹이 시달리니까 다른 길로 다녀야겠다고 결심하는가? 첫 번째 결론은 성과에 대한 장애물 역할을 하지만, 두 번째 결론은 전략 수정을 도와주는 안내자 역할을 한다.

감정 조절기술을 배우라

헨리는 포장이 반쯤 뜯긴 초콜릿을 응시하고 있다. 그의 눈과 입과 혀는 이시 삘리 요구를 들어딜라고 뇌를 재촉하고 있다. 헨리는 초콜릿을 먹고 싶다. 헨리가 욕구충족을 즉시 실행하는지, 아니면 늦추는 법을 배울 수 있는지 확인하기 위해 마시멜로 연구를 다시 살펴보자.

최근의 연구에 따르면 인간은 상황에 따라 완전히 다른 두 가지 방식으로 행동한다고 한다. 하지만 미첼과 반두라의 사례에서 보듯, 이런 방식이나 시스템은 성격특성이나 충동이라기보다는 기술을 통해 조절할 수 있는 행동에 가깝다. 첫 번째 방식은 '핫hot 혹은 고go 시스템'이다. 이 시스템은 우리의 생존을 돕는다. 호랑이처럼 두려운 대상을 만나면 이 시스템이 작동, 뇌가 팔다리에 피를 보내고 심장은 급히 뛰고 혈압은 상승한다. 좋든 싫든 콜레스테롤을 만들어내기 시작한다. 순식간에 둔상blunt trauma을 입는다.

이 시스템이 작동해 혈액이 팔다리로 향할 때, 뇌의 아주 작은 부분(편도체: amygdala)이 '사고' 기능을 맡는다. 편도체가 사고기능을 맡으면 더는 침착하고 냉정하게 정보를 처리할 수 없다. 고차원적 작업을 인지하고 완수할 수 없다. '도마뱀의 뇌'라고도 불리는 편도체는 신속한 정보 처리에 적합하다. 싸울지 도망갈지 순간적으로 결정하는 등, 반사 반응을 일으키는 즉각적인 감정을 처리한다. 편도체는 우리를 본능적으로 행동하게 만든다. 우리는 호랑이를 보면 놀라서 도망간다. 핫/고 시스템은 조기에 발달해 유아의 행동을 지배한다.

반대로 '쿨cool 혹은 노우know 시스템'으로 알려진 두 번째 시스템은 안정된 정신 상태에서 작동한다. 감정이 배제되고 전두엽이 활성화되며, 고차원적 인지처리가 일어난다. 생존보다는 번성을 도와주는 시스템이다. 친구들과 대화하면서 조용히 딸기를 집을 때 이 시스템을 사용한다. 그러나 숲에서 호랑이와 마주쳤을 때 사용하기에는 매우 부적합한 시스템이다. 쿨 시스템은 반응이 느리고 많은 생각을 요하며 4살 무렵부터 발달하기 시작한다. 그 무렵 아이들은 처음으로 욕구충족을 늦추기 시작한다.

두 시스템은 각각 고유영역이 있다. 주어진 상황에서 어느 한 시스템을 선택할 때, 항상 잘못된 시스템을 택할 수 있는 위험을 감수해야 한다. 호랑이가 나타났을 때, 감정을 배제한 채 그 빠른 속도에 놀라며, '어디 보자, 저 나무에 올라가면 … 생존 가능성이 있겠구나…' 라며 신중하게 쿨 시스템을 작동한다면? 호랑이 밥이 되고 말 것이다. 그럴 땐 쿨이 아닌 핫 시스템을 선택해야만 한다.

그러나 핫 시스템을 작동해야 할 때 쿨 시스템을 작동하는 일은 매우 드물다. 오히려 우리는 기회 있을 때마다 핫 시스템을 작동한다. 위험신호가 오면 쿨 시스템에 머물기보다는 도망가는 것이 상책이다. 공격의 위협 신호가 조금이라도 감지되면 즉시 핫 시스템이 가동된다. 하나님은 우리를 그런 상황에서 복잡하게 생각하도록 만들지 않으셨다.

당신의 회계사 동료가 당신이 내놓은 아이디어를 무시한다면? 그는 당신을 자극하는 것이 분명하다. 덩치만 컸지 머리에 든 건 없는 주제에 감히 내 아이디어를 조롱하다니! 물론 생명이 위험한 상황은 아니다. 호랑이가 아니라 회계사지만 안전한 것이 좋다. 그래서 좋은 싫든 당신의 핫 시스템이 작동한다. 당신이 시스템을 가동시켜야겠다고 생각하기도 전에 이미 작동하는 것이다. 혈액이 팔다리로 몰려가고 뇌는 편도체를 자극한다. 당신은 생각할 틈도 없이 행동태세를 갖춘다. 쓰러진 매머드에게 달려드는 원시인처럼 불쌍한 회계사에게 마구 따진다. 대체 무슨 생각으로 그러는 것인가? 더 정확하게 말하면 당신은 뇌의 어느 부분으로 생각하고 있는가?

이 부적절한 감정반응은 평소에는 숨어 있다가 식욕 등 다른 욕구가 발동할 때 나타난다. 핫 시스템은 단지 싸울지 도망갈지 결정하는 데만 작용하지 않는다. 즉각적이고 반사적인 생존행동이 필요할 때는 언제든 발동된다. 회사 근처 카페를 지나다가 갓 구운 도넛 냄새가 나면 '늦기 전에 지금 먹어'라고 하는 내면의 소리가 유혹한다. 그래서 도넛을 먹고 만다.

때로는 두 시스템을 바꿔서 가동되기도 하는데 이럴 때는 엄청난 문제가 발생할 수 있다. 인간은 핵심행동에 집중하고 있을 때도 스트레스를 받으면 무너지는 경우가 다반사다. 엉뚱한 때에 핫 시스템이 가동되더라도 편도체에서 지배권을 뺏어오는 방법만 배울 수 있다면, 감정에 휩쓸리지 않고 이성의 지배를 받을 수 있다. 다행히도 이 강력한 자기관리기술은 학습이 가능하다. 자신 혹은 타인의 감정에서 벗어나고 싶을 때 이 기술로 중심을 잡을 수 있다.

힘찬 두뇌 활동을 시작하라

핫 시스템을 제어하는 방법을 배우기 위해 마시멜로 연구를 다시 살펴보자. 미첼은 피실험자들을 욕구충족을 '못 참는 사람'과 '잘 참는 사람'으로 분류했지만, 그의 궁극적인 목표는 모든 사람이 욕구충족을 잘 참도록 만드는 것이었다. 사람들이 눈앞의 유혹을 극복하고 장기적인 이익을 얻도록 어떻게 도와야 할까? 그는 "용기를 내" 혹은 "자제력을 보여줘" 등 구두설득에 의존하는 실수는 피하고자 했다. 그 대신 사람들에게 감정조절과 관련된 기술을 가르치고자 했다. 그 기술은 무엇일까?

미첼은 다양한 연령군에 대한 실험을 통해, 연구자가 실질적 이익과 장기적 보상을 제공하지 않으면 피실험자들은 욕구충족을 늦추지 않는다는 것을 알아냈다. 끝까지 견디고 실망할 이유가 없기 때문이다. 피실험자 스스로 눈앞의 유혹을 견뎌내는 데 필요한 행동을 하지 못할 거라고 지레 생각하면 역시 욕구충족을 늦추지 못했다. 즉 미첼은 반두라가 우리에게 가르쳤던 사실을 확인했다. 해야 할 가치가 있다, 필요행동을 할 수 있다고 생각하지 않는 사람은 행동하지 않는다.

미첼은 최초 실험에서 욕구충족을 늦출 수 있는 아이들이 단기적 혹은 장기적 보상에 대한 생각에서 더 잘 벗어날 수 있음을 관찰했나. 욕구충족을 늦추는 아이들은 다른 활동에 관심을 돌려 자기감정을 관리했다. 눈을 가리거나 의자 방향을 돌리거나 팔을 대고 엎드려 마시멜로를 바라보지 않았다. 심지어 자신과 대화하거나, 노래 부르거나, 손과 발로 게임을 하면서 스스로 다른 관심을 만들어내는 아이들도 있었다. 한 영리한 아이는 일어나서 손가락으로 벽의 타일 이음매를 따라가기도 했다. 즉 욕구충족을 늦추는 아이들은 따분하게 기다리는 동안 게임하기 등 현명한 방법을 만들어냈다.

미첼이 다른 아이들에게 같은 방법을 가르쳤을 때, 즉 보상을 생각하지 않고 관심을 다른 데 돌리도록 도와줄 때도 역시 욕구충족을 늦출 수 있는 능력이 발생했다. 구체적인 과제가 주어진 비슷한 연구에서 보상이 아닌 과제 자체에 초점을 맞춘 피실험자가 더 오랫동안 욕구를 늦출 수 있었다. 반면 보상을 생각하는 피실험자들은 오래 견디지 못했다. 또한 실패의 대가에 초점을 맞추게 하거나 나쁜 생각을 하게 만들어 주의를 다른 데 돌리는 방법도 욕구충족을 늦추는 데 도움이 되지 않았다.

마지막으로, 어렵거나 하기 싫은 따분한 과제에 주의를 집중하며 의지력을 발휘해달라는 요구 방법은 효과가 없었다. 자제력이 약한 사람들에게 "의지력을 발휘해야 한다"("진정하세요", "좀 참고 견디세요", "모범을 보여주세요")고 요구하면 오히려 그 반대의 결과가 나타났다. 사람들에게 단호한 태도를 취하라고 말한다고 해서 성과가 향상되지는 않았다.

그보다 훨씬 좋은 전략은 어려운 과제를 쉽게, 싫은 과제를 즐겁게, 따분한 과제를 재미있게 바꿔놓는 것이다. 9장에서 이 방법을 구체적으로 살펴볼 것이다. 산업공학자들이 직원들의 업무를 더 쉽고 즐겁게 만드는 방법을 연구할 때, 리더들은 직원들에게 불쾌하거나 따분한 일을 하라고 계속 설득할 필요가 없다는 것을 배웠다. 리더들이 단기 목표를 측정하고 거기에 초점을 맞추는 방법을 배우자, 직원들이 끝까지 견디도록 동기부여하기 위해 압박할 필요도 없어졌다.

감정을 조절하는 또 다른 효과적인 방법은 자신의 감정과 논쟁을 벌이는 것이다. 심리학자들은 이 특별한 전략을 '인지 재평가cognitive reappraisal'라고 부른다. 갑자기 핫 시스템을 통해 감정이 일어나면 쿨 시스템만이 할 수 있는 기술을 사용해 감정을 가라앉힐 수 있다. 이때 우리는 전두엽에 복잡한 문제 해결을 요구한다. 뇌에 편도체보다 높은 지력이 필요한 문제가 입력되면 전두엽은 쿨 시스템을 작동시켜 정상적인 사고를 회복하게 만든다.

재평가 과정을 시작해보자. 먼저 마음속에 생기는 욕구에 꼬리표를 붙이고 그것을 멀리하라("야밤에 크림치즈 빵을 먹고 싶은데, 건강과 다이어트에 나쁘겠지"). 서로 충돌되는 생각이나 목표를 떠올리고 그것에 대해 자신과 논의하라("점심 식사 후에 내가 무엇을 먹었는지 적을 때 나 자신이 자랑스러웠으면 좋겠어"). 주의를 다른 데로 돌리라("바지가 헐렁해지면 어떤 기분일까"). 혹은 욕구충족을 늦춘다. 이렇게 하면 핫 시스템은 가동을 멈춘다.

전문가들은 강박적 충동을 가진 사람들을 위한 전략으로 그들에게 마음속의 거센 요구(예를 들면, 8시간 동안 비누로 손을 100번 씻어야 한다는 것)를 들어주지 말고 15분만 기다리라고 가르친다. 우리는 욕구가 충족되기 전에는 감정이 가라앉지 않는다고 생각하지만 사실은 그렇지 않다. 충동을 늦추면 뇌가 짧은 시간 안에 지배권을 쿨 시스템에 돌려준다. 따라서 더욱 쉽게 감정을 가라앉히고 다른 선택을 할 수 있게 된다.

분류하고, 토론하고, 생각하고, 지연시키는 등의 적극적 전략은 생각의 변화를 돕는다. 이런 전략은 뇌에서 생각하는 부위를 바꿔놓는다. 쿨 시스템이 작동을 시작하면 지배권은 편도체에서 전두엽으로 넘어간다. 생각하는 부위를 변경하면 생각하는 방식이 바뀌고 그에 따라 생각 자체도 바뀐다. 생각하고 반성하고 장기적인 견해를 가질 수 있다.

그러니 헨리처럼 초콜릿을 즐기거나, 정상적 사고가 불가능할 정도로 과도하게 소비하거나, 도박 중독이 걱정되더라도, 충동을 억제하고자 한다면 사용할 수 있는 기술이 있다는 사실을 잊지 말라.

요약: 개인적 능력

끈질긴 문제를 해결하기 위해 복잡한 일을 하는 중에 발전이 정지되면 곤란하다. 자신에게 높은 수준의 성과를 요구하라. 새로운 핵심행동을 연구하고 실행할 시간을 가지라. 분명하고 구체적이고 반복 가능한 행동에 주의를 집중하라. 인지할 수 있고, 타인도 실행할 수 있는 행동이어야 한다. 그 다음에는 외부의 도움을 찾으라. 분명한 기준과 비교해 즉각적인 피드백을 요청하라. 과제를 행동으로 나누고, 각 행동에 대한 목표를 정하고, 위험이 낮은 환경에서 연습하고, 복구전략을 세우라.

마지막으로 신체적·지적 기술과 복잡한 대인관계 기술에도 의도적 연습 전략을 적용하라. 심각하고 끈질긴 문제 해결에 필요한 핵심행동은 숙련된 대인관계 문제해결 기술을 요구한다. 이 기술은 잘 계획된 의도적 연습으로만 익힐 수 있다.

생명이 위험에 처한 급박한 상황이 아니라면, 본능과 일시적 감정에 이끌려 핫 시스템이 쿨 시스템으로부터 지배권을 빼앗지 못하도록 하라. 핫 시스템에서 지배권을 되찾고, 욕구 대상에 집중하지 않기 위해 주의를 다른 데로 돌리라. 가능하면 어려운 일은 쉽게 만들고, 싫은 일은 즐겁게 만들며, 따분한 일은 재미있게 만들어서 욕구충족을 늦추는 데 갈등이 없게 하라. 타인에 대해 가혹하고 부정적인 결론을 내려 강렬한 감정이 일어날 때는 자신에게 복잡한 질문을 던져 상황을 재평가하라. 전두엽이 편도체로부터 지배권을 빼앗아오게 하라.

습관 극복, 복잡한 운동기술, 지적 기술, 대인관계 기술을 개발하는 것은 동기부여나 성격특성이나 성품과 직접적 관계가 있지 않다. 모두 능력과 관계가 있다. 감정을 조절하는 능력을 기르고 의도적 연습을 게을리 하지 말라. 그러면 핵심행동이 핵심습관으로 바뀔 것이다.

6
동료의 압력을 동력화하라

> 나는 돈을 벌기 위해 싫어하는 일을 하면서 살고 있는 이상한 사람들과 함께 일하고 있다.
> 그들은 싫어하는 사람들을 감동시키기 위해 필요하지도 않은 물건을 구입한다.
>
> 에밀 앙리 고브로

심각하고 끈질긴 문제를 해결하기 위한 영향력 도구를 찾을 때, 사회적 네트워크를 구성하고 있는 사람들을 설득하는 것보다 더 강력하고 쉽게 접근할 수 있는 방법은 없다. 동료들의 조롱과 칭찬, 승인과 거절, 찬성과 반대는 우리의 변화노력을 지원하기도 하고 방해하기도 한다.

현명한 인플루엔서는 인간이 서로에게 영향을 미칠 수 있는 놀라운 힘을 갖고 있는 사실에 감사한다. 인플루엔서들은 그것을 부정하고, 비난하고, 공격하는 대신에 그것을 포용하고 그 힘을 이용해 선한 결과를 만들어낸다.

무서운 사회적 힘

1961년부터 유태인, 폴란드인, 집시들을 아우슈비츠 가스실로 보낸 미치광이, 맹목적 근본주의자, 심리적 파산자들과 비슷한 성향을 가진 미국인들을 대상으로 연구를 실시한 스탠리 밀그램은 놀라운 결과를 세상에 발표했다. 엄청나게 충격적이고 논란에 휩싸인 이 연구 결과는 도처에서 공격을 받았다. 누구도 그 결과를 믿으려 하지 않았다.

밀그램은 히틀러의 독일에서 어떻게 그런 일이 일어날 수 있었는지 궁금했다. 비록 강요 때문이라 해도 어떤 종류의 인간이 무고한 친구와 이웃을 죽일 수 있는지 알고 싶었다. 정치적 광신도들, 맹목적 근본주의자들을 코네티컷 외곽지역에서 찾기는 어려웠을 것이다. 그런데도 밀그램은 몇 사람을 찾아서 연구하겠다는 확고한 의지의 소유자였다.

물론 사회적으로 존경받는 위치의 박사가 이웃이 서로 죽이는 환경을 만들 수는 없다. 하지만 피실험자를 속여서 다른 사람을 실제로 죽이고 있다고 생각하게 할 수는 있었다. 이런 기묘한 환경을 만들기 위해 〈뉴헤이븐〉지에 실험 참가자를 모집하는 광고를 냈다. 실험은 한 시간 동안 진행되고 참가자에게는 4.5달러가 지급된다. 관심 있는 사람들이 예일대 린슬리 치튼든 홀 지하실로 찾아왔다. 그들은 부정적 강화가 학습에 미치는 영향을 조사하는 연구에 참가를 신청했다.

피실험자들은 4.5달러를 벌기 위해 자기 차례를 기다리는 동안 앞으로 맡게 될 역할에 대해 다른 참가자와 대화를 나눴다. 이 친절한 이방인은 사실 밀그램 연구팀의 팀원이었다. 그 다음에 하얀 가운을 입은 한 과학자가 나타나서 두 참가자에게 누가 어떤 역할을 맡을지 정하기 위해 함에서 종이쪽지를 뽑으라고 말했다. 한 명은 교사 역할, 다른 한 명은 학생 역할을 맡게 될 것이다. 사실은 실제 피실험자가 교사 역할을 하도록 두 쪽지 모두 교사가 적혀 있었다.

교사는 학생과 연구원과 함께 작은 방에 들어갔다. 학생은 의자에 앉고 연구자는 학생의 팔에 특수 풀을 바르며 설명했다. "우리가 충격을 가할 때, 전극이 살에서 떨어지지 말라고 바르는 겁니다." 학생이 솔직하게 물었다. "몇 년 전 병원에서 약간의 심장질환이 있다는 말을 들었는데 괜찮습니까?" 연구자는 자신 있게 대답한다. "그럼요. 충격이 약간 고통스럽기는 해도 위험하지는 않아요."

전극을 학생의 팔에 묶은 후, 연구자와 교사는 문을 닫고 옆방으로 갔다. 거기서 교사는 학생에게 충격을 주는 무서운 전기장치를 보았다. 실제 전류를 흘려보내는 장치임을 피실험자가 확인하게 한 뒤, 교사에게는 시험 삼아 다른 방에 있는 학생에게 45볼트의 전류를 흘려보내게 했다.

실험의 목적은 부정적 강화가 학습에 미치는 영향 측정이었다. 실험을 위해 교사는 먼저 옆방에 있는 학생에게 들리도록 쌍을 이루는 단어들을 읽는다. 이후 교사가 각 쌍의 첫 단어를 읽으면 학생은 나머지 단어를 생각해내 말해야 한다. 학생이 단어를 잘못 말하면 교사는 스위치를 누른다. 심장질환이 있는 학생은 전기충격을 받을 것이다. 단어를 잘못 말할 때마다 전압을 높여서 학생에게 더 큰 충격을 준다.

교사는 학생이 단어를 계속 잘못 말할 때마다 전기를 보내지만, 사실 학생은 전혀 충격을 받지 않았다. 스위치를 누를 때마다 연구자들은 교사가 들을 수 있도록 미리 녹음된 신음을 틀어주었다. 첫 번째 충격에는 약한 신음소리를 냈다. 두 번째 충격에 그보다 강한 신음소리를 냈다. 그 다음에는 심한 신음소리를 냈다. 그 다음에는 비명이었다. 그보다 심한 충격에는 비명과 함께 몸을 벽에 부딪치는 소리가 났다. 심장에 문제가 생겼다는 신호였다. 결국 전압이 315볼트를 넘자 학생의 답은 들을 수 없었다. 그러나 교사들은 전압을 올렸고 냉혹하게 스위치를 눌렀다.

밀그램은 냉혹하게 전압을 계속 올리는 사람을 찾으려면 실험을 여러 번 해야 할 거라고 생각했다. 실제로 밀그램이 사회심리학자들에게 이 끔찍한 연구의 결과를 예측해달라고 요청했을 때, 그들은 가학적 성격을 지닌 1.2퍼센트의 사람만이 전압을 최고수준까지 올릴 것이라고 예상했다.

그러나 연구에 참가한 실제 피실험자들의 흑백필름을 보면 모골이 송연해진다. 처음 45볼트의 전기충격을 받은 학생들의 신음을 듣자, 평범한 코네티컷의 시민들은 불안한 웃음을 지었다. 일부는 전압을 올려 학생들이 비명을 지르기 시작하자 스트레스를 받은 듯했다. 많은 사람들이 135볼트까지 전압을 높였을 때 실험 자체에 의문을 제기했다.

피실험자가 중단을 요청해도 하얀 가운을 입은 과학자는 실험을 계속하라고 다그친다. 과학자는 중단 요청을 4번까지 거부했고, 5번째 요청을 받으면 실험을 중지시켰다. 그렇지 않으면 실험은 최대 450볼트까지 올라갈 때까지 계속되었다. 그 정도까지 올라가면 더는 비명도 들리지 않고 침묵만 흘렀다. 교사는 학생이 기절 혹은 사망했음을 느낀다.

신음하고 비명을 지르고 애원하는 사람들에게 계속 전압을 올려 전기충격을 주는 피실험자들은 자신의 행위를 전혀 즐거워하지 않는 듯했다. 고민하면서 실험 중단을 요청하는 모습에서는 무력감마저 느껴진다. 그러나 그들의 요청은 묵살되고 계속 실험하라는 명령만 받는다.

연구자들은 피실험자들의 행동을 관찰하고 기록했다. 그들은 피실험자들 중 극소수만 최고 전압까지 올릴 거라고 예상했다. 그러나 결과는 예상을 완전히 빗나갔다. 무려 65퍼센트의 교사가 최고 전압까지 올렸던 것이다!

이 결과로 인해 밀그램은 난처해졌다. 그는 전체주의에 기꺼이 몸을 바치는 극소수의 광신자와 사이코패스들을 찾아내지 못했다. 대신 그가 발견한 것은 우리 주변에 있는 약한 사람들이었다. 그는 광신자를 찾고자 했지만 우리 자신의 광기만 발견했을 뿐이었다. 그리고 누구도 그 결과를 좋아하지 않았다.

무슨 일이 일어난 걸까? 사람들은 왜 타인 특히 낯선 사람의 승인을 그렇게 중요하게 여길까? 이는 사회학자들이 연구해야 할 문제다. 영향력에 대해 배우는 사람이라면 이 놀라운 사회적 힘이 그의 변화노력에 어떤 영향을 미칠지 물어보고, 이 놀라운 사회적 압박을 유익하게 이용하고자 할 것이다.

현명한 사람들은 이 영향력의 요소를 다양한 방식으로 이용하는 방법을 안다. 그들은 한 가지 원칙만 따른다. 핵심행동을 할 때마다 다른 사람들에게 칭찬과 지지, 격려를 받고 있다고 느끼게 만드는 것이다. 건강하지 못한 행동을 선택했을 때는 사회적 제재나 타인의 낙담을 받는다고 느끼게 만든다.

영향력의 대가들이 '하얀 가운을 입은 사람'의 막강한 힘을 이용하는 방법은 조금 더 구체적으로 살펴볼 필요가 있다. 모든 연구는 사회적 영향력의 기초 위에 이루어진다. 리더십, 사람에 대한 영향력, 집단 내의 관계 등은 모두 이 사회적 힘에서 시작된다.

이 장에서는 범위를 좁혀서 사회적 지원을 어떻게 이용할 수 있는지 살펴보겠다. 그리고 사회적 지원을 확대하는 데 도움이 되는 3가지 모범사례를 살펴볼 것이다. 먼저 거대한 영향력을 가진 특별한 집단과 오피니언 리더들을 효율적으로 이용하는 방법을 연구한다. 다음에는 영향력 귀재들이 공동의 규범을 공략하는 방법, 뛰어난 리더들이 핵심행동을 방해하는 규범을 어떻게 공략하는지 살펴본다. 마지막으로 사회적 지원의 문화를 창조하려면 무엇이 필요한지 살펴볼 것이다.

단 한 사람의 힘

스탠리 밀그램은 존경받는 개인이 평범한 시민들을 조종해 이상 행동을 하게 할 수 있음을 보여주었다. 그는 그 반대도 사실임을 발견했다. 밀그램은 사람들의 잘못된 복종에 어떤 변수가 가장 큰 영향을 미치는지 연구했다. 그 변수는 방의 크기였을까? 전류장치의 모양과 느낌? 피실험자와의 거리? 밀그램은 1천 명이 넘는 수많은 유형의 피실험자들을 대상으로 생각할 수 있는 모든 조건 하에서 실험을 실시한 후, 사람들의 행동에 가장 큰 영향을 미치는 변수는 한 사람 이상의 존재라는 결론을 내렸다.

밀그램은 앞서 행동한 다른 피실험자가 전압을 계속 높이느냐, 아니면 연구자에게 용감히 맞서느냐에 따라 다른 피실험자들의 행동 450볼트까지 계속 전압을 높이거나 연구자들에게 용감히 맞서는 것은 피실험자의 행동에 엄청난 영향을 미친다는 사실을 발견했다. 만일 앞서 행동한 사람이 전압을 최대한으로 올렸다면, 전압을 최대한으로 올린 피실험자의 비율은 65퍼센트에서 90퍼센트까지 높아졌을 것이다. 하지만 앞사람이 거부하면, 그 비율은 10퍼센트로 떨어진다는 것을 발견했다. 한 사람이 복종의 흐름을 바꿔놓았다.

이 결과는 인간의 밝은 측면을 보여주며 훌륭한 영향력 도구를 제공한다. 사회적 지원의 막강한 힘을 이용하려면, 때로는 기존 행동에 반대하고 새롭고 더 건강한 핵심행동의 모범을 보여주는 사람을 찾아야 한다.

나는 큰 방위산업체에서 규범을 깨는 단 한 사람이 조직에 어떤 영향을 줄 수 있는지 관찰했다. 이 회사의 CEO는 고질적인 문제를 해결하기 위해, 의견 개진에 소극적인 조직을 다양한 의견을 기탄없이 말할 수 있는 활기찬 조직으로 바꾸고자 했다. 그는 몇 달 간 강연을 실시한 후 마침내 결정적 순간을 맞았다. 20명이 모인 고위 경영자회의에서 CEO는 요청했다. "사람들이 제게 접근하기 어렵다는 말을 많이 듣습니다. 그래서 그 점을 고치려 하는데, 솔직히 말씀 드리면 정확히 무엇을 해야 하는지 모르겠습니다. 제게 도움이 되는 의견을 주시면 고맙겠습니다."

한참 침묵이 흘렀다. CEO가 참석자들을 주시하다가 어색한 침묵을 깨려고 할 때, 켄이라는 사람이 손을 들고 말했다. "제가 몇 가지 말씀드리겠습니다."

CEO는 켄과 대화 약속을 갖기로 했다. 켄의 무모하고 어리석은 행동은 직원들의 입방아에 올랐다. 아마 유료TV에서 두 사람의 대화를 녹화했다면 큰돈을 벌 수 있었을 것이다. 대화내용은 CEO의 입을 통해 밝혀졌다.

CEO는 켄과 만난 후 자신이 받은 피드백을 구체적으로 적어 경영자들에게 메일로 보냈다. 그는 사람들이 더 쉽게 접근할 수 있도록 두 가지를 고치겠다고 말했고 그 약속을 지켰다. 방어적 태도를 취하지 않고, 위험을 무릅쓰고 솔직하게 의견을 말해준 켄에게도 보상과 함께 고마움을 표했다. 그는 실제로 변화된 모습을 보여주었다.

이 사건의 효과는 놀라웠다. 훌륭한 피드백 교환 선례가 된 CEO

와 켄은 다른 직원들에게 엄청난 영향을 끼쳤다. 몇 달 안에 솔직한 대화가 전 조직으로 확산되었다. 솔직한 직원들의 의견으로 인해 고질적인 문제들도 성공적으로 해결할 수 있었다.

켄과 CEO는 '하얀 가운을 입은 사람'이 아니지만 사회적 영향력을 발휘했다. 그들은 존경받는 사람들이었고, 고질적 관행을 솔직하게 말하고 악습을 끊는 방법을 직접 보여주었다. 말로만 핵심행동을 하겠다고 했다면 변하지 못했을 것이다. 구두설득으로 그쳤다면 그의 영향력은 제한적이었을 것이다. 그는 솔직한 대화를 권장했고, 수용했고, 칭찬했으며, 용기 있게 행동한 사람을 보상해주었다.

존경받는 사람이 시도하고 성공한 핵심행동은 그 자체만으로도 다른 어떤 영향력 요소보다 강력한 힘을 발휘한다. 하지만 존경받는 사람이어야만 영향력을 갖는다. 내가 상담한 중소기업 목재회사의 HR 담당자는 교육훈련 프로그램의 실효성을 높이기 위해 사장의 추천사를 비디오에 담았다. 사장은 "오늘 교육에서 배우는 내용을 마음 깊이 새기기 바랍니다"는 말로 간단한 추천사를 마쳤다.

그러나 교육 첫날, 비디오를 본 참가자들은 사장에게 야유와 조롱을 보냈다. 그들은 본사와 관련된 모든 것을 경멸하고 증오했으며, 특히 사장은 가증스러운 위선자라고 여겼다. 사장의 추천사는 오히려 교육에 대한 신뢰를 떨어뜨리는 결과만 낳았다.

상대에게 큰 영향력을 발휘할 수 있는 사람도 있지만, 그렇지 못하는 사람도 있다. 무엇으로 이 차이를 구분할 수 있을까?

올바른 한 사람의 힘

우리는 한 사람이 타인의 핵심행동 실천에 엄청난 영향을 준다는 사실을 알았다. CEO와 하얀 가운을 입은 사람처럼, 공식적 리더들의 영향력이 그들 주변 사람에게 발휘될 수 있다는 것도 알았다. 영향력을 발휘해 사람들을 변화시키려면 명령체계를 이용해야 한다. 현명한 인플루엔서들은 공식적 리더가 핵심행동을 장려할 때 사회적 영향력을 이용하게 만든다.

하지만 다른 사람들에 대한 노력도 필요하다. 우리는 종종 직원들의 지지 혹은 반대가 영향력 전략의 성패를 좌우한다는 사실을 간과한다. 그들을 이해하고 그들의 지지를 얻는 비결을 알아보기 위해 에버릿 로저스 박사를 만나보자. 그의 영향력 이론은 역대 최고로 꼽히고 있으며 모든 부모, 코치, 리더들이 사회적 지원을 얻는 비결을 잘 알려준다.

로저스는 사회학과 통계학 박사학위를 받은 후 지역 대학 지원사업부에서 흥미로운 일을 맡았다. 아이오와 농민들에게 개량 옥수수 품종을 권하는 일이었다. 개량 옥수수는 수확량이 많고, 병충해에 강해서 이전 품종보다 훨씬 더 높은 수익을 가져다주었다. 이렇게 쉬운 일이 또 있을까.

그러나 농민들과 대화를 나누면서 로저스는 벽에 부딪혔다는 것을 알았다. 농민들은 그의 학력과 출신대학에 전혀 영향을 받지 않았다. 그와 농부는 전혀 다른 부류의 사람이었다. 농부들의 옷차림은 허름했고, 힘든 노동으로 인해 손은 거칠었으며, 로저스와는 다른 잡지를 읽고 다른 프로그램을 시청했다. 같은 언어를 사용한다는 점을 제외하고는 공통점을 찾아보기 힘들었다.

처음에 로저스는 이 차이가 도움이 되리라고 생각했다. 농민들이 그의 조언을 들어야 하는 이유는 그들이 하는 일을 그가 하지 않기 때문이다. 그는 농민들이 재배해야 하는 곡식을 연구했고, 작물학 전문가들을 위해 일하고 있었다. 로저스는 자신이 말을 하면 농부들이 잘 받아 적고, 그대로 실행해 수확을 올리고, 자신에게 고마워할 거라고 생각했다.

하지만 현실은 전혀 딴판이었다. 농부의 눈에 비친 로저스는 그냥 다른 부류의 사람이 아니라 농사를 모르는, 순진한 도시 사람에 불과했다. 그는 밭을 갈아본 적도 없다. 책을 읽었다고 하지만 그러다가 그의 말이 틀리면? 누가 대학을 갓 나온 애송이 말만 듣고 한 해 농사를 위험에 빠뜨리겠는가? 농부들은 그를 믿지 않았다.

농부들에게 거부당한 로저스는 실망하여 자포자기 상태에 빠졌다. '아무도 실행하지 않는데, 좋은 방법을 고안해낸들 무슨 소용이 있단 말인가?' 문명은 과거의 비효율적 방법을 버리고 효율적인 새 방법을 받아들일 때 발전하는 법이다. 로저스는 최소한 농민들에게 더 좋은 방법이 무엇인지 알고 있었다.

그러나 농부들이 로저스를 신뢰하지 않는데 그가 무엇을 할 수 있겠는가? 그가 아이디어를 제공하는 사람이라는 사실이 농부들의 불신을 일으켰다. 일단 로저스는 한 농부만 골라 개량품종을 재배하도록 설득할 수 있을 것이다. 그의 수확량이 훨씬 좋다면 마을 사람들은 너도나도 개량품종을 심으려 할 것이다. 만일 로저스가 신품종을 재배하고 싶은 사람을 찾을 수 있다면, 반은 성공했다고 볼 수 있다.

마침내 그는 한 농부를 설득해 개량품종 재배에 성공했다. 그런데 그는 여느 농부와 달랐다. 세련된 차림새에 캐딜락을 타고 다니는 부농이었다. 혁신적 성향이 강한 그는 남들이 꺼리는 개량품종을 선택했고 그의 농사는 대풍을 맞았다. 로저스는 이 결과를 직접 목격한 이웃들이 이제는 마음을 바꿀 것이라고 확신했다.

하지만 농부들은 변하지 않았다.

그들은 자기들에게 건방지게 이래라 저래라 하며 우쭐대는 학자를 싫어한 것처럼, 자기들의 생활방식을 경멸하고 혼자 거들먹거리는 캐딜락 괴짜를 좋아하지 않았다. 그래서 신품종을 계속 거부한 것이다.

이 참담한 실패는 로저스의 인생경로를 바꾸어놓았다. 그는 이후 사회 시스템을 바꾸려 할 때마다, 그 변화 노력에서 발생하는 일을 연구하는 데 몰두했다. 어떤 아이디어는 채택되고, 또 어떤 아이디어는 거부당하는 이유를 알고 싶었다. 왜 어떤 사람들은 타인의 변화에 특별한 영향력을 끼칠 수 있는지 밝혀내고 싶었다.

로저스는 기존 연구 논문들을 상세히 검토했다. 의사들 사이에서 신약이 어떻게 선택되는지, VCR 같은 당시 신기술이 어떻게 대중화되는지 살펴보았고 신세품과 새로운 발명품을 연구했다. 네이터를 검토하면서 훌륭한 아이디어가 대부분 사장된다는 사실을 발견하고 놀랐다. 희망봉을 돌아 인도항로를 발견한 바스코 다가마는 선원 160명을 데려갔지만, 돌아왔을 때 생존자는 60명에 불과했다. 나머지는 모두 괴혈병으로 사망했다. 다행히 1601년 영국 선장 존 랭카스터가 괴혈병 치료법을 발견했다. 매일 선원들에게 라임주스를 조금씩 먹이자 아무도 괴혈병에 걸리지 않은 것이다. 하지만 이 치료법은 거의 200년이 지나서야 본격적으로 실행되었다. 오히려 처음에는 이상한 미신이라며 조롱만 받았다.

로저스는 아이디어의 탁월성이 곧 생존율로 이어지는 것은 아니라는 사실을 알았다. 새로운 아이디어의 수용 여부는 특정 집단이 그 아이디어를 받아들이느냐에 달려 있다. 새로운 아이디어를 낸 사람들은 일반인들과 많은 면에서 달랐다. 로저스는 그들을 '혁신가'라고 칭했다. 그들은 보통 사람보다 똑똑하고, 새로운 아이디어를 잘 받아들인다.

그러나 당신이 찾은 핵심행동을 대다수의 사람들에게 전하려면, 혁신가들을 찾아내어 그들을 멀리해야 한다. 아주 멀리. 만일 그들이 당신의 아이디어를 받아들인다면, 그 아이디어의 생명은 거기서 끝나고 만다.

새로운 아이디어를 시도하는 두 번째 집단은 '얼리어답터early adopter'들이다. 얼리어답터들은 오피니언 리더로 알려져 있다. 인구의 약 13.5퍼센트를 차지하는 이 주요 인물들은 보통 사람들보다 똑똑하고 새로운 아이디어를 잘 받아들인다. 하지만 이들과 혁신가들 사이에는 매우 중요한 차이점이 존재한다. 얼리어답터는 사회적으로 연결되어 있고 존경받고 있다. 영향력을 발휘하는 핵심적인 사람들이다. 나머지 85퍼센트가 넘는 사람들은 오피니언 리더를 따른다.

세련된 옷차림의 농부가 개량품종을 선택한 것은 로저스에게 전혀 이익이 아니었다. 농사방법에 관한 한 캐딜락을 몰고 다니는 사람은 혁신가에 속한다. 마을에서 가장 먼저 새로운 아이디어를 채택했지만 대다수의 동료들과는 눈에 띄게 달랐고, 전통방법을 무시하는 인상을 주었기 때문에 그는 마을 사람들에게 위협적 존재였다. 사회적으로 연결되지도, 존경받지도 못했다.

로저스는 "만일 개량품종을 권유할 오피니언 리더들을 조심스럽게 찾았으면 성공했을 것"이라고 말한다.

오피니언 리더가 영향력 전략을 제공할 수 있다면, 우리가 연구한 인플루엔서들이 이 강력한 영향력의 요소를 사용하는 것은 당연한 일이다. 돈 버윅과 IHI는 수십만 명이 넘는 의사들의 행동에 영향을 주기 위해, 가장 먼저 의사단체에 접근했다. 의사들은 협회와 학회를 신뢰하고 그들의 말을 듣는다.

하워드 마크맨 역시 부부의 소통행동에 영향을 끼치려 할 때는 오피니언 리더들을 찾는다. 부부들에게 문제 해결법을 가르치도록 목사들을 훈련시키면 좋은 결과를 얻는다는 사실을 알기 때문이다. 낯선 이방인이 불쑥 찾아와 가르치는 것보다 훨씬 좋지 않겠는가.

메디나선충을 퇴치하기 위해 마을로 들어가는 사람들도 마찬가지였다. 도널드 홉킨스 팀은 마을에 들어가기 전에 족장을 만나거나 존경받는 관리의 힘을 이용했다. 현지 관리나 족장은 다시 여러 집단이나 존경받는 마을 사람들을 소개해주었다. 마을 사람들은 메디나선충을 박멸하는 데 필요한 핵심행동을 열심히 배웠다. 만약 사회적 지위가 전혀 없는 사람에게 기존에 반하는 혁신적 메시지를 전달하게 했다면 어떻게 되었을까? 마을 사람들은 전혀 받아들이지 않았을 것이다.

홉킨스는 말한다. "사람들에게는 메시지보다 그 메시지를 전달하는 사람이 더 중요하다."

오피니언 리더의 힘은 실제 오피니언 리더가 없어도 얻을 수 있다. 앞서 살펴본 텔레비전과 라디오의 주인공들도 오피니언 리더들이다. 인도의 루트산 마을에서 한 실행그룹이 엄청난 인기 라디오 드라마인 "행복은 작은 것에 있다(Tinka, Tinka Sukh)"를 청취한 후 여자아이들을 교육하기 위해 엄숙한 서약서를 만들었다. 이 감동적인 드라마에 등장하는 어린 딸은 강제로 조혼한 후 사망하고 만다. 딸아이의 죽음을 대리경험한 청취자들은 15만 통이 넘는 편지를 보냈다. 184명의 루트산 마을 사람들은 이 비극을 너무 가슴 아파한 나머지, 사망한 어린 여주인공을 기리고 단결과 지지를 나타내기 위해 대형 포스터에 지장을 찍었다.

"물론 딸아이가 18살이 되기 전에는 결혼시키지 않을 겁니다." 연속극 효과 연구를 의뢰받는 아빈드 싱할에게 한 청취자가 말했다. "이 드라마를 듣기 전에는 딸을 일찍 시집보내야겠다고 생각했어요. 하지만 이제는 그러지 않을 거예요. 사람들에게도 그렇게 말하고 다녀요."

이 드라마의 결말에는 항상 지역사회의 존경받는 인사가 등장해 질문을 던지고 핵심행동과 공개적인 대화를 권장했다. 오피니언 리더를 이중으로 활용한 것이다. 존경받는 인사의 말은 사랑받는 출연자들의 연기와 시너지 효과를 일으키며, 사회적 지원을 변화 촉진 수단으로 훌륭하게 활용했다.

영향력 전략과 관계없이 오피니언 리더들과 함께 일하는 방법을 알아보려면 마오쩌둥을 기억하라. 그는 무섭도록 치밀한 사람이었다. 공공의 이익을 얻기 위해 사회적 영향력을 이용하는 방법을 잘 아는 사람이기도 했다.

1965년 6월26일 마오는 중국 농촌 오지 주민들의 건강 향상이 부진하다며 보건성을 공격했다. 국가 주석인 그는 굼뜬 보건성과 의료기관이 스스로 문제를 해결할 때까지 기다리지 않고 180만 명의 변화주도자들을 참여시켰다.

그는 보건의료 전문가들의 도움 없이 변화주도자들을 선발했다. 그러나 기준은 분명했다. 동료의 추천을 받은 사람, 헌신적인 봉사활동 경험이 있는 사람, 기초 교육을 정식으로 받은 사람, 마을 사람들과 가까우면서 교육 수준은 약간 더 높은 현지 주민이 자격요건이었다. 즉 오피니언 리더들을 선발한 것이다.

훗날 '맨발의 의사'로 알려진 이들은 몇 달 동안 농촌지역의 공공보건을 신속하고 의미 있게 향상시킬 수 있는 기초 예방법 등의 의학지식을 배웠다. 가장 흔한 몇 가지 질환 치류방법도 배었다. 위험을 줄이기 위해 중환자는 즉시 지역병원으로 이송하도록 교육받았다.

그러자 즉각적이고 극적인 결과가 나타났다. 농촌 사람들의 건강 수준이 하루아침에 달라진 것이다. 그들은 기본 위생 수칙을 준수하고, 물을 끓여 마시는 등 건강 습관을 빠르게 익혔다. 예상보다 훨씬 빠른 속도로 위생 습관이 정착되었다. 마오쩌둥은 전통 방법을 따르지 않았고, 일방적으로 명령하거나 가혹 정책을 만들지도 않았다. 효과가 없기 때문이었다. 이는 위로부터의 지원과 현장 오피니언 리더들의 행동이 결합한 큰 성공이었다.

사회적 지원을 얻는 법

로저스는 리더, 부모, 그리고 모든 사람에게 효과적으로 영향력을 발휘하는 방법을 알려준다. 변화를 이끌어내려 할 때 모든 사람에게 영향력을 발휘할 필요는 없다. 직원이 1만 명인 회사의 경영자라면 핵심이 되는 약 500명가량의 오피니언 리더만 찾으라. 그들을 특별히 대우하고 그들의 관심사를 경청해 신뢰를 얻으라. 그들의 아이디어를 수용하고, 그들을 믿고 당신의 아이디어를 말하라. 그러면 영향력을 갖게 될 것이다.

오피니언 리더들을 참여시킬지 말지 결정할 필요도 없다. 그들은 항상 적극적으로 나선다. 그들은 항상 당신의 영향력 전략을 관찰하고 판단한다. 그것이 그들의 일이다. 그들은 당신의 아이디어에 찬성하거나 반대 의견을 개진할 것이다. 소셜 네트워크를 형성하고 그

안에서 존경받는 그들은 영향력을 폭넓게 발휘하고, 좋든 싫든 당신의 영향력 전략의 운명을 결정한다.

사람들의 변화를 이끌어내기 위해 오피니언 리더들을 참여시키고 싶다면, 그들을 쉽게 찾을 수 있다. 조직에서 가장 존경받고 사람들과 가장 잘 연결되어 있기 때문이다. 오피니언 리더의 명단을 만든 후 가장 자주 거론되는 사람들을 찾으라. 그들이 바로 진정한 오피니언 리더다. 그들을 찾아냈다면 협력을 얻어내고 함께 사람들의 변화를 이끌어내라.

당신을 바꾸기 위해 사회적 지원을 얻어내라

자신의 생활 습관을 바꾸고 싶다면 당신에게 영향력이 있는 사람들의 힘을 이용하라. 흰 가운을 입은 사람의 "실험을 계속하시오"라는 말을 듣고 타인을 전기로 죽이게 되는 것이 사실이라면, 사랑하는 사람들과 친구들의 사회적 지원을 얻는 방법을 찾을 수 있다면, 우리는 무엇을 해낼 수 있을까?

아주 많은 것을 할 수 있다. 친구에게서 금연, 다이어트, 운동 등의 진행상황을 확인하는 메일을 받는 사람은 그렇지 않은 사람보다 그 계획을 훨씬 잘 지킨다는 연구 결과가 나왔다. 우리의 친구 헨리도 건강한 생활습관을 가지려면, 부인, 동료, 사랑하는 사람들로부터 감정적 지원과 격려를 받아야 한다. 당뇨병의 관리에 사랑하는 사람을 참여시키면 운동과 다이어트 계획 실행률이 올라간다. 사회심리학자들은 자신과 약속보다는 그 약속을 친구들에게 말하면 약속을 지킬 가능성이 훨씬 더 높아진다는 사실을 발견했다.

당신과 같은 변화를 만들어내기 위해 노력하는 사람과 함께 행동하면 더욱 좋다. 함께 운동하고 함께 다이어트하라. 화를 자주 낸다면 함께 그 습관을 고치라. 서로 격려하고 상대에게 진행상황을 알려주고 서로 책임을 물으라. 인간은 자신이 존경하는 사람의 인정과 존경을 원한다. 그렇게 사회적 지원의 힘을 이용하라.

당신 자신이 오피니언 리더가 되라

효과적인 인플루엔서가 되고 싶다면 직장과 가정에서 오피니언 리더가 되어야 한다. 특히 부모들은 자녀가 13살이 되기 전, 아이들과 이야기가 통할 때 잘해야 한다. 십대들이 부모의 의견을 무시한다고 하나, 여전히 부모는 아이가 가장 힘든 시기에 중요한 버팀목이자 영향력을 끼치는 존재다. 자녀가 부모의 모든 의견이나 훈계를 받아들이진 않지만, 적어도 부모의 의견에 무게가 실리도록 해야 한다.

오피니언 리더가 되려면, 그 자리를 유지하려면 무엇을 어떻게 해야 할까? 사람들은 두 가지 중요한 특징을 가진 사람을 주목한다. 첫째, 현재의 문제에 대해 잘 알고 있는 사람이다. 다양한 요소를 통해 자신의 전문분야와 관련을 맺는 사람들이다. 둘째, 신뢰할 수 있다고 인정받는 사람이다. 특정 분야에 박식하며 이타적인 경향이 있다. 즉 적어도 지식을 무기 삼아 자기 이득만 취하거나 남을 괴롭히는 사람이 아니어야 한다. 이 둘 중 하나라도 갖고 있지 못한 사람은 영향력을 행사할 수 없다.

존경받고 신뢰받기란 절대 쉽지 않은 일이다. 오피니언 리더들은 타인에게 시간을 많이 내준다. 자신을 찾아온 사람들과 자주 어울리며, 그들의 속마음을 솔직하고 건강한 방식으로 털어놓게 한다. 상사와의 관계에서 직원 만족도에 영향을 미치는 요인들을 조사했을 때, 가장 중요한 요인은 만남의 빈도였다. 직원을 오랫동안 만나지 못한 상사는 그들에게 영향력을 가질 수 없다. 접근하기 쉽고, 솔직하게 말할 수 있고, 부하직원들과 격의 없는 대화를 나누는 상사들은 그렇지 않은 상사보다 훨씬 더 큰 영향력을 가진다. 부모도 마찬가지다.

때로 침묵은 금이 아니다

오늘날의 문제는 오랫동안 내려온 전통적이고 폭넓은 규범에서 발생하기도 한다. 거의 모든 사람이 세대를 이어오면서 이 규범에 따라 똑같이 행동했을 것이다. 어느 누구도 조롱 받고 따돌림 당하는 일 없이 새로운 방식으로 성공하려면 모두가 규범의 변화를 이야기할 수 있어야 한다. 행동의 변화가 일어나려면 먼저 공론화가 있어야 한다.

하지만 많은 조직이 규범을 솔직하게 토론하는 것은 금기로 여기거나 정치적으로 옳지 못하다고 인식한다. 그런 경우에는 변화가 일어날 가능성이 낮다. 하지만 효과적인 인플루엔서들이 오피니언 리더들과 협력하여 토론조차 불가능한 문제를 토론할 수 있게 만든다면 사정은 달라진다. 금기인 주제를 일상적 공론으로 바꾸는 방법을 배우라. 그러면 생각할 수 있는 가장 어려운 문제도 해결할 수 있는 강력한 도구를 손에 넣을 것이다.

금기시된 문제를 토론할 수 있게 하라

1980년대 초반, 한 경영자로부터 강철산업 사양화로 인해 죽어가는 생산공장을 회생시켜달라는 요청을 받았다. 내가 도와줘야 할 사항은 원가를 절감하고 생산성을 높여 수익을 내는 일이었다. 이 공장의 생산성은 외국 경쟁업체보다 훨씬 낮았다. 계속 이런 식이라면 문을 닫아야 할 상황이었다.

나와 동료들은 생산성 문제를 해결하기 위해 어떤 요소가 필요한지 파악해야 했다. 우리는 먼저 공장 핵심 직원들을 만나 물었다. "이 공장에서 한 가지를 고칠 수 있다면, 무엇을 고치겠습니까?" 우리가 만난 첫 번째 인물은 20년 넘게 공장에서 일한 감독관이었다. 그는 우리 쪽으로 바짝 다가와 듣는 사람이 없는지 주변을 살펴본 후 낮은 목소리로 대답했다. "필요한 건 딱 한 가지입니다. 숙련된 기술자들이 하루 6시간 제대로 일할 수 있다면 수익을 낼 겁니다."

성실하게 일하는 직원도 많지만 그렇지 않은 직원도 많다고 했다. 대부분은 잔업에 의존하는 습관을 가지고 있었고, 잔업을 확보하기 위해 일부러 작업속도를 늦추기도 했다. 하루 평균 10시간 일하지만 실제 업무 시간은 4시간 정도에 불과했다. 그래서 신중한 감독관은

6시간만 제대로 일해도 좋아진다고 말했던 것이다.

우리는 마치 FBI 첩보원 같은 그의 목소리와 행동에 주목했다. 그는 자신이 이런 말을 했다는 것이 알려지기를 원하지 않았다. "직원들이 열심히 일하지 않습니다" 같은 말은 큰 소리로 다 듣게 할 수 없다. 그는 자기가 말했다는 것을 비밀로 해달라고 요청했다.

그 후 몇 년 동안 우리는 수백 명에 이르는 공장 사람들을 면담했지만, 그 감독자보다 정확하게 문제를 지적한 사람은 없었다. 그는 우리에게 "직원들이 열심히 일하지 않는다"고 떠들어대면 안 된다고 가르쳐주었다. 그의 조언이 맞다. 그랬다가는 가혹하고, 불공평하고, 무례하다는 비난을 받을 것이다. 노동자가 우습냐며 위협할지도 모른다.

엎친 데 덮친 격으로 당시 사회 여론도 우리에게 불리했다. 선거철이어서 정치인들은 앞 다투어 미국 근로자들과 그들의 직업윤리를 칭찬했다. 우리와 함께 일하는 사람들은 그들을 역겨운 눈으로 바라봤지만 그뿐이었다. 아무도 반대의견을 소리 높여 말하지 못했다. 우리가 생각하는 영향력 전략은 낮은 생산성 문제를 직접적으로 다루는 것이라고 리더들에게 설명했지만, 그들은 생산성 문제를 직접 거론하지 말고 다른 측면에서 접근해야 한다고 말했다. 직원들에게 책임을 묻는 방법을 가르치라고 리더에게 건의하기도 했다. 생산성을 이야기할 수 없으니, 책임을 물을 때도 안전이나 비용, 품질 문제만 다룰 수 있었다. 긴진한 도론조사 불가능한 상태였다.

이듬해 근로계약을 갱신할 때, 협상을 맡은 인적자원 담당자들에게 생산성 문제를 제기하자고 권했다. 그들은 우리의 권유대로 했지만 소용이 없었다. 노조와 경영진이 그 문제를 거론하지 말라고 압력을 넣었기 때문이다. 분열을 일으킬 수 있고 폭발력이 강하다는 이유에서였다. 더는 누구도 감히 생산성 문제를 거론하지 못했다.

생산성에 대해 말하기 꺼려하는 조직에서는 아무도 그 문제를 거론할 수 없다. 우리가 그랬다. 수십 가지 문제 해결을 도와주고, 여러 가지 기술을 가르치고, 개선한 것도 많았지만 생산성 문제만은 직접적으로 다루지 못했다. 그것이 잘한 걸까? 기술 분야 현장에서 지난 20년 동안 벌어졌던 일들을 보면, 이 문제에 대해 침묵했던 것은 우리의 치명적인 실수였다.

우리는 생산성 문제를 해결하기 위해 무엇을 해야 했을까? 다시 인도 루트산 마을로 돌아가 라디오 드라마가 여론에 영향을 미치는 메커니즘을 살펴보자. 마을 사람들은 생산성이 아니라 수많은 사람들에게 고통을 안겨주는 강력한 사회적 규범 문제에 직면해 있었다. 이 역시 토론조차 불가능한 문제였다.

드라마에서 어린 여주인공이 교육을 포기하고 강제로 결혼해 아이를 낳다가 죽었다. 이 슬픈 드라마를 청취한 루트산 마을 사람들은 뿌리 깊은 조혼풍습을 바꾸기로 했다. 무엇이 규범의 근본적인 변화를 가져왔는가? 그 드라마의 힘은 토론조차 불가능했던 문제를 공개적으로 토론할 수 있게 만든 것이다. 함구하던 오랜 전통에 대해 갑자기 공개적 문제 제기가 이루어졌다. 거리와 직장, 상점에서 열띤 토론이 꽃을 피웠다.

드라마 방영 전에는 수백만 명이 친구, 자녀, 동료에게 전통을 지키라며 압박했다. 가장 강력한 형태의 압박이었다. 이미 조혼풍습에 대한 시각을 바꾼 사람도 있었지만 공개적으로 말하기는 어려웠다. 전통을 무시한다는 대중의 비난 때문이다. 많은 사람들이 전통에 대해 솔직하게 토론하길 원했지만 불가능했다.

그래서 교육오락물 전문가들은 이야기 형식을 빌려 문제를 해결하려고 했다. 그들은 전통이라는 이름으로 자행되는 소녀학대를 직접 거론하지 않았다. 구두설득은 거부감만 불러일으킨다는 사실을 잘 알기 때문이다. 하지만 그들은 물러서지 않았다. 현실성 있는 인물을 등장시킨 드라마를 제작해 그 주인공들이 사회적 문제를 이야기하게 했다. 사랑하는 가족들이 전통의 장단점에 대해 토의했고, 매회 드라마가 끝날 때마다 존경받는 인사가 출연해 이에 관한 질문을 던졌다.

드라마 속 가족들은 건강한 대화의 모범을 보여주었다. 시청자들이 이 문제를 생각하고 다른 사람들과 토론할 수 있도록 도와주었다. 그 결과 금기시되었던 문제가 공론화되었다. 토론조차 불가능했던 전통이 토론 가능한 이슈가 되었고, 수백 년 동안 쉬쉬하던 문제가 공론의 장에 올라왔다.

이 사례는 매우 특별한 경우일 뿐 현실성이 없다고 생각된다면 좀 더 자세히 이 문제를 들여다보자. 생산성에 대한 어떤 이야기도 허용되지 않았던 공장 리더들도 침묵이라는 규범의 희생자였다. 보건의료를 연구할 때도, 수많은 환자들이 엉뚱한 질환에 감염되는 이유를 찾는 과정에서 똑같은 침묵의 규범을 발견했다.

우리는 분만실 간호사와 의사들에게 물었다. "분만실처럼 청정 환경에서 왜 감염이 발생합니까?" 그들은 주변을 살핀 후 낮은 목소리로 이야기했다. 한 의사는 진료할 때 가운을 입지 않고, 장갑을 끼지 않고, 손도 안 씻는다고 실토했다. 신생아에게 주사를 놓을 때, 손가락 끝을 노출시키기 위해 살균장갑에서 손가락 한 개 부분을 잘라낸다는 간호사의 고백도 있었다. 손바닥만한 신생아의 혈관을 찾기 어려워서 그런다고 했다. 이 모두 신생아를 위험에 빠뜨릴 수 있는 심각한 안전수칙 위반행위다.

이 병원의 의료진들이 규칙을 위반했다는 사실을 말하려는 것이 아니다. 물론 그것도 큰 문제지만 더 큰 문제가 존재한다. 명백한 동료들의 위반 사실을 알면서도, 강력한 침묵의 규범에 의해 공모가 이루어졌다는 사실이다. 기존의 사회 규범은 구성원의 침묵을 요구한다. 이 규범을 깨는 사람은 소송과 비난을 감내해야 한다. 더 심각한 문제는 침묵의 규범에 대한 침묵이 그 규범을 유지한다는 사실이다. 침묵의 규범에 대해 말하지 못하면, 그 규범은 무너지지 않는다.

다양하고 수많은 조직들이 침묵의 규범 때문에 신념과 가치를 좀먹고 있다. 그래서 우리는 "침묵하면 실패한다"는 이름의 프로젝트 관리에 대한 연구를 실시했다.* 이 연구에서 우리는 위험도 높은 프로젝트, 프로그램, 계획의 엄청난 실패율을 확인했다. 조직, 제품,

---

* 연구보고서 전문은 www.silencefails.com에서 볼 수 있다

합병 등 대부분의 개선계획은 완전히 실패하거나 실망스러운 결과를 낳는다. 주요 프로젝트의 90퍼센트 정도가 일정을 맞추지 못하거나 예산을 초과하거나 품질기준에 적합한 성과를 내지 못한다.

우리는 이런 당황스러운 결과가 발생하는 이유를 조사했다. 또한 조사 완료한 프로젝트나 계획의 88퍼센트가 결국 실패하리라 예상했지만 여전히 진행 중이었다. 대부분의 사람들은 그 상황을 '슬로모션으로 탈선하는 기차'에 비유했다.

우리는 그 진짜 이유를 찾았다. 잘못된 상황에 대한 공개 발언이 용인된다고 응답한 사람은 10퍼센트도 채 되지 않았다. 지원 부족, 불필요한 규제, 무능한 팀원 등의 문제가 항상 발생하지만, 프로젝트 매니저 본인을 포함해 아무도 그 문제를 공론화시키지 못하는 경우가 다반사였다.

그렇다면 프로젝트 매니저, 보건의료 전문가, 산업 변화주도자들은 문제해결을 위해 무엇을 할 수 있을까? 우리는 생산성 문제를 공개적으로 거론하기만 해도 사람들에게 자극을 줄 수 있다는 말을 들었다. 반면 괜히 문제를 언급했다가는 곤란에 처하고 상황만 악화시킨다는 의견도 들었다. 우리는 어떻게 했어야 했나?

제일 먼저, 문제를 솔직하고 공개적으로 말하는 것은 잘못이라는 주장을 무시해야 했다. 반대론자들은 그 문제에 '토론불가'라는 딱지를 붙이고 사람들의 입을 막아버렸다. 그런 후 그들의 공격을 저지하기 위해 그 문제를 분명히 지적할 수 있는 자료를 수집해야 했다. 그리고 그 자료를 조직 리더들과 공장의 오피니언 리더들에게 제공해야 했다. 변화하지 않으면 어떤 결과가 나타나는지 토론해야 했다.

우리는 기존 생산성 수준에 대한 솔직한 찬반토론을 적극적으로 주장했어야 했다. 생산성 언급을 금기시한 규범을 바꿔놓아야 했다. 당연히 그래야 했다. 침묵을 강요하는 그 규범이 가장 먼저 바뀌어야 했다. 병원에서 전파되는 질환과 프로젝트 실패 등, 모든 문제가 마찬가지다. 토론조차 불가능한 문제를 자유롭게 이야기할 수 있도록 만드는 것은 사회적 영향력과 싸우는 것이 아니라 열린 마음으로 사회적 영향력을 받아들이는 자세다.

마을 전체를 바꾸라

사회적 지원을 어떻게 이용해야 할까? 변화주도자가 나서기만 해도 해결되는 문제가 있고, 오피니언 리더들이 적극적으로 이끌어줘야 하는 문제도 있다. 토론 불가능한 문제를 공개적으로 이야기할 수만 있어도 사라지는 문제도 있다.

그러나 매우 심각하기 때문에 아무리 자유롭게 토론하고 새로운 규범을 형성해도 사라지지 않는 문제가 있다. 새로운 행동을 받아들이게 하려면 그 사람 자체를 완전히 새롭게 바꿔놓아야 하는 경우도 있다. 세상 모든 사람의 변화에는 사회적 지원이 있어야만 한다. 다시 실버트 박사의 델런시를 살펴보자.

델런시 스트리트 졸업식, 500명의 원생들이 강당에 모였다. 서로 밀치고 농담하는 등 들뜬 분위기다. 몇몇 원생들은 조금 더 책임 있는 자리로 올라간다. 새로운 직장에 취업한 사람도 있고, 고등교육 졸업장을 받는 사람도 있다. 신입 원생들도 기초과정을 졸업하지만 학사학위를 받는 사람보다 더 축하 받는 사람은 없을 것이다.

원생들은 자리에 앉아 졸업식을 기다리고 있다. 이전에 이런 경험을 해보지 못한 사람들은 어색함을 감추지 못한다. 그들은 499명의 동료들 앞에서 자신이 호명된다는 것을 알고 있지만, 그 순간 어떻게 해야 하는지 전혀 모른다. 언제 호명될지도 모른다. 이름이 불리면 일어나 기초과정을 졸업했다는 선언을 듣는다. 잘해낸 그들은 이제 음식 사업을 맡게 된다. 축하할 일이다!

호명된 원생들은 쑥스러운 듯 단상으로 걸어가 모든 사람의 칭찬을 받는다. 처음 받아보는 칭찬이 어색하지만 즐거움이 넘친다. 모두가 그들에게 박수를 보내고 있다.

실버트는 말한다. "대단히 감동적인 순간입니다. 원생들은 졸업생들에게 아낌없는 환호와 박수를 보내지요. 그 자리가 너무 어색해서 몸을 배배 꼬는 덩치 큰 원생도 있고요. 세상에서 가장 아름다운 모습입니다."

무슨 일이 일어나는 걸까? 실버트는 가장 큰 적을 이기는 방법을 알고 있다. 불법적이고 부도적하며 반사회적인 행동에는 강력한 사회 시스템이 있어야 한다. 그렇기에 범죄자들은 무리지어 다닌다. 델런시가 신입 원생들에게 요구하는 건전하고 건강한 행동 또한 강력한 사회 시스템을 요구한다. 실버트는 바로 그런 시스템을 만들기 위해 노력하고 있다. 델런시는 원생들이 건강한 기대가 가득한 완전히 새로운 문화를 만들어간다.

원생들은 델런시에 들어온 날부터 끊임없이 칭찬과 처벌을 받는다. 델런시의 핵심행동은 모두가 모두에게 도전하는 것이다. 실버트는 원생들이 서로에게 긍정적 혹은 부정적 피드백을 일상적으로 제공할 수 있는 구조를 만들었다. 자신과 비슷한 삶을 살았던 사람들이 제공하는 분명하고 빈번한 피드백을 무시하기도, 거부하기도 어렵다.

델런시 변화의 힘은 각 원생들을 속속들이 알고 있는 20-30명의 리더들에게서 나온다. 원생 제임스는 말한다. "누구 어머니가 돌아가셨다는 소식을 들으면 다들 모여서 그를 위로합니다. 우리는 늘 서로를 확인하죠. 서로서로 관심을 주고 지켜보지 않으면 우리는 무너질 테니까요."

소중한 사람들이 끊임없이 제공하는 긍정적 혹은 부정적 피드백에 힘입은 원생들은 변화가 가장 쉬운 길임을 알게 된다. 그렇기에 실버트 공동체를 경험한 사람의 90퍼센트는 변화된 삶을 영위해나간다.

하지만 새로운 문화의 영향권에서 벗어나기는 아주 쉽다. 그냥 델런시 거주지를 나가면 된다. 문은 항상 열려 있고 아무도 그들을 막지 않는다. 그렇지만 이상하고 신기하고 강력한 힘이 원생들을 새로운 소셜 네트워크로 끌어당긴다. 이 마약 밀매자, 도둑, 사기꾼들은 태어나 처음으로 자신을 아껴주는 사람들 집단에 속하게 되었다. 과거보다 더 많은 명령을 받고, 때로는 거친 대우도 받지만, 모두 자신을 위한 것임을 느낀다. 그들이 일일 목표와 주간목표를 달성하면 사람들은 껴안아주고 칭찬해준다.

델런시 원생들은 난생 처음 사회적 행동을 장려하는 사회조직의 구성원이 되었다. 과거 어둠의 동료들은 그들에게 무언가를 원하기만 했고, 일상에서 벗어나 유치장과 교도소 입소를 재촉했다. 그러나 이제 원생들의 새 친구들은 공모자가 아닌 진짜 친구들이다. 동료를 건강한 사람으로 만들려고 노력하는 친구들.

델런시에서는 사회적 영향력의 또 다른 요소를 성공적으로 이용한다. 델런시 리더들은 핵심행동을 강력하게 권장하는 동시에 부정적 행동은 엄중히 책임을 묻는다. 델런시는 그런 환경을 조성했기 때문에 성공할 수 있었다. 원생들에게 믿기 힘든 변화가 일어났다.

델런시에는 모든 영향력 전략에 적용되는 요소가 있다. 칭찬. 개과천선한 범죄자만 칭찬에 반응하는 것은 아니다. 어딘가에 소속되고픈 욕구, 칭찬받고픈 욕구는 인간의 본능이며 거리의 노숙자에서 재벌에 이르기까지 모든 사람에 영향을 미친다.

의사와 병원 경영자들을 상대하는 버윅과 그의 팀은 칭찬에 인색하지 않다. 그들은 항상 칭찬한다. 버윅은 '데이트라인'에 출연할 때마다 핵심행동을 실천하고 생명을 구하는 의사나 병원 경영자와 함께 나온다. 버윅은 말한다. "오래 전에 배웠습니다. 칭찬은 무한히 나눌 수 있다는 사실 말이죠. 내가 칭찬 받을 때, 남도 함께 칭찬해주면 항상 칭친 받는 사람이 됩니다."

요약: 사회적 지원

사회적으로 존경받는 사람은 행동 변화에 엄청난 영향력을 발휘한다. 부담스럽고 혼란스러운 상황에서 존경받는 리더가 지켜보기만 해도 사람들은 적극적으로 행동할 수 있다. 이 '한 사람의 힘'은 친사회적 행동을 장려할 때도 효과적으로 사용할 수 있다.

핵심행동을 하기 힘들거나, 마음에 들지 않거나, 모든 것이 의심스럽다면 변화를 수용하도록 도와줄 '올바른 사람' 즉 오피니언 리더의 지원이 절실히 필요하다. 이런 사람을 찾아서 활용하는 법을 배우라. 오피니언 리더를 무시하면 당신이 위태로워질 것이다.

때때로 행동이 바뀌려면 널리 공유된 규범을 바꿔야 한다. 모두가 변화를 안전하게 받아들일 수 있으려면, 공동체 전 구성원이 제안된 행동 변화에 대해 솔직하게 논의할 수 있어야 한다. 그러기 위해서는 공론화가 필요하다. 반대자들은 그런 공개적 대화가 부적절하다고 주장할 것이다. 토론할 수 없는 문제라며 반대할 것이다. 건전한 토론 대신 침묵을 주장하는 사람들은 무시하라. 위험하고 논란이 있는 주제를 자유롭고 편안하게 토론할 수 있는 분위기를 만들라.

너무 광범위한 나머지, 모든 관련자의 도움이 있어야만 변화가 가능한 경우도 있다. 기존의 소셜 네트워크로 인해 지속적으로 강화되는 습관에서 벗어나야만, 긍정적 지원구조에 연결되고 새로운 네트워크에 합류할 수 있다. 옳은 행동을 지지하고 보상하며 잘못된 행동은 처벌하는 네트워크다. 실버트는 그런 놀라운 일을 직접 보여주었다. 기존의 네트워크를 무너뜨리지 않는 영향력 전략은 희망이 없다.

모든 사람이 진정으로 원하는 것은 칭찬과 수용, 존경과 관계다. 경영자든 부모든 코치든 누구든 관계없이, 이 놀라운 힘의 사용법을 배우라. 세상 그 어떤 것도 바꿀 수 있을 것이다.

7
다수의 힘을 활용하라

> 날아가는 모자를 아까워하지 말라.
> 모자가 날아가면 다른 사람들이 즐거워할 것이다.
> 그들의 즐거움을 빼앗지 말라.
>
> 마크 트웨인

개인들이 서로 협력해 문제를 해결하고, 새로운 목적과 목표를 달성한 사례로 이 장을 시작하려 한다. 뛰어난 인플루엔서 한 명이 시작해 전 세계로 퍼져나간 사회적 운동에 대한 이야기이다.

우리는 인도 중부의 작은 마을에 위치한 양철지붕 건물 안에서 둥글게 앉은 가정주부 5명(타니카, 카마라, 다미니, 파얄, 산쿨)을 발견했다. 그들은 대단히 중요한 회의를 하고 있었다. 지역 소액신용대출기관 SKS에서 소액 융자를 받아 시작하려는 5개의 사업(한 사람이 하나씩) 중 첫 번째 사업에 대해 토론 중이었다.

그들 중 누구도 직장에 다녔거나 창업 교육을 받은 적이 없다. 남편 혹은 전남편 도움 없이 거의 혼자 가정을 꾸려가다시피 했고, 창업에 대해 조언해주는 주변사람도 전혀 없었다. 그래서 그들은 팀을 이뤄 창업하려 한다.

오늘 타니카는 자신이 먼저 사업을 시작하겠다고 말하려 한다. 수많은 인도여성들처럼 찢어지게 가난한 그녀는 창업에 필사적이다.

"내 친구 차트리처럼 달걀사업을 해도 될까요?" 파얄이 수줍게 웃으며 묻는다.

"그건 불가능할 거예요. 투자 규모가 너무 커서 대출을 서너 개는 받아야 하니까요. 더 작은 사업을 생각해야 해요." 산쿨이 반대한다.

"제 사촌은 미니 밴 렌트로 크게 성공했어요." 카마라가 진지하게 말한다.

이번에도 산쿨이 현실을 지적해준다. "그건 더 많은 투자금액이 필요해요. 사촌은 5년 넘게 고생해서 차량을 이용할 수 있었잖아요? 우리는 처음이니까 더 작게 해야죠."

"좋은 생각이 있어요!" 다미니가 제안한다. "뻥튀기 어때요? 돈이 아주 적게 들잖아요. 옆 마을에서 적은 돈으로 재미보고 있는 사람들이 많다고 들었어요."

"그 사업도 문제예요. 뻥튀기하는 사람들이 너무 많아요. 수익이 매우 낮을 수 있어요." 타니카가 말했다.

"그러면 어떤 사업이 좋을까요?" 다미니가 타니카에게 묻는다.

타니카가 제안한다. "우리처럼 사업을 처음 시작하는 사람도 돈을 벌 만한 일이 있어요! 전에 내가 이발소에서 머리카락을 수집해 가발을 만들어 팔았던 것 알죠?"

"그래요. 아름다운 가발이었죠. 하지만 그걸로 먹고살지는 못했잖아요?" 산쿨이 지적한다.

 타니카는 물러서지 않았다. 상황이 너무 절망적이기 때문에 약간 실망스러운 일이 있다 해도 절대 포기하지 않았다. 석 달 전 남편은 수확한 쌀을 헐값에 팔아넘기고 귀가해서는 그녀를 때리고 욕을 퍼부었다. 못생긴 것이 자신을 가난으로 내몰았다고 비난하며 그녀와 세 딸을 내쫓아버렸다. 인도여성들에게 이런 이혼방식은 죽으라는 사형선고와 별다르지 않다.

 하지만 그들은 달랐다. 어느 날 타니카가 끼니를 걱정하고 있을 때, 이웃인 산쿨이 좋은 소식을 갖고 왔다. 도시 사람들이 그녀 같은 여성들에게 창업자금을 대출해준다는 것이다.

 "우리에게 기회가 왔어요!" 산쿨이 말했다. "가난에서 벗어나기 위해 우리가 나설 차례예요." 타니카는 기뻤지만 의아했다. 정말 믿을 수 있는 소식인 걸까? 다들 아는데 나만 모르는 걸까?

 "아무것도 가진 것 없는 가난한 여자들에게 누가 돈을 빌려주죠? 그리고 내가 정말 사업을 할 수 있을까요?" 타니카는 궁금했다.

 빗방울이 양철지붕을 때리기 시작할 때 타니카는 자신이 품었던 생각을 말한다.

 "맞아요. 가발만 만들면 돈을 못 벌어요. 하지만 머리카락을 사들여 모닝에서 기름을 뽑아 건강 제품을 만드는 곳을 알아요. 머리카락을 모으는 새로운 방법을 찾을 수 있다면, 그 회사에 팔아서 가족을 부양할 돈을 벌 수 있을 거예요."

"그래서 어떻게 할 생각인가요?" 가장 수줍음을 많이 타는 파얄이 물었다.

"우리 집 머리빗에 붙은 머리카락을 줄게요. 나한테는 소용이 없으니까요." 다미니가 그녀를 응원했다.

"나도 그럴게요. 우리 이웃들 모두 도와줄 거예요." 카마라도 동조했다.

머리빗에 붙은 머리카락을 달라고 부탁하려 했던 타니카는 동료들의 지원에 한껏 고무되었다.

"나는 사람들을 써서 머리카락을 수집할 생각이었어요." 타니카가 말했다.

"그렇군요. 하지만 사람을 쓰려면 돈이 들 텐데 어떡하려고요?" 산쿨이 물었다.

"애들에게 부탁하려고요." 카마라가 제안했다. "아이들은 돈을 많이 주지 않아도 머리카락을 잘 모아올 거예요."

그때 다미니가 소리쳤다. "장난감이 좋겠어요! 작은 플라스틱 장난감을 사서 머리카락을 모아오는 아이들에게 주는 거예요. 그러면 거의 공짜로 머리카락을 얻을 수 있어요! 수익이 훨씬 늘어날 거예요."

타니카는 원래 구상에 친구들의 아이디어까지 더하여 완전한 사업계획을 세울 수 있었다. 그녀는 20달러를 대출받아 가방 가득 값싼 플라스틱 장난감을 구입한 다음, 마치 산타클로스처럼 장난감 가방을 매고 이 마을 저 마을을 돌아다녔다.

"엄마나 누나 머리빗에 붙은 머리카락을 가져오렴. 그러면 너희들이 좋아하는 장난감을 골라 가질 수 있게 해줄게." 타니카는 동네 아이들을 모아놓고 말한다.

머리카락을 가져오면 장난감을 준다는 소문은 삽시간에 퍼졌다. 사람들은 이 사업가 같지 않은 사업가에게 몰려왔다. 결국 타니카는 머리카락을 팔아 대출금을 갚고 자본금도 마련했다.

일 년 후 수백 명의 여성들이 타니카를 위해 일한다. 그들이 장난감을 사용해 머리카락을 모아 타니카에게 팔면, 그녀는 다시 이문을 남기고 회사에 판다. 타니카는 더는 가족의 끼니를 걱정하지 않는다. 그녀는 빈곤에서 벗어나 가족을 부양할 수 있는 능력을 갖추었으며, 더는 겁먹지도 부끄러워하지도 않는다.

노벨상 수상자가 주는 교훈

여기서 흥미로운 문제가 제기된다. 다른 수많은 사람들이 빈곤에서 벗어나지 못하고 있는데 타니카는 어떻게 성공의 기회를 잡은 걸까? 그 답은 노벨상 수상자에게서 찾을 수 있다. 타니카의 성공 뒤에는 바로 그가 있었다. 부드러운 목소리와 명석한 두뇌를 가진 무하마드 유누스가 그 사람이다. 그는 타니카처럼 빈곤에서 벗어나려는 수많은 사람들을 도와주는 방법을 고안해냈다.

유누스는 미국에서 경제학 박사 학위를 받고 모국인 방글라데시로 돌아와 대학교수로 일했다. 안락한 교수 생활을 하던 그는 캠퍼스 밖에서 수십만 명이 기아로 죽어가고 있다는 사실을 발견했다.

그는 당장 조사에 착수했고, 빈곤의 근본원인은 게으름이 아니라는 사실을 알았다. 열심히 일하지만 임금을 제대로 못 받는 수많은 사람들을 목격할 수 있었다. 한 마을의 주민 42명을 만나본 후, 그는 가장 큰 장벽은 노력의 부족이 아니라 자본의 부족임을 알고 충격을 받았다. 마을에서 전통 농사를 짓는 사람은 거의 없었다. 대부분 자영업을 하고 있었다. 경작할 땅이 없으면 자기 기술을 이용하거나 서비스 산업에 종사하며 근근이 생계를 꾸렸다.

사업이라도 하려면 자금이 필요했다. 대개는 극히 적은 자본이었지만 그마저도 없었기 때문에, 1,000퍼센트 이상의 이자를 착취하는 고리대업자들을 찾아가야 했다. 이자율이 때문에 돈을 번들 빚 갚기에 바빴고, 오히려 빚의 구렁텅이에 빠져 더욱 괴로운 생활을 해야 했다. 유누스는 아름다운 의자를 만드는 솜씨 좋은 여성이 재료비 단돈 5센트가 없어서 가난에서 벗어나지 못하는 모습을 발견하고 충격에 휩싸였다. 단 5센트 때문에!

조사를 마친 그는 결론을 내렸다. 한 가지 핵심행동(마을 사람들이 사업자금을 확보하고 상환할 수 있게 하기)을 할 수 있다면, 그가 면담한 42명의 재정적 상황을 개선할 수 있다고 말이다. 42명에게 필요한 사업자금은 다 합쳐봐야 고작 27달러였다.

유누스는 현지 은행에 가서 42명에게 시장이자율로 내출해달라고 요청했다. 그러나 은행은 담보가 없다며 대출을 거부하고 은행 문을 나서는 그를 비웃었다. 유누스는 냉혹한 은행 규정에 상처를 받았다.

"나는 베개에 머리가 닿기만 하면 몇 초 안에 곯아떨어지는 사람이다. 하지만 그날 밤은 그럴 수 없었다. 신체 건강하고 열심히 일하는 42명의 기술자들에게, 먹고 살기 위해 필요한 27달러도 빌려주지 않는 사회에서 살고 있다는 사실이 부끄러워서 잠을 잘 수 없었다."

30년이 흘렀다. 유누스는 지금 수십억 달러 규모의 그라민 은행을 경영하고 있다. 타니카와 같은 100만 명 이상의 빈민들이 가난에서 벗어나도록 도와준 혁명을 시작한 바로 그 은행이다. 이웃나라 인도에서 타니카에게 필요한 창업자금을 빌려준 소액신용대출기관은 유누스의 노력의 직접적인 결과로 설립된 은행이었다.

이 이야기가 더욱 특별한 이유는, 유누스의 방법이 타니카는 물론 4명의 친구들의 창업과 성공에도 결정적인 영향을 미쳤기 때문이다. 유누스의 도움을 받으면 40명 중에서 39명이 성공한다. 그의 도움을 받은 사람들 98퍼센트는 지독한 가난에서 벗어나기 위해 두 번째 중요한 핵심행동을 했다. 이자까지 지불해 대출금을 완전히 변제한 것이다.

성공한 사업가들은 가족들을 가난의 늪에서 구해냈다. 자녀를 교육시킬 수 있었기에 아이들의 학력도 높아졌다. 하루 종일 일해서 고작 2센트를 손에 쥐었던 마을 사람들은 이제 수입이 쏠쏠한 자기 사업을 운영하며 아이들도 대학에 보내고 있다.

이 감동적인 이야기에서 눈여겨봐야 할 대목은, 영향력 대가인 유누스가 가난에 찌든 고객들이 핵심행동을 할 수 있게 독려한 방법과 전략이다. 무담보대출금을 98퍼센트나 상환하게 만든 영향력의 마법은 무엇일까? 우리는 영향력을 발휘하려고 할 때 어떤 전략을 사용할 것인가?

유누스는 그들을 돕기 위해 이 책에 언급한 모든 방법을 사용했다. 그가 하려고 하는 일은 너무 거대했기에 한 가지만으로는 가능하지 않았다. 그래서 모든 방법을 사용한 것이다. 하지만 우리는 타니카와 친구들을 통해 또 하나의 효과적인 영향력 도구, 즉 사회적 자본을 확인할 수 있다.

유누스는 타니카에게 사업계획을 제출하라고 요구하지 않았다. 그 대신 네 명의 이웃과 팀을 만들어 서로 사업계획을 제출하여 공동 검토할 것을 요구했다. 대출 받을 때 네 친구는 타니카에게 연대보증을 서 주었다! 타니카가 친구들에게 그녀의 사업이 성공하리라는 확신을 주었다는 뜻이다. 당연히 그녀는 친구들과 함께 사업계획을 작성했을 것이다.

그들은 직장에 다닌 적도 없고, 학벌도 보잘것없었다. 당장 끼니를 걱정하는 형편이었으면서도 사업 실패를 대비해 서로의 보증인이 되어주었다. 그런 그들이기에 설익은 아이디어는 용납되지 않았다. 다섯 명이 함께 머리를 맞대어 현명하고 실행 가능한 계획을 세울 수 있었다.

사회적 자본을 이용하라

우리는 앞장에서 다른 사람들이 우리에게 동기를 부여할 수 있다는 것을 배웠다. 이 장에서 살펴볼 것은 영향력의 두 가지 사회적 요소 중 두 번째인 사회적 능력이다. 친구의 도움도 성공을 좌우하는 커다란 요인이 된다. 친구들은 우리에게 머리를 빌려주고, 손을 빌려주고, 여타 개인적 자원을 이용할 수 있게 해준다. 즉 우리에게 사회적 자본을 제공한다. 실제로 친구들의 도움을 약간만 받아도 개인의 능력보다 훨씬 더 큰 힘을 만들 수 있다. 물론 사회적 자본을 이용하는 방법을 알았을 때만 그렇다. 사회적 자본은 인적 네트워크에서 나온다. 유누스 역시 이 힘을 이용했다.

인기 저술가 제임스 서로위키 James Surowiecki는 타니카가 성공적인 사업계획을 제시할 수 있었던 방법을 설명한다. 서로위키는 자신의 책 《대중의 지혜》에서 말한 개념이 이미 오래 전 다른 사람이 생각해낸 개념임을 밝혔다. 그는 첫 문장에서 영국의 과학자 프랜시스 골튼을 지적한다. 골튼은 지적 수준이 서로 다른 사람들로 이루어진 집단이 개인보다 더 좋은 성과를 낸다는 것을 증명하기 위해 통계적 방법을 사용했다.

지역 가축시장에 나온 787명의 현지주민들이 도살되는 황소의 무게를 추정할 때, 골튼은 그들이 추정한 무게의 평균치 1,197 파운드를 황소의 무게로 예상했다. 황소의 실제 무게는 1,198 파운드였다. 집단 추정치 평균이 실제 무게와 거의 일치했다. 서로위키는 이렇게 말한다. "올바른 환경일 때 집단의 지적 수준은 대단히 높다. 그 집단 속에서 가장 똑똑한 사람보다 더 똑똑한 경우가 많다."

서로위키가 집단은 가장 현명한 개인들보다 더 현명할 수 있다는 개념을 대중화하기 한참 전에, 유누스는 이미 그 개념을 소액신용대출 사업에 적용했다. 직장에 다닌 적이 없는 5명의 주부들이 서로 머리를 맞대어 타니카의 구상을 완벽한 사업계획으로 만들었다. 한 사람의 생각은 완벽하지 못했지만, 각자 지혜를 모아 성공하는 방법을 생각해냈다. 그들은 무지했지만 서로 머리를 짜냄으로써 마을에서 팔릴 만한 제품과 서비스를 찾아냈다.

사회적 자본에는 언제 어떻게 투자하나

때때로 행동의 근본적 변화를 위해서는 다른 사람들의 도움이 필요하다. 버윅팀이 미국 병원에서 부주의한 실수로 사망하는 10만 명의 환자의 생명을 구하고 싶으면 의사, 간호사, 행정관리자, 병원관리인의 참여와 도움을 얻어야 한다. 전과자들과 함께 생활하는 실버트도 마찬가지다. 그녀는 원생들의 도움을 기대하는 수준을 넘어 아예 원생들의 인식 자체를 바꾸어놓았다.

당신의 변화 전략은 당신 이외의 다른 사람의 도움을 요구하기도 한다. 당신은 다이어드 수칙을 지키는 것은 개인의 의시에 달려 있다고 생각할지 모른다. 혼자 있을 때 사과파이와 사과 가운데 어떤 것을 선택할지 결정하는 것은 전적으로 당신의 의지에 달려있다. 하지만 당신이 항상 혼자라고 가정하는 것은 잘못된 생각이다. 핵심행동을 하는 주체는 개인이지만, 집단은 변화를 가져오는 데 엄청난 영향을 미친다.

성매매 여성들은 콘돔을 거부하는 술 취한 고객들에게서 위협을 느꼈지만, 위왓은 그들에게 영향력을 발휘하여 콘돔 사용 확산에 성공했다. 고객을 맞는 것은 개인이지만, 다른 수십 명의 사람들이 그녀의 성공을 도와줬다. 현명한 인플루엔서들은 항상 개인의 결정적 순간의 성공을 위해 충분한 사회적 지원을 받는 법을 생각한다.

도전적 변화를 얻어내려면 정확히 언제 사회적 자본을 형성해야 하는가?

다른 사람들이 문제의 원인이 될 때

사람들이 회사에서 흔히 겪는 문제를 생각해보자. 이 이야기는 직장에서 성공하기 위해 다른 사람들의 도움을 받아야 한다는 사실을 잘 보여준다.

우리의 친구 제스는 지금 올림픽에 나간 권투선수처럼 땀을 흘리고 있다. 거짓말을 하려 하는데 들킬까 겁을 먹었기 때문이다. 아무 내색 없이 거짓 패를 내미는 포커 선수와 달리, 그는 거짓말을 못하는 티를 완연히 내고 있다. 진땀을 흘릴 뿐 아니라 방안 반대편에서도 알 수 있을 정도로 왼쪽 눈을 심하게 씰룩거린다. 제스는 말을 시작할 때, 목구멍이 빨대 크기로 오그라드는 것을 느꼈다. 거짓말을 못한다는 또 다른 증거다. 그는 헛기침을 하는 척하며, 간신히 기어 들어가는 목소리로 자신을 난처하게 만들 엄청난 거짓말을 한다.

"아무 문제없습니다. 정상대로 진행되고 있습니다."

제스만 그런 것이 아니다. 제품개발 회의에 참가한 모든 사람이 진실을 왜곡하고 있었다. 제스가 일하는 1,500명의 소프트웨어 개발 그룹에서 동료와 상사들에게 프로젝트가 예정로도 진행되지 않는데도 잘 되고 있다고 거짓말하는 것은 뿌리 깊은 관행이었다. 진행 상태에 대한 거짓말이 얼마나 빈번한지, 제스와 동료들은 그 거짓말 행위에 이름까지 붙여주었다. '프로젝트 치킨project chicken'이다.

이 거짓말 게임을 어떻게 하는지 아는가? 당신은 다른 누군가가 기한 연장을 실토할 거라 기대하고, 프로젝트에서 당신이 맡은 부분은 잘 진행되고 있다고 말한다. 배짱 없는 사람이 "시간이 더 필요합니다"라고 말하면 그는 겁쟁이(치킨)가 된다. 한 사람만 바보가 되면 다른 모든 사람은 안전해진다. 겁쟁이 하나 덕분에 기한이 연장되어 곤경에서 벗어나는 것이다. 괜히 내가 겁쟁이가 될 필요는 없다. 나는 실패를 인정하지 않아도 된다. 이날 회의에서 대부분의 팀 리더들은 제스처럼 모두 뒷전에 물러나 있었다. 그들 누구도 실패를 인정하지 않으려 할 것이다. 그러나 아무도 이탈하지 않으면 기한은 연장되지 않고, 그 결과 주력제품 개발 프로젝트는 완전한 실패로 끝나고 만다.

내가 이 소프트웨이 회사와 처음 일을 시작힐 때, 이미 회사는 파산직전의 상황이었다. 수년 동안 신제품 출시 목표 일자를 한 번도 맞춘 적이 없었다. 신제품 출시에도 예상보다 두 배의 비용이 들었다. 직원들의 사기는 땅에 떨어졌고, 제품에는 항상 문제가 생겼으며, 유능한 인재들은 이미 회사를 떠나고 있었다.

새로 임명된 개발담당 부사장 마이크는 이 상황을 반전시키라는 중차대한 임무를 맡게 되었다. 그는 이미 자신이 영향력을 발휘해야 하는 핵심행동이 무엇인지 알고 있었다. 직원들에게 동기를 부여하고, 문제 발생 초기에 그들이 솔직하고 자유롭게 이야기하도록 만든다면 된다. 그렇게 만드는 방법만 알게 되면 직원들 사기도 높아지고, 원가를 절감하며, 프로젝트도 일정 내에 완성될 것이다. 그러나 쉽지 않은 일이었다.

내가 마이크를 처음 만났을 때, 그는 이미 여러 가지 전략을 시도한 경험을 갖고 있었다. 먼저 커뮤니케이션 교육을 실시했다. 오피니언 리더들을 찾아서 문제해결을 도와달라고 부탁도 했다. 행동 변화가 있는지 설문조사도 실시했다. 하지만 아무 소용이 없었다. 이제 자신이 보여줄 수 있는 것은 실패를 증명하는 데이터 밖에 없다며 허탈해했다.

마이크가 이 게임에서 깨닫지 못했던 사실이 있다. 제스와 동료들은 회의석상에서 기한에 대해 독자적인 결정을 내리지 못한다는 점이었다. 사실상 거짓말하는 풍토는 매니저, 이사, 부사장들로 인해 강화되었다. 심지어 마이크도 자기도 모르는 사이에 회의 참석자들에게 좋은 소식만 보고하게끔 부추겼다. 집단적으로 행해진 거짓말이기 때문에 이를 바꾸려면 집단을 참여시켜야 한다. 마이크는 이 사회적 자본을 어떻게 이용할 수 있을까?

　비슷한 문제를 성공적으로 해결한 사례도 있다. 나는 거스 제이펫을 만나기 위해 14,500킬로미터 떨어진 남아프리카공화국으로 날아갔다. 제이펫은 누구보다 오래, 열심히, 사려 깊게 사회적 자본 형성 방법을 연구한 사람이다. 그는 '내' 문제를 '우리' 문제로 바꾸는 데 탁월한 재주가 있었다.

　제이펫은 원래 의사였지만 진로를 완전히 바꿔 현재 에이즈 퇴치 운동, 영아사망률 낮추기 운동, 영양개선운동을 펼친 남아공의 핵심 미디어그룹 소울시티의 CEO로 활동한다. 최근에는 여성폭력 예방에 전력을 기울이고 있다. 제이펫은 남아공 내에서 여성들에 대한 폭력이 극에 달했다고 보고 이 문제에 관심을 가졌다. 남아공에서는 여성 9명 중 1명은 살면서 적어도 1번은 강간당한다. 5명 중 1명은 배우자에게 신체적·감정적 학대를 당한다.

　제이펫은 여성들에게 "이 모든 것을 견뎌내고 폭력적 남성들을 몰아내야 한다"고 가르치기만 해서는 이 뿌리 깊은 문제를 해결할 수 없다는 사실을 알았다. 그는 문제를 해결하려면 문제를 일으킨 모든 사람을 참여시켜야 한다고 생각했다.

　물론 남아공에는 남녀를 불문하고 학대를 반대하는 사람들이 많다. 하지만 이 사람들은 사회의 경멸스러운 악습을 바꾸지 못했다. 그들이 충분한 영향력을 발휘하지 못했기 때문이다. 그래서 제이펫은 한 가지 방법을 제시했다.

　"우리는 텔레비전 프로그램 '소울시티'에서 의도적으로 사랑스러운 아내 매트라카라를 습관적으로 학대하는, 존경받는 교사 타방을 주인공으로 설정했습니다. 남녀노소를 불구하고 시청자들은 그녀가 부당한 학대를 당한다고 생각했지요. 그녀는 사랑스럽고 상냥하여, 학대당할 이유가 없으니까요. 타방 역시 대단히 합리적이고 친절하여 이웃의 존경을 받는 사람이었습니다."

작가들은 관심 있는 친구와 이웃이 어떻게 이 문제의 해결을 도와줄 수 있는지 보여주었다. 소울시티의 연구고문으로 일한 아빈드 싱할은 이렇게 말한다. "어느 날 드라마에서, 이웃사람들은 타방이 불쌍한 매트라카라에게 폭력을 휘두르는 소리를 들었습니다. 폭력이 계속되자 그들은 더는 참을 수 없어, 타방에게 경고 신호를 보내기로 했지요. 그런데 어떻게 알려주면 좋을까요? 어떻게 해야 남의 집일에 주제넘게 나선다는 인상을 주지 않으면서 타방에서 경고할 수 있을까요? 어떻게 해야 신체적 위험을 피하면서 알려줄 수 있을까요? 대놓고 타방에게 직접 말했다가는 오히려 해코지를 당할 수도 있을 것입니다.

폭력을 행사하는 이웃에게 경고와 비난의 메시지를 전하기 위해, 이웃들은 타방의 집 앞에 모여서 냄비와 솥을 두드리기 시작했습니다. 그들은 아무 말 없이 그냥 냄비와 솥만 두드렸지요." 당황한 타방은 행동을 바꾸기 시작한다.

드라마가 방영된 이후, 전혀 예상치 못한 일이 벌어졌다. 남아공 전역의 흑인 거주 지역 사람들이 옆집에서 배우자를 학대하는 소리가 들리면 그 집 앞에서 냄비와 솥을 두드리기 시작한 것이다.

대리경험의 마법이 통했다. 남성들은 더는 아내를 학대해서는 안 되며, 학대하면 벌을 받는다는 분명한 메시지가 나왔다. 폭력적 행동과 그 행동을 방조하는 집단적 침묵은 새로운 규범이 될 수 없었다.

제이펫은 행위자 집단이 나쁜 행동을 강화했다면 모든 관련자들이 참여해 행동변화를 위해 노력해야 한다고 생각했다. 이 경우에는 이웃들이 방관하고 명백한 학대가 지속되는 것을 방조하며, 문제를 일으킨 책임이 있으므로 그들이 나서서 공동선을 위해 변화를 이끌어야 했다.

이제 마이크가 어떻게 '프로젝트 치킨' 게임을 없앴는지 알아보자. 처음에 그는 제스의 상사, 이사 등이 문제를 키우는 데 한 몫 했다는 것은 생각하지 않고 직원들에게만 책임을 물어서 문제를 해결하려 했다. 자신이 미처 생각하지 못한 부분을 깨달은 마이크는 완전히 다른 접근방법을 취했다. 교육훈련부서에 프로젝트 문제와 관련하여 결정적 순간의 대화법을 사람들에게 가르칠 것을 요청한 것이다. 그 다음에는 조직의 모든 리더에게 강사로 나설 것을 명했다. 모든 것을 바꿔놓은 탁월한 전략이었다.

이전에 솔직하게 말하지 말라고 은근한 신호를 보냈던 바로 그 매니저가, 위험한 문제에 대해 솔직하게 말하는 법에 대한 2시간 교육을 2주에 한 번씩 실시했다. 제스는 첫 번째 교육에는 소극적이고 냉소적인 태도로 참가했다. 세 번째 교육에서 그는 매니저에 대한 관심이 생겼다. 교육을 맡은 매니저는 특별한 책임감을 느꼈다. 여섯 번째 교육에서 제스의 많은 동료들이 말을 하기 시작했다. 불과 몇 달 만에 강력한 새로운 규범이 나타났고, 압박을 받을 때도 솔직하게 말해야 한다는 마이크의 핵심행동이 정착되었다. 조직은 일 년 만에 예정된 시간에 배정된 예산을 초과하지 않고 두 개의 신제품을 내놓을 수 있었고, 직원들의 사기는 그 어느 때보다 높아졌다.*

이번에는 우리의 친구 헨리를 통해 사회적 자본이 가정에서 어떻게 적용될 수 있는지 살펴보자. 그는 건강에 좋은 음식을 먹고 살을 빼기 위해 평생 노력하고 있다. 그런데 동료나 친구, 가족들은 헨리의 다이어트를 돕기는커녕 오히려 방해하고 있다는 사실을 발견했다! 그들은 진정으로 헨리를 위해 행동하지 않는다. 헨리의 몸에 대해 범죄를 저지르며 공범처럼 행동한다. 헨리를 근사한 식당으로 데려가 기름지고 맛있는 음식을 먹이고, 그가 좋아하지만 먹지 말아야 하는 음식을 선물하고, 냉장고를 온갖 건강에 유해한 음식재료로 가득 채워놓는다. 다이어트에 관한 한 헨리가 어떤 식으로든 살을 뺄 수 있도록 도운 사람은 단 한 명도 없었다.

어느 날 헨리는 아내에게 초콜릿을 그만 사오라고 부탁했지만 그녀는 그저 깔깔거리며 웃을 뿐이었다. 아무리 초콜릿을 먹어도 살이 찌지 않으니 그녀는 초콜릿을 포기할 이유가 없었다. 하지만 헨리는 혼자 하는 다이어트가 얼마나 어려운지 잘 알고 있다. "여보! 나도 같은 집에서 살고 있는데 이러면 어떡해요? 초콜릿 냄새 때문에 돌아버리겠어요!"

* 이 사례와 그밖의 다른 연구는 www.vitalsmarts.com/corporatecasestudies.aspx에서 볼 수 있다.

타인의 도움이 얼마나 중요한지 알게 된 것은 그의 예민한 후각 덕분만은 아니다. 헨리는 최근 콜레스테롤 수치를 낮추기 위해 노력하는 사람들에 대한 앨버트 반두라의 연구논문을 읽고 있다. 그 중 배우자가 프로그램에 함께 참가한 실험자의 콜레스테롤수치가 크게 낮아졌다는 것을 알 수 있었다.

이제 헨리는 다이어트를 방해하는 사람들을 찾아가 도움을 요청해야 한다. 거부감을 주고 비난을 불러일으키는 방식이 아니라, 진정한 대화가 이루어질 수 있도록 다른 사람들에게 요청해야 한다.

혼자 힘으로 성공할 수 없을 때

존 던의 말처럼 사람은 섬이 아니다. 주변 사람들이 문제를 일으켜 당신을 괴롭혔더라도, 그들을 공격하고 비난하고픈 충동을 떨쳐버려라. 오히려 그들의 도움을 구하라. 나의 문제를 우리의 문제로 바꾸라. 끈질기고 어려운 문제를 해결하기 위해 사회적 자본을 형성하라.

상호의존성. 여러 사람이 함께 노력해야 하는 핵심행동일 때, 즉 아무도 혼자 힘으로는 핵심행동에 성공할 수 없는 경우라면 팀이 함께 노력할 수 있는 능력을 길러야 한다. 과거 고도의 기술을 가진 장인이 혼자서 솥, 양초, 공예 등을 만들던 시대가 있었다. 오늘날 기업의 성공은 전문가들에게 달려 있다. 하지민 현대 진문가들은 파거의 장인들처럼 전문적 기술을 가지고 있어도 서로 의존하고 보완하며 과제를 완수한다.

일반적으로 소프트웨어 개발팀은 코드 라이터code writer, 디자이너, 마케터, 작가, 영업사원으로 구성되어 있다. 여러 개발 단계에서 모든 사람이 연결되고, 그들의 진행상황이 인터넷에 올라와야 하며, 서로 협력하는 법을 찾아야 한다. 이러한 개념을 이해하지 못하는 리더들은 잘못된 영향력을 발휘했다가 결실이 없으면 실망할 것이다.

나와 동료들은 적시재고just-in-time inventory 시스템으로 전환해 비용을 낮추려는 생산 팀과 일한 적이 있다. 이러한 시스템 전환은 회사에서 제품이 생산라인을 거칠 때 더 이상 부분과 중간과정에 재고를 쌓아두지 않겠다는 뜻이다. 한 전문가가 자신이 마친 일을 다음 전문가에게 넘긴다. 그렇게 하지 않고 그냥 책상서랍에 일거리를 넣어둔다면 다음 사람은 놀게 된다. 이 새로운 구상에는 완벽한 타이밍이 필수요소다. 각 단계별로 시간이 정확하게 맞아야 한다. 진정한 협력도 필요하다. 한 사람이 속도가 늦거나 빠르거나, 예상치 못한 중단사태가 발생하거나, 품질기준을 충족시키지 못하면 이전 단계의 사람과 다음 단계의 사람이 조율해야만 한다.

회사는 적시재고 시스템을 도입할 때, 직원들 사이에 재고를 쌓아두는 낡은 시스템 때문에 직원들이 협력하지 못한다고 생각했다. 하지만 직원들이 이전 단계와 다음 단계의 사람들에 의존하게 되자, 말다툼과 불평과 자리를 바꿔달라는 요구가 빗발쳤다. 감독자들은 직원들의 문제 해결을 도와주기 위해 적극적으로 개입했고, 하루 종일 다툼을 중재하는 데 바빴다.

이 회사가 적시재고 시스템으로 전환할 준비가 되어 있지 않다는 사실이 명백해졌다. 협력에 필요한 사회적 자본을 확보하지 못한 탓이다. 경영자들은 상호의존관계에 기초하여 작업을 설계했지만, 직원들에게는 대인관계에서의 문제해결 능력과 서로에게 책임을 물을 수 있는 능력이 부족했다. 이전부터 서로 격리된 채 작업해왔기 때문에 효과적으로 협력하기 어려웠던 것이다. 직원들은 동료들과 일하면서 놀 수 없었다.

회사는 직원들이 대인관계에서의 문제해결력을 기르기 위한 교육을 받을 때까지 새로운 재고 시스템의 실행을 유보했다. 상호의존성은 아이디어를 나누고, 자료를 제공하고, 업무를 도와주고, 개인적 욕구보다 집단의 욕구를 우선하고, 자발적으로 협력할 것을 요구한다. 상호의존적 관계에 있는 직원들이 협력하며 새롭고 더 좋은 방법을 찾을 수 있도록 도와주지 않으면 직원들 간에 경쟁관계가 형성되고 그들의 사회적 자본을 충분하게 이용할 수 없게 된다.

새로움. 타니카 팀은 사회적 자본을 요하는 또 다른 환경을 보여준다. 타니카와 친구들은 전문가가 아니었고 이제껏 겪어보지 못한 새로운 문제에 직면했지만, 장난감을 머리카락과 바꾼다는 계획을 생각해낼 수 있었다. 한 사람이 아니라 다섯 사람이 머리를 짜내 생각해낸 계획이었다. 혼자서는 올바른 아이디어를 떠올릴 수 없다. 처음에 기본 아이디어가 나왔을 때 여러 의견이 제시되어 수정되었고, 다섯 사람 모두가 조금씩 기여하며 멋진 전략을 만들었다. 혼자 힘으로는 만들 수 없는 전략이었다.

새로운 해결방법을 요구하는 변화의 시대에는 여러 사람의 머리가 한 사람의 머리보다 낫다. 유누스는 창업계획을 여럿이 모여세우라고 요구한다. 소액신용대출자들이 항상 팀으로 일을 하고, 팀으로 생각하고, 매주 만나서 함께 아이디어를 모을 수 있게 말이다. 그라민 은행은 협력을 통한 시너지에 기초하고 있다.

위험. 우리가 연구한 인플루엔서들 가운데 큰 위기에 직면한 사람들은 그 위기를 줄이는 수단으로 주로 사회적 자본을 이용했다. 상습 범죄자를 모범 시민으로 바꿔놓은 실버트 박사도 그 중 한 명이다. 실버트의 보호를 받는 사람들이 일상적으로 해왔던 일을 생각해보면 그녀와 델런시 스트리트가 얼마나 큰 위기에 직면했는지 알게 된다.

매일 약 100명 정도의 샌프란시스코 지역 델런시 원생들이 베이 에어리어Bay Area 건너편 주택가에 들어가 귀중한 물건들을 옮긴다. 그들이 델런시에 오기 전부터 해왔던 일이다. 차이점이 있다면, 과거에는 도둑질이었으나 지금은 델런시 이삿짐 센터 소속으로 짐을 나르고 있다는 점이다. 옛날에는 가구와 물건 등을 몰래 훔쳐 생계를 유지했지만, 지금은 합법적으로 옮겨 생계를 유지하고 있다.

그들의 전과를 생각해보면 매우 위험한 비즈니스다. 하지만 이사 과정에서 분실 혹은 도난사건은 발생하지 않는다. 모든 물건이 그대로 새 집에 옮겨진다. 델런시가 베이 에어리어에서 가장 큰 이삿짐 센터가 될 수 있었던 이유다. 진주목걸이 하나라도 분실되었다면 어떻게 되었겠는가? 델런시의 신뢰도는 땅에 떨어지고 100명의 일자리가 사라질 것이다. 큰 위험 요소를 안고 있지만 델런시는 아무 문제없이 잘해왔다.

알코올이나 마약 금단현상을 겪고 있는 원생들이 있는 델런시 식당이 고객에게 술을 제공한다는 사실도 놀랍지 않은가. 이 어이없는 상황을 들은 나는 실버트에게 물었다. "상식적으로 이해가 되지 않아요. 그러다가 다시 과거로 되돌아가는 사람은 어떡하나요?" 그녀는 주저 없이 대답했다. "아뇨, 그런 사람은 없어요. 다시 알코올이나 마약 중독자가 되는 경우는 없답니다." 그러나 내가 재차 묻자 일년 전 누군가 다시 마약에 손을 댔음을 기억하고 인정했다. 그렇다 해도 일반 자활프로그램의 성공률이 극히 낮다는 점을 고려하면 정말 놀라운 성공이다.

실버트는 도둑이었던 사람들에게 이삿짐센터 일을 맡기고, 이전 알코올 중독자들에게 주류 서빙을 맡긴다. 그런데도 문제가 발생하지 않는다. 실버트는 이 전략의 성공 요인을 델런시의 복잡하고 철저하며 강력한 사회적 시스템이라고 주장한다. 이 조직에는 어떠한 전문가도 없다. 놀라운 사회적 자본만 있을 뿐이다. 델런시의 힘은 실버트가 30여 년 동안 형성한 상호 보완적 관계망에서 나온다.

실버트는 원생들 서로 교육, 지도, 멘토링을 제공하는 구조를 만들었다. 들어온 지 하루 밖에 되지 않은 원생이 방금 들어온 원생을 돕는다. 신입 원생이 교육을 못 받고, 범죄 기술만 있고, 술에 취해 살았어도 결국에는 멘토링, 코칭, 교육의 박사가 된다. 델런시의 놀라운 성공은 여기서 비롯된다.

실버트는 말한다. "조금이라도 배운 것을 다른 사람들에게 가르쳐요. 하나를 배우면 그 하나를 가르치죠. 항상 새로운 사람이 이곳에 들어와요. 당신이 어제 들어왔어도 누군가 말합니다. '저 사람을 보살펴주세요.' 그 이후에 사람들은 당신에 대한 이야기보다는 당신이 멘티에게 어떻게 하는지를 이야기합니다."

델런시는 사람들이 서로 도울 수 있도록 마음속에 한 가지 목표를 갖게 독려한다. 사람들은 불안하고 의심하며 델런시에 입소하지만 곧 동료들의 지원을 극대화하는 문화와 언어에 익숙해지고 풍부한 사회적 자본을 경험한다.

델런시에 신입 원생이 들어오면 각기 다른 인종으로 이루어진 9인실에 배정된다. 그리고 서로 다른 방 출신들로 구성된 '10인 회의'에 소속된다. 유대 전통에서 기원한 이 회의는 10명의 성인으로 이루어진다. 공적인 일을 실행하려면 10인 회의에 전원 참석하여 논의해야 한다. 델런시의 10인 회의는 원생들이 혼자 할 수 없는 일을 할 수 있게 해주는 일종의 자활그룹이다. 10인 회의에서 사회적 자본을 만들어내고 있는 것이다.

10인 회의 리더들은 원생들의 성장을 책임지며, 그들의 욕구를 충족시키고, 그들을 감독할 책임이 있다. 10인 회의는 다시 '이발사'의 감독을 받는다. 거리의 은어인 '헤어컷haircut'은 꾸중, 호통을 의미한다. 델런시에는 10인 회의의 모든 사람이 다른 사람들에게 도전하게 할 수 있는 역할을 맡은 사람이 있는데, 그가 바로 이발사다.

사회적 자본은 여러 가지 형태로 이용된다. 원생들은 자기보다 늦게 들어온 사람을 가르쳐준다. 델런시에 들어오는 사람들 대부분은 중학교 1학년의 이하의 학력을 가지고 있지만, 최소한 고등학교 졸업자격을 획득해야 델런시를 떠날 수 있다. 전문 교사 한 명도 없는 델런시는 이처럼 놀라운 성과를 얻었다. 서로에게 가르칠 수 있는 사회적 자본을 형성했기 때문이다.

연애에 대해서는 어떻게 서로 가르치고 모범을 보여줄까? "솔직히 우리는 제대로 된 연애를 잘 못해요. 올바른 사랑을 하려면 우선 연애=섹스가 아니라는 사실부터 깨달아야 해요. 여기 친구들은 관계가 어려워지면 '에이, 난 몰라!' 하고 포기해버리려 하죠." 원생 제임스는 솔직하게 인정한다. "

델런시에서는 데이트 경험이 있는 커플들이 나중에 들어온 커플을 지도한다. 데이트는 입소 후 6개월이 지나야 허용된다. 데이트할 때 어떤 행동과 대화를 해야 하는지 알려준다. 새로운 커플이 처음 데이트할 때는 '이발사'가 함께 따라 나가며 두 사람이 올바른 행동을 하도록 코치한다.

이것은 전문 인력을 갖추지 않은 조직이 어떻게 사람들의 행동과 삶을 변화시키는 사회적 자본에 투자했는지 보여주는 작은 예에 불과하다. 만일 자선사업가들이 델런시에서 전문교사, 카운슬러, 코치를 고용할 수 있도록 10억 달러를 기부한다면, 실버트 박사가 허락할까? 낭연히 허락하시 않을 것이나. 원생들은 타인을 도움으로써 스스로를 돕는다. 교사들은 학생들보다 더 많이 배우고, 멘토는 멘

티보다 더 많이 배우며, 교육하는 사람은 교육받는 사람보다 많이 배운다. 이처럼 학습이 훌륭하게 진행되고 있는데 왜 이 일을 전문가들에게 맡기겠는가?

최근 몇몇 기업들이 사회적 자본을 이용해 위험을 줄이는 방법을 터득하기 시작했다. 실리콘밸리의 투자자들은 신생기업들이 위험한 창업초기 단계에서 생존하도록 돕기 위해 '비즈니스 인큐베이터'를 만들었다. 여러 분야의 전문가들이 신생기업에 필요한 지식과 기술을 무료로 제공하는 시스템이다.

개인적 차원에서도 타인과의 연계를 통해 사회적 자본을 형성할 필요성이 그 어느 때보다 커졌다. 브리티시 텔레컴의 톰 보일은 타인과의 연계능력의 중요성을 강조하기 위해 NQ(네트워크 지수)라는 용어를 만들어냈다. 그는 직업적 측면에서 개인의 NQ는 IQ보다 중요하다고 주장한다. 우리는 모든 것을 알지 못하기에 우리의 부족함을 채워줄 수 있는 사람을 찾아야 한다. 최근의 연구에 따르면, 성공한 사람들은 대부분 전문지식을 얻고 민감한 요청도 할 수 있는 인적 네트워크를 보유하고 있다. 성공하는 사람들은 자신을 외딴 섬으로 여기지 않으며, 인적 네트워크를 통해 자신의 약점을 보완한다.

변화하고, 복잡하고, 혼란스럽고, 위험한 시기에는 창의적 해결책이 절실히 필요하다. 그러나 한 개인이 그것을 생각해내기란 불가능하다. 집단의 지혜를 빌려야 한다. 유누스의 선례를 따르라. 창의성과 다양한 견해를 요구되는 문제는 팀을 만들어서 해결하라. 기존 인적 자원을 최대한 이용하고, 위험성을 줄이고 싶다면 델런시의 선례를 따르라. 숙련된 직원들을 코치, 교사, 강사, 멘토로 만들라.

맹점. 핵심행동에 영향을 미치는 수단으로 사회적 지원이 필요한 상황에서, 외부인만 줄 수 있는 피드백이 있다. 독학으로 테니스를 배운 사람이 같은 시간 동안 전문 코치에게 배운 사람과 경기를 한다면, 전문가의 실시간 피드백이 얼마나 귀중한지 알게 될 것이다. 대부분의 사람들이 인생의 조언을 구하기 위해 코치를 찾을 거라 생각하는가? 그렇지 않다. 소수의 사람만 외부인에게 피드백을 요청한다.

하지만 예외가 있다. 환자의 심장에 관을 넣는 등 위험한 수술을 하는 의사들은 실시간으로 코칭을 받는다. 그들은 코칭의 중요성을 오래 전부터 배웠다. 일반적으로 의사들은 다른 의사들의 수술을 참관하지 못한다. 그래서 정확한 처치방법을 알지 못하며, 새로운 수술법을 시도하는 것도 어려워한다. 이럴 때는 코치로부터 실시간으로 피드백을 받으면서 처치를 시도해야 한다.

비즈니스 리더들은 실시간 코칭을 염두에 두지 않는다. 간헐적으로 조언을 구하기는 해도, 실시간 코칭을 제공하는 기업은 거의 없다. 이런 풍토는 바뀌어야 한다.

나는 연설 능력은 떨어지지만 활기 넘치는 경영자 로렌과 함께 일할 때, 그녀에게 스피치 코치를 소개해주었다. 놀랍게도 불과 몇 시간 만에 '인간 수면제'이던 그녀가 '매력적인 연설가'로 변신했다. 로렌은 스피치 강연을 듣거나 관련 서적을 읽지도 않았다. 실시간으로 피드백을 받으면서 말하는 법을 연습했을 뿐이다. 그녀는 즉석에서 "속도를 10퍼센트 정도 빠르게 하세요." "'성공적'이라고 말하고 서는 잠시 멈추세요" 등의 피드백을 받았다. 4시간 동안 지도를 받은 로런은 뛰어난 화술을 보여줬다. 아마 피드백이 없었으면 몇 달은 걸렸을 것이다.

 잘못된 방향을 보고 있으면, 자신이 하고 있는 행동이 효과적인지 아닌지 정확하게 알 수 없다. 사회적 자본에 투자하라. 전문가의 실시간 피드백을 요청하라.

집단 연대. 윌리엄 포스터 로이드는 1833년 발표한 우화에서 후일 '공유지의 비극tragedy of the commons'으로 알려진 문제를 제기했다. 공유지에서 양들이 자유롭게 풀을 뜯을 수 있도록 허가한 마을이 있었다. 그러나 좋은 의도로 실시된 이 정책은 공공의 재난을 낳았다. 농부들이 부유해지자 풀을 뜯는 양들이 늘어났고, 수많은 양들이 풀을 뜯게 되자 공유지는 황폐해지고 말았다. 개인에게 이익이 되는 일이 전체에게는 해가 되었다.

 이런 상황은 어디에서나 일어난다. 고속도로가 꽉 막혀 있다. 가다 서다를 반복하며 한 시간을 가다가 정체의 원인과 마주친다. 한 차선에 큰 상자가 떨어져 있다. 그것이 정체의 원인이었다. 상자를 무시하고 그냥 지나가면 당신에게는 이익이지만 뒤따라오는 모든 사람에게는 해가 된다. 반면 자신의 이익을 희생하고 차 밖으로 나와서 상자를 치우면 뒤따라오는 모든 사람이 이익을 본다.

 이런 상황에서 사람들은 사회적 자본의 가장 강력한 형태인 '연대'에 투자하는 법을 배워야 한다. 더 큰 목적을 위해 자신의 이익을 버리고 모두를 위해 행동해야 한다. 나는 신입 현장 감독자들에게, 직속부하에게 책임을 묻는 법을 가르치는 리더십 강좌를 맡은 적이 있다. 우리는 교육과정을 만들기 위해 긍정적 일탈 사례를 찾았다. 대다수의 사람들이 실패하는데도 성공하는 소수의 사람들을 찾아내 그들의 행동을 관찰하고 그 독특한 기술을 교육과정에 포함시켰다.

  나는 강좌를 마치면서 배운 기술을 현장에서 적용하라고 권했다. 규칙이나 절차를 위반하고 회사에 손해를 끼친 사람들과 대화할 때 유용한 기술이었다. 그러나 몇몇 사람은 새로 배운 기술을 현장에 적용하지 않았다. 그들은 자신이 직접 기술을 사용하기 전에 동료들이 그 기술로 문제를 해결하는지 확인했다. 기술을 사용하려던 감독자들은 오히려 직속부하들의 항의를 받기도 했다. "저 감독자는 안 그러는데 당신은 왜 그러느냐"며 불공평하다고 주장한 것이다. 결국 모든 감독자는 새로운 기술의 적용을 중단해야 했다.

  이 사건은 연대의 힘이 얼마나 중요한지 말해준다. 이후 나는 모든 감독자들로부터 훈련을 실시하기 전에 문제를 파악하겠다는 약속을 받는다. 이 특별한 변화 프로젝트를 계기로, 직원들에게 규칙을 따르라고 요구하면 전부를 얻든지 전부를 잃는다는 것을 알게 되었다.

  위왓은 더 큰 규모의 연대가 얼마나 큰 힘을 발휘하는지 알려준다. 그가 에이즈 확산을 막기 위해 사회적 자본을 어떻게 이용했는지 살펴보자. 전통적인 방법을 사용했다가 실패한 그는 더 직접적인 방법을 취했다. 태국의 섹스산업을 아예 없애는 것이 가장 좋은 방법이지만 불가능했다. 그러나 에이즈가 급속도로 확산되자 정치인들도 에이즈 예방에 큰 관심을 보였다. 자신과 고객을 보호하지 못하는 성매매 여성들의 감염사례가 속속 보고되자, 위왓은 연대운동을 시작했다.

성매매 여성들은 에이즈의 확산을 막을 수 있다. 그러려면 집단적인 노력이 있어야 한다. 성매매 여성이 에이즈 예방조치로 콘돔 사용을 요구하면 고객은 다른 데로 가버릴 것이다. 하지만 모든 성매매 여성이 예방조치를 요구하고 금전의 유혹을 거부한다면? 어디에서도 예방조치를 취하지 않는 성매매 여성을 찾지 못할 것이다. 결국 모든 고객이 안전한 섹스를 할 수 있고 에이즈 확산도 멈출 것이다. 이 계획 역시 전부 아니면 전무였다. 한 사람이라도 이탈하거나 거부한다면 실패로 이어질 것은 자명했다.

모든 사람이 동참해야 한다고 생각한 위왓은 먼저 포주들과 모임을 가졌다. 그 다음에는 성매매 여성들의 모임도 가졌다. 그는 포주와 성매매 여성 모두 이 계획에 참여해야 하는 이유를 경제적 측면에서 설명했다. 에이즈가 성매매 여성들의 목숨을 빼앗으면, 이 산업도 존재하기 어렵다. 그들이 이 운동에 동참하지 않으면 어떤 결과가 발생할지 구체적으로 설명했다.

결국 모든 성매매 여성이 이 운동에 동참하자 예방조치 준수율은 14퍼센트에서 90퍼센트로 급상승했다. 연대를 요구하고 필요한 사회적 지원을 제공한 결과, 약 5백만 명이 에이즈에 감염되는 상황을 막을 수 있었다.

 연대는 이 운동의 성공에 어떤 영향을 미쳤는가? 부모의 양육실태를 조사해보니 성공하는 부모들은 자녀에게 "안 되는 것은 안 된다"는 점을 분명하게 보여주었다. 그들은 자녀에게 부모의 말을 들어야만 한다는 것을 알려주어 아이들이 결과를 예측 가능하게 해준다. 동생을 때리거나, 귀가 시간을 지키지 않으면 벌을 받는다. 단 부부가 한 마음으로 동일하게 행해야 한다. 그렇지 않으면 아이는 혼란에 빠지고 자신에게 유리한 쪽에 의존하게 된다. 부모의 연대는 자녀교육의 모든 것을 좌우한다.

요약: 사회적 능력

 상호의존적인 세계에서 우리의 가장 큰 적은 협력하지 못하는 것이다. 매일 맞닥뜨리는 복잡한 업무를 성공적으로 수행하는 데 필요한 모든 요소를 갖춘 개인은 단 한 명도 없다. 그렇기에 사회적 자본을 형성해야 한다.

 하지만 우리는 오랫동안 잘못된 교육을 받아왔다. 반세기 동안 영화와 텔레비전 주인공들은 상사, 기존질서, 남성 등 내부의 적과 싸웠다. 이 조잡한 개인주의 찬양 현상은 타인에게 영향을 미쳐 변화시키겠다는 사람들의 의지에 악영향을 미쳤다.

 현명한 인플루엔서들은 사회적 자본에 등을 돌릴 만큼 어리석지 않다. 그들은 위험한 행동을 만나면 어떤 도움과 권한, 동의와 협력이 필요한지 생각한다. 그리고 변화에 필요한 사회적 자본을 기꺼이 제공한다.

# 8
보상을 설계하고 책임을 요구하라

적절하지 못한 칭찬을 했다면 어떠한 비판도 받을 수 있다.

노엘 카워드(추정)

지금까지 우리는 개인적, 사회적 영향력을 탐구했다. 이제 인간적 요소에서 벗어나 보상, 수당, 보너스, 봉급, 특별보너스 등 외적 요소를 이용하는 방법을 살펴보자.

세 번째 선택: 외재적 보상

선의의 보상이 엉뚱한 결과를 초래하는 경우는 무수히 많다. 실패의 원인은 사람들이 보상을 첫 번째 동기부여 전략으로 사용하는 데 있다. 제대로 된 변화 전략이라면 보상은 세 번째 수단이어야 한다. 영향력 대가들은 먼저 핵심행동을 내재적 만족과 연결시킨다. 그 다음에 사회적 지원을 얻는다. 그리고 외재적 보상을 선택하기 전에 이 두 개를 다시금 점검한다. 이 순서를 따르지 않으면 실패하기 쉽다.

1973년 마크 레퍼 박사는 아이들이 좋아하는 놀이(장난감 놀이)에 참여시키기 위한 보상(좋아하는 과자 제공)이 어떤 효과가 있는지 연구했다. 변화주도자, 코치, 부모, 리더들이 이 연구에 깊은 관심을 보였다.

레퍼는 아이들을 이미 즐기는 활동에 참여시키기 위한 보상이 역효과를 낼 수 있다는 점을 밝혀냈다. 보상을 중단하면 활동도 줄었다. 보상을 중단할 때, 보육원 아이들은 보상 없이 놀 때보다 장난감을 가지고 노는 빈도가 줄어들었다.

당신은 딸이 독서를 즐기기를 원한다고 하자. 아이 스스로 독서 습관을 들였음을 확인하고, 그 습관을 더 강화시키고 싶다. 그래서 인센티브 프로그램을 만든다. 아이가 스스로 책을 골라서 읽을 때마다 5달러를 준다. 당연히 아이는 좋아하고 더 열심히 책을 읽는다. 보상으로 받은 돈은 최신 비디오 게임을 구입하는 데 사용한다. 곧 아이는 여러 개의 게임을 구입할 수 있을 것이다. 아이는 매우 기뻐한다.

시간이 지나자 당신은 충분히 보상을 했다고 여긴다. 세계명작에 빠지는 즐거움이야말로 가장 큰 보상이 될 거라고 생각한다. 그래서 보상을 중단한다. 인센티브 프로그램 때문에 아이는 좋은 책을 더 많이 읽었다. 이제 당신은 보상이 없어도 아이가 책을 가까이할 거라 생각한다.

그러나 전혀 뜻하지 않은 결과가 나타난다. 보상을 중단하자 아이는 비디오 게임에 빠진 것이다! 오히려 보상하기 전보다 책을 읽지 않는다. 인센티브 프로그램은 옳은 결과를 도출하지 못했다. 뭐가 잘못된 걸까?

이 현상은 '과잉정당화 가설 overjustification hypothesis'로 설명할 수 있다. 이미 자신이 즐기고 있는 행동에 대한 보상을 받으면, 그들을 바라보는 외부인과 같은 결론을 내린다. 상황을 생각하고, 자신이 하는 일과 그것에 따른 특별 보너스를 인식한다. 행동에 대한 보상을 받기 때문에 더는 그 행동이 즐겁지 않다. 자신은 보너스 때문에 일하고 있다는 결론을 내린다. 이 점이 위험하다. 보상이 사라지면 그 활동은 과거의 재미를 잃게 되고, 활동 횟수가 줄어든다.

일반적으로 사람들은 이미 즐기고 있는 활동에 대한 보상을 매우 기뻐한다. 하프 연주를 즐기는 당신에게(나이 40이 넘어서 갖게 된 취미다), 이웃이 아들 결혼식 피로연에 하프를 연주해달라고 부탁한다. 후한 사례도 약속한다. 원래 좋아하는 하프를 연주해서 좋고, 사람들의 주목도 받고 보수도 있으니 더욱 기쁘다. 큰 행운이다. 좋아하는 일을 하고 보상을 받는다고 하프에 대한 당신의 애정이 줄어드는 것은 아니다.

하지만 외재적 보상을 이용하는 것은 이보다 훨씬 복잡할 수 있다. 모든 보상이 원하는 효과를 가져다주는 것은 아니기 때문이다. 때로는 보상이 징계가 될 수도 있다. '이달의 직원' 선정은 우수 직원을 주목하고 칭찬하기 위해 만들어진 제도다. 전 직원회의에서 이달의 직원을 선정하고 상패와 상금도 준다. 그러나 코미디언 드미트리 마틴은 많은 직원들이 그 제도를 어떻게 생각하는지 분명하게 보여주었다. "이달의 직원은 승자인 동시에 패자가 될 수 있음을 보여주는 탁월한 사례다."

이달의 직원으로 선정된다는 것은 큰 보상이 아닐 수 있다. 오히려 "축하합니다! 여기 백 달러와 당신의 이름이 새겨진 멋진 상패를 드리겠습니다. 그리고 4주 동안 동료들의 비웃음을 당하십시오"라는 볼 수 있다.

조직 연구자들은 이달의 직원으로 선정된 사람들이 신나고 즐기기는커녕 오히려 부끄러움과 의욕 상실감을 느낀다는 것을 오래 전에 발견했다. 스스로 존중받지 못한다고 느끼기 때문에 동기가 부여되지도, 신바람이 나지도 않는다. 많은 직원들이 시상식을 사기라고 생각한다. 대부분의 직원들이 이달의 직원 선정자보다 자신이 더 나은데도 정치적인 이유로 선정되지 못했다고 생각한다.

보상은 뜻하지 않은 결과를 낳기도 한다. 인센티브 프로그램의 역효과 사례는 셀 수 없을 만큼 많다. 한 병원은 마취 건수에 따라 보수를 받는 마취의사는 다른 마취의사의 환자가 위급 반응을 보일 때 즉각 달려가서 조치를 취하는 경우가 드물다는 것을 발견했다.

구소련 정부에서도 인센티브제를 시도했다가 실패한 적이 있다. 석유탐사에서 엄청난 루블화가 낭비되었다. 노동자들은 시추 길이에 따라 보너스를 받았는데, 깊은 시추공 몇 개를 시추하기보다는 얕은 시추공 여러 개를 시추하는 것이 훨씬 이득이었다. 당연히 노동자들은 여기 저기 낮은 시추공만 뚫어댔다. 지리학자들의 자문을 받아 석유 매장이 확인된 기존 시추공을 깊이 시추하는 대신, 석유가 나오건 말건 여기 저기 파헤치기만 한 것이다. 인센티브가 걸려 있으니 당연한 결과다. 마찬가지로 소련 못 공장이 생산된 못의 총중량에 따라 보너스를 지급하자 생산된 못의 총중량이 크게 올라갔다. 그런데 생산되는 못의 숫자는 같았지만 크기가 달랐다. 못이 커진 것에 문제를 느낀 리더들은 생산되는 못의 숫자에 따라 보너스를 지급하기 시작했다. 이번에도 인센티브는 효과를 발휘해, 못의 숫자가 크게 늘어났다. 하지만 이번에는 못이 너무 작아서 사용할 수 없었다.

나와 함께 일했던 유명 기업의 한 여성 매니저는 직원들의 창의성을 독려하기 위해 간단한 제안 프로그램을 실행했다. 너무나 순진한 프로그램이었다. 각 업무 팀이 최소한 일주일에 30분 회의시간을 갖고 새로운 업무방법, 장기적인 문제 해결, 신제품 개발 등을 생각해내라고 했다. 그녀는 이 프로그램을 강화하기 위해 제안을 검토하는 위원회를 신설하고, 현실적이고 훌륭한 아이디어를 제안한 직원은 현금으로 포상했다.

그러나 이 제도는 몇 달 만에 완전한 실패로 끝나고 말았다. 이 프로그램 때문에 직원들이 주먹다짐을 벌이기도 했다. 한 팀이 매우 훌륭한 아이디어를 생각해냈는데, 찰리라는 팀원이 서류작업을 자청한 후 제안서를 자기 이름으로 제출해 5,000달러의 보너스를 독차지한 것이다. 이 사실을 알게 된 다른 팀원들은 그에게 따졌고 곧이어 난투극이 벌어졌다. 찰리는 응급실 신세를 지고 말았다.

사장은 이런 불상사를 막기 위해 인센티브 제도를 폐지했다. 그녀는 여전히 제안을 독려하지만 아무도 제안서를 내지 않는다. 보상이 없어졌기 때문이다. 그녀는 이 제도가 직원들의 창의력을 북돋아줄 거라 생각했지만 결과는 정반대였다. 아이디어에 돈을 지급함으로써, 본의 아니게 아이디어 제출은 업무 밖의 일이라는 메시지를 전한 꼴이 되었다. 이제 직원들은 좋은 아이디어를 내면 당연히 보너스를 받아야 한다고 생각한다. 그렇지 않으면 착취당한다고 생각하고 분노한다.

이럴 때 리더가 할 일은 무엇인가?

지혜로운 인센티브 이용법

개인적·사회적 동기부여의 실패를 보상하는 데 인센티브를 이용해서는 안 된다. 하지만 영향력의 대가들도 인센티브, 즉 보상과 처벌을 이용한다. 당신이 무하마드 유누스의 그라민 은행에 대출금을 상환하지 않았다면, 당신의 연대 보증인들이 그것을 대신 갚아야 한다. 아프리카 농촌 마을 사람이 이웃의 메디나선충 감염 사실 마을 지도자에게 신고하면, 메디나선충 로고가 들어간 멋진 티셔츠를 선물로 받는다.

인센티브 제도를 지혜롭게 이용하려면 어떻게 해야 할까?

만족스러운 보상을 즉시 행하고, 보상과 핵심행동을 분명하게 연결시키라. 때로는 작은 보상이 심각하고 끈질긴 문제를 해결하기도 한다. 존스홉킨스 병원의 사례가 그런 경우다. 이 병원은 알코올 중독자들이 병원 내에서 적당량의 술을 마실 수 있도록 허용하고 그들을 연구했다. 연구 목적은 피실험자들이 끊었던 술을 다시 마시게 하거나 완전히 끊도록 하는 것이 아니라, 적당하게 마시는 방법을 가르치는 것이었다.

환자들의 행동에 영향을 미치기 위해, 연구원들은 매일 환자들이 마신 술의 양을 근거로 어느 정도의 특혜를 제공할지 결정했다. 마신 양에 따라 식사와 전화통화, 면회시간을 조정한 것이다. 그 결과 인센티브 없이 마실 수 있는 술의 양을 통보받은 환자들과 비교했을 때, 피실험자들이 정상적인 음주량 목표기준에 도달할 가능성이 60퍼센트 높았다.

이처럼 간단한 인센티브가 알코올 중독 같은 고질적인 습관을 고치는 데 도움이 된다는 사실은 믿기 어렵다. 그러나 스티븐 히긴스 박사의 연구에 비교하면 이 사례는 아무것도 아니다. 그는 코카인 중독자들의 행동을 지도하기 위해 상품권을 사용했다. 코카인 중독자들은 대부분 재활 프로그램에서 별다른 성과를 내지 못한다. 프로그램의 효과가 나타나기 전에 떠나기 때문이다. 히긴스 박사의 상품권 제공 전략에 따라 외래환자들은 일주일에 3번씩 소변샘플을 제출해야 한다. 3가지 샘플이 모두 음성으로 나오면, 피실험자들은 보너스로 상품권을 받는다. 연구원들이 제공하는 상품과 서비스를 구매

할 수 있는 상품권이다.

놀랍지 않은가? 코카인처럼 중독성 강한 마약을 단순한 상품권으로 제어할 수 있다니 말이다. "많은 사람들이 코카인 충동을 이 종이 조각이 누른다는 사실에 놀랍니다. 하지만 사람들이 마약을 사용하는 이유를 아는 우리는 그들의 행동이 이해가 갑니다." 히긴스 박사는 말한다.

상품권만으로는 코카인 중독을 완전히 퇴치하기는 어렵다. 하지만 이미 코카인을 끊으려고 노력하던 사람들에게 이 인센티브 제도와 전통적인 마약퇴치 방법을 병행하자, 엄청난 효과를 거둘 수 있었다. 상품권을 받은 환자 중 90퍼센트가 12주간의 치료프로그램을 마쳤다. 반면 상품권을 받지 않은 피실험자들의 경우 65퍼센트만 치료프로그램을 마칠 수 있었다. 장기적으로도 비슷한 효과가 나타났다.

작은 인센티브가 모든 사람에게 강력한 동기부여제가 될 수 있다는 것은 당신의 수하물만 봐도 알 수 있을 것이다. 여행을 많이 다니는 사람은 수하물에 붙은 항공사 단골고객 등급을 나타내는 꼬리표를 자랑스럽게 달고 다닌다. 항공사의 고객관리 프로그램이 우리 행동에 영향을 미친다는 것을 인정할 수밖에 없다.

최근 한 친구가 솔트레이크시티에서 싱가포르로 여행을 갔다. 지구본에서 솔트레이크시티에서 싱가포르까지의 항로를 그리면 샌프란시스코와 하와이 등을 지난다. 하지만 친구의 여행 일정에는 목적지가 나와 있지 않았다. 대신에 그는 처음에는 두 시간 동안 동쪽으로 가서 미니애폴리스, 미네소타까지 갔다가 다시 서쪽으로 되돌아가 앵커리지, 알래스카, 서울을 거쳐 싱가포르로 갔다.

그는 항공 마일리지를 쌓기 위해 비행시간을 최대한 늘렸다. 이 엄청난 불편을 감수하고 얻은 마일리지는 고작 30달러 정도의 가치밖에 없었는데도 그는 마일리지를 원했다. 마일리지가 필요했다. 탑승객들은 너무 많은 마일리지를 쌓은 바람에, 현재 전 세계적으로 사용되지 않은 마일리지의 달러 환산 가치는 미국에서 유통되는 현금 액수를 넘어설 정도다.

아직도 작은 보상이 행동에 영향을 미칠 수 있다는 것이 안 믿어지는가? 이런 사례도 있다. 십대 불량소녀들을 수용하는 쉼터의 관리자들을 긴장시키는 사건이 발생했다. 원생들의 자살시도가 크게 늘어난 것이다. 관리자들은 감정에 호소하기도 하고, 전체 원생들을 소집해 토론도 했다. 친구와 가족의 도움도 받았지만 별 소용이 없자 인센티브 제도를 고안했다. 즉석에서 사용할 수 있고, 동기를 부여하며, 원하는 행동에 분명하게 연결된 인센티브였다. 하지만 전통방식이 아니라 약간 이상한 방식의 인센티브였다. 자살을 시도한 원생은 그 다음 주 텔레비전 시청을 제한한다는 것이었다. 이후 자살시도는 완전히 없어졌다!

자살을 시도하거나 자살암시 행동을 보이는 사람들의 심리를 복잡하게 분석할 필요도 없다. 핵심행동과 연결된 작은 인센티브가 난제인 자살문제에서도 놀라운 결과를 낳는다는 것을 보여준 사례다.

잘하고 있다면 과유불급

핵심행동에 연결하고 사회적 지원을 얻어 동기부여의 기초를 다졌다면, 외재적 보상은 크지 않아도 된다. 직원에게 아무 보상도 제공하지 않고 일을 시켜야 한다거나, 아이들에게 용돈을 주지 말아야 한다고 주장하는 사람은 없다. 하지만 행동을 하도록 보상을 제공할 때 중요한 것은 보상 그 자체가 아니라 보상을 받아들이는 사람들의 생각이다. 인센티브는 상징적 의미를 지닌다. 인센티브는 그 자체의 액면가치보다 훨씬 큰 의미를 지닌 여러 가지 사회적 힘을 이용하는 제도다. 따라서 보상을 받아들이는 사람들의 생각에 대해 부담을 가질 필요가 없다.

빈민 은행가인 무하마드 유누스가 방글라데시의 빈민들에게 대출해주는 금융기관을 설립했을 때, 그는 젊고 유능한 은행직원들이, 과거 정부 타도를 외치며 싸웠던 혁명가였다는 사실을 발견했다. 많은 혁명가들이 총을 내려놓고 대출서류를 들었다. 폭력보다는 소액대출을 통해 더 큰 변화를 가져올 수 있다는 것을 배웠다.

이 젊은이들이 상대하고 있는 사람들의 마을을 찾아가보면 그들이 한 일을 확인할 수 있다. 굶주림을 참으며 살았던 사람들, 정수되지 않은 물을 마시고 장애아를 낳아야 했던 사람들이 지금은 작지만 자기 사업을 운영하고 있다. 또한 집안에서 처음으로 자녀를 학교에 보내며 건강하게 키우고 있다.

이처럼 엄청난 사회적 이익을 창출하는 과거 혁명가들에게 어떤 인센티브를 제공하면 좋을까? 바로 황금색 별이었다. 이 놀라운 제도를 우연히 도입한 경영자는, 올바른 목표 수립을 독려하기 위해 지역 매니저가 여러 색상의 별을 지점에 수여하는 프로그램을 실시했다. 대출자수 목표를 달성하면 주는 별도 있었고, 대출자 아이들의 학비를 모두 대줘서 주는 별도 있었고, 수익목표를 달성하면 주는 별도 있었다.

그러자 별 다섯 개의 지점이 되는 것이 모든 지점장의 목표가 되었다. 이미 사회적으로 중요한 일을 열심히 하는 사람들이었지만, 별을 얻기 위해 더욱 노력했다. 물론 별의 금전적 가치는 거의 없지만 상징성과 사회적 의미는 대단히 컸다.

개인적·사회적 동기를 가지고 일하는 사람에게는 상징적 상의 가치가 크다. 그렇지 않은 사람에게 이런 외재적 보상은 비웃음거리에 불과하다. 다행히 은행은 직원들이 유누스를 존경하고 가난한 사람들을 위해 헌신적으로 봉사하는 분위기였기 때문에 황금 별은 돈보다 큰 가치를 지녔다. 오히려 유누스가 거액의 현금 보상을 실시했다면, 직원들이 이미 품고 있던 도덕적·사회적 동기는 크게 약화되었을 것이다.

미국의 한 대형 컨설팅회사에서 훈련과제를 완수한 경영자들을 위한 상을 제정하자, 수많은 경영자들이 이 상징적 인센티브에 적극적인 반응을 보였다. 그 계획은 단순했다. 고위 경영자들은 매주 훈련 프로그램에 참가해 교육을 받고, 배운 것을 실천하기 위한 구체적인 목표를 받는다. 목표를 달성한 경영자들은 돌아와서 트레이너에게 보고한다.

경영자들은 과제를 완수하려고 노력할 뿐 아니라 트레이너에게 진행상황에 대한 이메일을 보냈다. 그들은 이 모든 일을 해냈다. 경쟁심리가 강한 사람들이었기에 최고의 상(값싼 황동거위상이다)에 대한 집념이 대단했다. 여기서도 중요한 보상은 돈이 아니었다. 그들에게 행동하도록 동기를 부여하는 것은 상징적 메시지였다. 그 상에 최고의 가치를 부여한 것은 도덕적·사회적 동기였다.

실버트는 작은 보상으로 큰 효과를 얻는 데 일가견이 있다. 델런시 원생들이 한 가지씩 성취할 때마다 새로운 특전이 주어졌다. 원생들은 처음에는 쉽고 단조로운 일을 하다가 점차 복잡하고 재미있는 일을 하게 된다. 처음에는 9인실에서 생활하다가 5인실로 옮겨가며, 여러 단계를 거쳐 최종적으로 독방을 쓰는 건물로 들어간다. 자기만의 아파트, 천국으로 들어가는 것이다. 가치사슬의 정점에 있는 이 원생들은 용돈도 받는다.

마지막으로 작은 보상의 힘을 보여주는 비뇨기과 의사 레온 벤더의 이야기를 소개하겠다. 크루즈에서 관찰한 모범사례를 세계에서 가장 훌륭한 병원과 비교 연구한 그는, 시더 사이나이 메디컬센터 Cedars-Sinai Medical Center의 고질적 문제를 해결했다.

벤더는 외출하러 밖에 나갔던 승객들이 크루즈선으로 돌아올 때마다, 손에 살균 세정제를 바른다는 것을 발견했다. 승객들이 뷔페식당에서 줄을 서 있을 때도 승무원들이 세정제를 나눠줬다. 훌륭한 의사인 그는 크루즈선 승무원들이 자신이 거의 40년 동안 일한 병원 의료진들보다 크루즈선 승무원들이 손 위생에 더 철저하다는 사실에 놀랐다.

  손 위생은 오지나 개발도상국만의 문제가 아니었다. 그가 일하는 병원에서조차 손 위생을 철저히 하지 못해 크고 작은 감염사고가 빈번하게 발생했다. 보건의료 전문가들이 이 환자에서 저 환자로 병원균을 옮겼다. 사실상 병원은 수만 명의 환자들을 죽음으로 몰고 가는, 사회에서 가장 위험한 곳이다. 의사들이 환자를 진찰하기 전에 손을 씻게 하는 방법만 찾아도 감염은 크게 줄어들 것이다.

  병원으로 돌아온 벤더는 손 씻기 운동을 시작했다. 하지만 대부분의 의사들은 자신이 손을 자주, 철저하게 잘 씻는다고 생각했다. 한 연구에 따르면 의사들의 73퍼센트가 손을 제대로 씻는다고 주장했지만 실제로 위생기준에 맞게 씻는 의사는 9퍼센트에 불과했다.

  이 병원 응급실 의사 폴 실카에 따르면 의사들은 이렇게 생각한다. '내가 나쁜 병원균을 옮기다니, 그럴 리 없어. 그건 다른 사람 이야기야.' 자신이 위생기준을 위반하는 다수에 포함되어 있다는 생각은 결코 하지 않는다.

  병원 관리자들은 의사들이 제대로 손을 씻게 하기 위해 몇 가지 방법을 시도했다. 먼저 의사들에게 이메일과 포스터, 팩스 공세를 퍼부었지만 전혀 효과가 없었다. 대부분이 내가 아닌 남들이 문제라고 생각했기 때문이다. 간단한 인센티브를 내놓을 때까지는 어떤 방법도 효과가 없었다. 관리자들은 주차장에서 의사들을 만나 손세정제를 건네줬다. 실가 박사는 의사들이 그 세정제를 사용하면 현장에서 즉시 보상하는 인센티브 제도를 도입했다. 부정적 접근방법이 아닌 긍정적 접근방법을 선택했다.

관리자들은 세정제를 사용하는 현장을 목격할 때마다 10달러짜리 스타벅스 커피 쿠폰을 제공했다. 최고 연봉을 받는 의료 전문가들에게 10달러 쿠폰을 유인책으로 사용한 것이다. 이것만으로도 이 병원의 위생기준 준수율은 65퍼센트에서 80퍼센트로 올라갔다.

핵심행동도 보상하라

앞서 말했듯 복잡한 일은 실행 가능한 작은 목표로 나누는 것이 좋다. 아무리 작은 개선이라도 항상 보상하라. 큰 결과를 얻을 때까지 기다리지 말라. 행동에 작은 변화가 나타나도 보상하라.

간단해보이지만 어려운 보상법이다. 설문조사를 해보면 직원들의 가장 큰 불만은 눈에 띄는 성과를 인정받지 못하는 것이다. 경영자들은 식량을 배급하듯 칭찬을 배급한다. 그것도 뛰어난 성과에만 배급된다. 작은 개선은 칭찬도, 보상도 받지 못한다. 직원들은 더 많은 칭찬을 원하지만 우리는 예나 지금이나 칭찬에 인색하다.

어린 아기가 하나씩 해낼 때마다 보상해주는 것을 보라. 아기가 "엄마" 비슷한 발음이라도 하면 가족들은 기뻐서 소리를 지르고 친지들에게 전화를 걸어 자랑한다. 아기가 재롱을 부리고, 말을 배우고, 노래를 할 때마다 열심히 칭찬하고 축하해준다.

하지만 이처럼 작은 개선을 인정하고 적극적으로 보상하는 행동은 시간이 가면서 점차 사라져, 노벨상이라도 받아야 겨우 칭찬하게 된다. 점진적 개선에 대한 보상이 가장 좋은 성과향상법이라고 주장하는 연구자와 보상할 만큼 인상적인 성과만 기다리는 경영진의 사이에는 건널 수 없는 강이 있는 듯하다.

올바른 성과와 올바른 행동을 보상하라

사람들은 칭찬에 인색하다. 성과가 약간 좋아졌다고 해서 보상하려 하지 않는다. 오히려 이렇게 반문할 것이다.

"다들 하는 일을 바보가 마침내 해냈다고 해서, 그럴 때마다 축하해줘야 해?"

그렇지 않다. 직원들의 현재 성과수준이 맘에 안 들고 기대에 못 미친다면, 내보내든가 그들에게 맞는 자리로 옮기면 된다. 하지만 다른 분야에서는 잘 못해도 특정 분야에 뛰어난 성과를 보이고 전체적으로 만족스럽다면, 잘 못하는 분야에서 성과목표를 정하라. 그리고 작은 성과를 충분히 보상하라. 큰 성과만 기다리지 말고 핵심행동에 대한 작은 성과도 보상하라.

텍사스의 한 대형공장에서 변화 프로젝트를 실행할 때, 운영위원회 위원 한 명이 리더들에게 "회사 문화가 너무 부정적"이라고 직설적으로 말했다. "여기서는 올바른 일을 해도 칭찬을 듣지 못해요. 하지만 잘못을 저지르면 그 비난이 평생 쫓아다니죠." 그가 말했다.

이 말을 들은 경영자는 눈에 띄는 성과를 적극적으로 찾아보고 보상하라는 지시를 내렸다. 일주일 동안 아무 일도 일어나지 않았지만, 이후 한 조립라인이 기록적인 성과를 달성했다. 이전보다 더 많은 부품을 조립한 것이다. CEO는 리더들에게 즉시 보상하라고 지시했다.

그러나 리더들이 자세히 조사하니 실상은 완전히 달랐다. 생산 기록을 세우기 위해 오후 근무조가 품질기준을 낮췄던 것이다. 생산에만 초점을 맞추고 소모한 품목을 채워놓지 않아 오전 근무조의 작업량이 크게 늘어났다. 게다가 그날 생산 기록을 세우기 위해 전날 고의적으로 낮은 성과를 냈다는 사실도 드러났다.

리더들은 궁극적으로 회사와 직원들의 사기에 손해를 끼치는 행동을 보상해왔다는 사실에 놀랐다. 이제껏 그들은 아무 생각 없이 성과만 보상해왔던 것이다.

핵심행동만 보상하라

사람들의 행동을 관찰할 수 없는 상태에서의 보상은 현명한 일이 아니다. 행동은 사람들이 자기 마음대로 할 수 있는 유일한 것이다. 성과는 시장 변화와 다른 외부 변수에 따라 달라진다. 그래서 영향력의 대가들은 가치 있는 프로세스를 지원하는 행동을 찾아서 보상한다.

마사키와 이마이의 책 《개선》 결과가 아닌 노력에 대한 보상의 중요성을 이야기한다. 이마이는 마쓰시다의 어느 공장에서 점심시간에 차를 대접하는 여직원 그룹의 흥미로운 이야기를 들려준다. 여직원들은 직원들이 예측 가능한 장소에 앉아 예측가능한 양의 차를 마신다는 점에 주목했다. 그들은 일률적으로 각 테이블에 차 용기를 하나씩 갖다놓은 대신에, 각 테이블에서 마시는 차의 적정량을 계산

하여 적정량을 갖다놓음으로써 차 소비량을 절반으로 줄였다.

그 방법으로 비용이 얼마나 절약되었을까? 별로 많지 않은 액수였다. 하지만 그 그룹은 사장이 주는 금메달을 받았다. 천문학적인 규모의 비용을 절약한 그룹도 있었는데, 가장 보잘것없는 성과를 낸 그룹이 최고의 상을 받은 것이다. 심사위원들은 이것을 개선원칙을 가장 훌륭하게 실행한 사례로 보았다. 그들은 직원들이 따르는 실제 프로세스에 보상하면 성과는 저절로 따라온다고 생각해서 그 프로세스를 보상한 것이다.

분열적 인센티브를 경계하라

사람들은 종종 자신의 의도와는 달리 잘못된 행동을 보상한다. 코치들은 팀워크의 중요성을 강조하면서 정작 개인적 성과를 칭찬한다. 그 결과 아이들은 서로 돕는 것보다 자기 점수가 중요하다는 것을 배우고 이기적으로 행동한다.

심각한 마약 중독에 빠진 아들을 둔 부모는 사랑과 격려를 보내면서 본의 아니게 중독을 조장한다. 입으로는 "절대로 마약하면 안 돼. 꼭 끊어야 해"라고 말하면서 행동으로는 "네가 마약으로 잡혀들어가도 보석으로 빼줄게"라고 이야기한다. 버려야 한다고 주장하는 행동을 지원하는 셈이다.

오랫동안 미국의 정치인들은 저축을 잘 하지 않는 미국인들을 걱정했다. 그들은 저축률이 미국이 몇 배가 넘는 바다 건너 일본인들을 부러워했다. 어떤 분석가들은 일본인들의 성격이 희생적이기 때문이라고 주장하기도 했다. 하지만 저축의 차이는 인센티브에서 오는 것일지 모른다. 미국에서는 예금이자에 과세하지만 일본은 오랫동안 과세하지 않았다. 미국에서는 같은 기간 신용카드와 주택대출과 같은 소비자 부채에 대해 세금을 공제했지만 일본은 그러지 않았다. 인간은 생각보다 닮은 데가 많다.

많은 조직이 처음부터 잘못된 행동에 동기를 부여하는 보상 시스템을 만들었다. 스티브 커는 이 문제를 처음으로 다룬 사람이다. 일례로 일부 퇴역군인과 학자들은 지난 전쟁에서 벌어진 현상에 여전히 관심을 보였다. 특히 베트남 전쟁 중에 관심이 증대했다. 규범으로 자리 잡진 않았지만, 이전보다 미군은 베트남에서 전투를 피하는 경향을 보였다. 많은 미군들이 찾아서 없애기보다는 찾아서 피하는 전략을 배웠다. 왜 그런 것일까?

베트남에서 미군들은 2차 대전 때는 없었던 감정 갈등을 겪었다. 베트남 사람들은 미군에게 엄청난 적개심을 보였고, 미군을 베트남에서 상상하기도 어려울 만큼 커다란 고초를 겪었다. 하지만 커에 따르면 이보다 더 큰 영향을 끼친 요소가 존재했다.

보상구조를 살펴보자. 군인들은 집에 가고 싶어 한다. 당연하다. 누가 타지에서 개죽음을 당하고 싶겠는가. 2차 대전에 참전한 군인들은 전쟁에서 이겨야만 집에 갈 수 있었다. 적군을 무찌르기 전에는 집에 갈 수 없었다. 임무를 회피해봐야 시간만 낭비하고, 적에게 준비할 시간만 줄 뿐이었다.

하지만 베트남전은 달랐다. 미군은 전쟁이 끝났을 때가 아니라 근무기간이 끝나야만 집에 갈 수 있었다. 당장의 위험을 피하고 명령에 불복종하더라도 어떤 벌도 받지 않았다. 그래서 이성적인 사람들은 규칙을 위반하고, 문제를 일으키고, 다른 방법으로 위험에서 벗어나려 했다. 2차 대전에 참전한 군인들은 영웅으로 보상을 받았지만 베트남 참전 군인들은 자신을 지키는 것으로 보상을 받았다.

그러니 주의하라. 행동에 문제가 있다면 당신의 보상을 주의 깊게 살피라. 당신의 인센티브 시스템이 문제를 일으킬 수 있다.

처벌과 보상 사이

긍정적 성과를 보상해주는 기쁨을 누리지 못할 때도 있다. 당신이 보상해주고 싶은 사람이 제대로 일을 못하기 때문이다. 오히려 종종 잘못을 저지른다. 이럴 때 외재적 강화요소를 사용하고 싶다면, 이 사람을 처벌할 수 있을까? 그러면 비슷한 효과를 거둘 수 있을까?

그렇지 않다. 처벌은 긍정적인 효과를 낼 수 없다. 수많은 연구와 실험을 통해, 처벌의 효과는 거의 없거나 있어도 일시적이라는 사실이 밝혀졌다. 게다가 처벌은 원치 않는 결과를 낳을 수 있다. 성과를 보상할 때는 그 보상이 원하는 방향으로 행동을 바꾸도록 독려할 수 있다고 생각하지만, 처벌할 때는 그런 생각을 하지 않는다. 복종을 얻어낼 수는 있어도 일시적일 뿐이다. 제대로 일하지 못하는 사람을 처벌하면, 그는 되받아치거나 반발할 것이다. 당신에게 전혀 고마워하지 않고 관계만 위태로워질 수 있다.

실제로 처벌을 잘못할 경우, 온갖 부정적이고 심각한 결과가 발생한다. 마틴 셀리그만이 저서 《학습된 무력감Learned Helplessness》에서 언급한 실험이 있다. 개를 철판 위에 올려놓고 철판 일부에 전기충격을 준다. 처음엔 이쪽 부분, 다음에는 저쪽 부분, 그 다음에는 또 다른 부분에 전기충격을 가하면 가엾은 개는 나중에 철판 한 구석에 웅크리고 앉아 전기충격을 받아도 더는 다른 쪽으로 움직이지 않는다. 예상치 못한 고통을 받는 사람은 무력감을 느끼고, 무너지며, 노이로제에 걸리기 때문에 주의해야 한다. 처벌은 신중을 기해야 한다.

처벌하기 전에 경고하라

처벌하지 않고도 효과를 내는 방법은 경고하는 것이다. 잘못된 행동을 계속한다면 그 행동이 어떤 결과를 낳는지 깨닫도록 분명히 경고하라. 그로 인해 잘못된 행동을 멈추면 나쁜 결과를 피할 수 있다. 노스캐롤라이나를 비롯한 여러 지역에서 경찰들은 범죄자들에게 이 새롭고 효과적인 전략을 사용한다. 경찰은 범죄자를 추적해 교도소에 보내는 대신 먼저 경고를 보낸다.

전통적으로 경찰은 범죄를 줄이기 위해 목표지역에 집중하는 공격적인 수색체포 전략을 사용했다. 그러나 대중의 분노와 반발심을 불러일으켰고 장기적으로도 큰 효과를 얻지 못했다. 지역 작전을 마치고 타 지역으로 이동하면, 새로운 범죄자들이 등장해 다시 그 지역을 어지럽혔다.

그래서 경찰은 다른 접근방법을 취했다. 체포 대상자들에게 범법자 고지 회의 참가를 권하는 것이다. 검사는 회의 시간인 1시간 반 동안 체포하지 않는다고 약속한다. 그 동안 경찰은 생각할 수 있는 모든 영향력 요소를 이용한다.

일례로 경찰이 범법자를 친구나 가족 혹은 지역 오피니언 리더들에게 데려간다. 그들은 범죄에서 손을 씻고 갱생하여 착실히 살라고 당부한다. 다음에 경찰은 법에 따라 어떤 벌을 받게 되는지 분명히 설명한다. 이어서 갱생한 전과자들(대부분 범죄 조직원이었거나 마약 밀매인)이 현재 모범적으로 살기 위해 어떻게 하는지 알려준다. 마지막으로 경찰은 그가 다시는 범죄를 저지르지 않기 위해 직업훈련 프로그램 등록 등 선택 가능한 활동들을 설명해준다.

그 이후가 흥미롭다. 경찰은 여러 영향력 요소를 활용하면서, 범법자들에게 유죄판결을 받고 장기간 복역할 거라며 무서운 농담을 하기도 한다. 교도소가 얼마나 끔찍한 곳인지에 초점을 맞춰서 그럴듯한 경고를 보내는 것이다. 바보들만 교도소로 간다는 내용의 일반 교화 프로그램과는 달리, 경찰은 잡혀서 처벌받게 된다는 점을 강조한다. 한 번 더 기회를 주는 이 프로그램은 그래서 효과가 높다.

회의 전반부가 끝나면, 경찰은 슬슬 지루함을 느끼는 범법자들을 다른 방으로 안내한다. 벽에 포스터들이 붙어 있는 그 방에는, 바인더가 놓여 있는 작은 탁자가 있다. 경찰은 몇 주 동안 그들의 불법 마약 거래현장을 비디오에 담는 등 증거를 수집했다.

그 방으로 인도된 마약 밀매자들은 "네 포스터를 찾아라"는 말을 듣는다. 자신들의 마약 거래 모습이 선명하게 담긴 사진 포스터를 발견한다. 바인더를 열어보고 기소에 필요한 모든 증거가 있음을 확인한다. 이제 그들은 앉아서 비디오를 본다. 검사가 말한다. "자신이 죄를 짓는 모습이 나오면 손을 들어라." 한 사람씩 손을 든다. 경찰은 그들이 특별관리 대상이며 체포되면 곧바로 기소된다고 말한다.

경찰은 이 방법을 가족과 친구들의 조언, 직업훈련 프로그램과 함께 사용해 놀라운 결과를 얻었다. 노스캐롤라이나의 한 지역에서는 경범죄 비율이 35퍼센트나 하락했다. 이 전략이 실시된 세 지역에서 마약 밀매자 40명 중 24명이 범죄에서 손을 씻었다. 지역주민들도 훨씬 더 적극적으로 범죄를 신고하고 경찰에 협조했다.

범법자들에게 경각심을 높이기 위한 감옥체험 프로그램을 실행하지 않고도 이런 성과를 얻어낸 것이다. 통렬하고 현실적이고 즉각적인 처벌 위협이 범법자들의 타락을 막고 그들을 위기에서 구해냈다.

경찰은 이 프로그램의 신뢰성을 높이기 위해 절대 협박이나 거짓말을 하지 않았다. 범죄자들에게 솔직한 대화를 권했고, 대화에 응하지 않는 사람은 비디오에 담긴 범죄 혐의로 체포되어 기소할 거라고 말해줬다. 이 프로그램에 참가했는데 직업훈련을 받지 않거나 재범을 저지른 사람들은 진짜 체포되었다. 얼마 되지 않아 경찰의 협박이 거짓이 아니라는 소문이 퍼졌고, 프로그램은 더 큰 효과를 보게 되었다.

다른 모든 방법이 실패하면 처벌하라

이 프로그램이 함축하는 의미를 짚고 넘어가자. 다른 사람을 처벌해야 할 때가 있다. 경고했지만 통하지 않았다. 인센티브도 사용했고 사회적 압박도 가해보았다. 감정과 가치관에도 호소해봤지만 잘못된 행동에 의한 즉각적인 욕구충족 현상은 더욱 심해졌다. 이럴 때는 처벌 방안을 신중하게 검토해야 한다.

러시아 유전지대에서는 산업재해가 많이 발생했다. 공산주의가 몰락하고 석유 수요가 늘어나자 지도자들은 석유산업을 활성화시켰다. 그러나 불행하게도 많은 신입 노동자들이 안전 교육을 받지 못했다. 게다가 노동자들조차도 안전교육이나 적용에 전혀 관심을 보이지 않았다. 장기간의 실업과 불황에서 벗어나면서, 마약 및 알코올 중독자들도 새로운 일자리를 얻었다. 산업안전을 소홀히 하고, 노동자들은 술을 마시고 중장비를 다루니 어떻게 되었겠는가? 재해 예고와 다름없었다.

현장의 위험이 너무 큰데다 직원들은 고압적 방법에 익숙해져 있었기 때문에 격려와 위협에도 잘 반응하지 않았다. 경영자들은 사고를 유발하는 행동을 처벌하기로 했다. 또한 현장에서 불시에 마약 및 음주 검사를 실시하겠다고 통고했다. 그들은 즉시 실행에 옮겼고 규칙 위반자들을 해고했다. 이 직접적인 처벌은 안전교육과 결합되어 산업재해 건수를 크게 낮췄다. 가혹한 방법이었지만 재해로 인한 사고를 예방했다는 것이 경영자들의 주장이다.

에티오피아에서 일어난 끔찍한 신부 납치 관행을 살펴보자. 에티

오피아에서는 수많은 어린 소녀들이 귀가 도중 납치되어 강간당하고, 체면 및 명예 때문에 자신을 강간한 사람과 강제로 결혼해야 했다. 사람들이 쉬쉬하는 가운데 이 비극은 몇 세대 동안 지속되었다. 아무도 이 문제를 이야기하거나 해결하려 하지 않았다. 하지만 인기 있는 라디오 드라마에서 이 문제를 정면으로 다루면서 상황은 돌변했다. 네구시 테페라는 프로듀서와 작가들과 함께 인기 라디오 드라마를 제작했다. 드라마에서 우발렘이라는 이름의 여주인공은 납치되었다가 풀려난 후 납치범과 결혼했다. 그녀는 그 납치범을 진심으로 사랑했다. 이 금기는 즉시 공론화되었다. 한 여성 청취자의 편지는 그 프로가 마을에 어떤 영향을 미쳤는지 잘 보여준다.

"우발렘의 이야기는 납치와 강간 같은 우리나라의 나쁜 폐단을 국민들에게 고스란히 보여줍니다. 이 비극적인 사고 때문에 우리는 딸들을 학교에 보낼 수 없었습니다…… 내 첫째 딸은 14살에 납치되어 결혼해야만 했습니다. 둘째도 그렇게 되진 않을까 걱정했습니다. 그러던 중 납치와 강간을 주제로 한 이 드라마와 그 주제에 대한 활발한 토론이 국민들의 분노를 불러일으켰습니다. 이제 사람들은 이 비인간적인 악습을 강력하게 비난합니다. 과거와 달리 이런 범죄를 저지르는 사람들을 처벌하고 있습니다. 이제는 걱정 없이 딸들을 학교에 보낼 수 있습니다. 아이들은 안전하게 등교하고 아무 탈 없이 귀가하고 있습니다."

네구시 박사에 따르면 에티오피아의 많은 지역에서 이 문제가 완전히 해결되었다. 단순히 문제가 공론화되었기 때문은 아니다. 이전에는 납치하고 강간하면 결혼이라는 보상을 받았지만, 이제는 가혹한 처벌을 받게 되기 때문이었다. 처벌이 문제 해결에 큰 도움이 된 것이다. 어린 소녀를 강간한 남성은 희생자를 아내로 맞는 대신 감옥에 가게 될 것이다.

마지막으로 기업의 경우를 살펴보자. 나는 잘못해도 책임지는 사람이 없다고 불평하는 회사원들에게 이렇게 묻는다. "그럼 어떻게 해야 해고됩니까?" 성과부진과 관련된 답을 하는 사람은 거의 없다. 가장 흔한 대답은 "상사를 난처하게 만들면"이다. 또 다른 냉소적인 대답은 "정말 소중한 동료를 죽이면"이다. 심각한 윤리 위반이나 정치적 실수를 저지를 때만 해고된다. 그런 의미에서 일상적인 잘못을 처벌하지 않는 것은 조직 전체에 보내는 메시지라고 할 수 있다. 성과를 내라는 위협이 아니라 핵심가치를 위반하면 도덕성을 상실한다는 점을 경고하는 것이다.

직원들에게 책임을 물을 때 강력한 메시지를 보내기도 한다. 나는 조지아의 대형소비재 생산 기업과 일한 적이 있는데, 경영자들은 인종차별적 행동에 대해 강경한 입장을 취했다. 가장 흔한 인종차별적 행동 하나를 골라 처벌 수단을 통해 없애기로 했다. 제일 먼저 사내에서 인종차별적 농담을 금했다.

경영자들은 계획을 실행에 옮기기 위해 사측 입장을 설명했다. 첫 번째로 없애려는 행동이 무엇이고 어떤 조치를 취할지 말했다. 인종차별적 농담을 한 사람은 즉시 해고될 것이라고 경고했다. 경영자들은 직원들에게 규정 위반자가 있는지 살펴보라고 권고했고, 실제로 인종차별금지 규정을 위반한 사람을 파면했다. 그러자 사내에서 인종차별적 농담은 완전히 사라졌다.

요약: 보상

보상과 처벌은 쉬운 일이 아니다. 외재적 동기부여 요소를 찾을 때는 도움이 되는 몇 가지 원칙을 고수하라. 먼저 개인적·사회적 동기부여 요소에 의존하라. 사회적 동기부여 요소들과 함께 행동 자체의 가치가 동기를 유발하게 하라.

외재적 보상을 선택할 때는 핵심행동과 직접 연결된 보상을 선택하라. 보상을 당신이 원하는 구체적인 행동과 연결시키라. 작은 보상이라고 주저하지 말고 마음껏 주라. 외재적 보상은 적은 것이 많은 것이다. 단순히 결과만 보상하지 말고 행동도 보상하라. 때로는 결과가 부적절한 행동을 숨긴다는 사실을 기억하라. 마지막으로 처벌하기 전에 경고를 보내어 자신이 어떤 처벌을 받는지 알려주라.

9
환경을 바꾸라

당신은 환경의 산물이다. 그러니 목표달성에 가장 유리한 환경을 선택하라.
환경적인 면에서 당신의 인생을 분석하라. 당신의 주변 환경은 성공하는 데 도움을 주는가,
아니면 방해가 되는가?

클레멘트 스톤

이제껏 우리는 핵심행동을 돕는 두 가지 요소를 살펴보았다. 의도적 연습을 통해 개인적 능력을 높이는 것, 사회적 자본 형성을 통해 타인의 지원을 얻는 것이다. 우리의 능력을 향상시키는 마지막 요소와 관련하여("할 수 있는가?"), 인간의 영향력에서 벗어난 외적 요소(건물, 공간, 소리, 시야 등)가 영향력 전략에 미칠 수 있는 영향을 살펴보자.

1940년대 후반, 전국요식업협회 대의원들은 시카고대학 교수 윌리엄 화이트에게 도움을 요청했다. 2차 대전 후 미국은 성장과 번영을 거듭하고 있었다. 경제 호황을 누리면서 음식 소비량도 급속하게 늘어났다. 그러나 식당들은 폭발적인 고객 증기를 전혀 대비하지 못하고 있었다.

참전 군인들이 고향으로 돌아오면서 식당 내 직원 서열도 변화가 일어났다. 군인들은 고임금 주방장 자리를 차지했다. 그런데 전쟁 때문에 남성 인력이 부족했던 터라 많은 여성들이 주방에서 일하고 있었다. 군인들 때문에 쫓겨난 여성 요리사들은 대부분 홀에서 서빙하는 웨이트리스로 전락하고 말았다. 갑자기 뒤바뀐 환경이 못마땅한 웨이트리스들은 주문음식을 주방에 전달할 때 퉁명스럽게 말했다. 주방에서 일하는 퇴역군인들도 웨이트리스들의 무례한 태도에 매우 불쾌해했다.

업무량이 늘어나고 긴장도 높아지면서 주방 카운터에서 다투는 일도 많아졌다. 예상 가능한 결과였다. 당연히 손님들은 이런 상황에 짜증을 냈다. 주문한 음식도 늦게 나오거나 잘못 나오는 경우가 많았다. 착오 때문이지만 대부분은 일부러 골탕 먹이기 위해서였다. 화이트 박사가 개입할 무렵, 이미 고객과 직원들은 식당을 떠나고 있었다.

화이트 박사는 갈등 원인을 찾기 위해 식당을 관찰했다. 웨이트리스는 주방 카운터로 달려가서 주문을 외치고 다시 고객에게 달려갔다. 그녀가 다시 카운터에 왔을 때 음식이 준비되어 있지 않으면 "이봐요, 털북숭이 아저씨! 빵가루 묻힌 커틀릿 어딨어요? 팔이 부러지기라도 했어요? 왜 아직도 안 됐냐고요!"라며 마구 재촉했다. 요리사들도 같은 말투로 응대했다. 웨이트리스가 주문을 잘못 받기라도 하면 대화는 더욱 거칠어졌다. 요리사들은 일부러 요리를 천천히 준비하는 식으로 복수했다. 화이트 박사는 요리사들이 의도적으로 웨이트리스를 무시하는 것을 목격했다.

컨설턴트라면 대인관계 기술 교육, 팀 강화 훈련, 급여제도 개선 등을 통해 이 분위기를 바꾸려 할 것이다. 그러나 화이트는 다른 접근방식을 선택했다. 이 문제를 해결하는 가장 좋은 방법은 직원들의 소통방식을 바꾸는 것이라고 생각했다.

그는 먼저 주문을 받을 때 50센트짜리 금속 막대를 이용하라고 권했다. 웨이트리스들은 주문내용을 구체적으로 적은 주문서를 그 막대에 꽂고, 이 막대를 받은 요리사는 가장 효율적인 순서대로 요리를 준비한다. 물론 먼저 온 고객을 먼저 대접한다는 규정 하에서 말이다.

다음 날 화이트의 건의안을 실행했다. 영업 전 모두 모여서 10분간 교육을 받았고, 결과는 성공적이었다. 매니저들은 내부 갈등과 고객 불만이 즉각적으로 줄었다고 보고했다. 요리사와 웨이트리스 모두 새로운 시스템을 좋아했고, 전보다 상대를 대하는 태도도 좋아졌다고 말했다. 요식업협회는 회원사에 새로운 시스템에 대한 정보를 제공했다.

화이트의 금속 막대는 행동에 직접 영향을 미치지 않았다. 규범이나 전통, 습관에 도전하지도 않았다. 대신 그는 언어소통의 필요성을 제거함으로써 그로 인한 모든 문제를 없앨 수 있었다. 사람이 아닌 시스템을 변화시켜 개선을 이룬 것이다.

물고기는 물을 가장 나중에 발견한다

화이트의 해결책이 필요 없는 회사는 좋은 회사일 것이다. 보통 사람은 행동을 변화시키기 위해 물리적 환경을 바꾸려는 생각을 하지 못한다. 누군가 잘못 행동하고 있으면 그 사람의 환경이 아닌, 그 사람 자체를 바꾸려고 노력한다. 사람만 보고 있으면, 방의 크기나 의자처럼 미묘하지만 강력한 영향력 요소의 영향을 볼 수 없다. 결국 우리의 가장 강력한 영향력 요소 가운데 하나인 물리적 환경을 제대로 이용하지 못하게 된다. 사회기술 이론가인 프레드 스틸은 "우리 대부분은 환경을 모르고 있다"고 말했다.

몇 년 전 대형 보험회사 사장을 만난 적이 있다. 사내에 널리 알려져 있지만 거의 논의되지 않는 품질 문제 때문에 수백만 달러를 낭비하고 있는 회사였다. 사장은 문제 해결을 위해 솔직하게 대화할 수 있는 분위기를 조성하려 했다. "신입사원을 포함한 전 직원이 자유롭게 자기 의견을 말할 수 있어야만 품질 문제를 해결할 수 있습니다."

이처럼 솔직한 대화를 강조하고, 진심어린 부탁도 하고, 메모도 돌리고, 교육도 실시했지만 직원들은 솔직한 의견을 말하지 않았다. 낙담한 사장은 HR 매니저에게 이야기했다. "계속 솔직하게 말해달라고 요청하는데도 안 되는구려." 그는 내게 직위고하와 부서를 막론하고 누구에게나, 특히 상사에게 반대의견을 자유롭게 말할 수 있는 분위기를 만들어달라고 요청했다.

사장실까지 가려면 6개의 긴 복도를 지나고, 수십만 달러가 넘는 고가 미술품 옆을 지나서, 다시 4개의 비서실을 통과해야 했다. 비서실을 통과할 때마다 직원들은 우리를 위아래로 훑어보고 방문 용건을 물었다. 마침내 사장실에 들어섰다. 사장은 캐딜락 크기의 책상에 앉아 있었다. 우리는 푹신한 소파에 앉았다. 몸이 소파에 파묻혀 거의 바닥까지 내려갔다. 그 자세에서 바라본 사장은 초등학생이 올려다보는 교장선생님 같았다.

사장은 입을 열었다. "이 사람들은 나와 대화하는 걸 무서워하는 것 같소." 사장실이 히틀러 집무실 같다는 사실은 모르는 듯했다. 히틀러는 "방문객들이 독일제국의 힘과 위엄을 맛볼 수 있도록" 복도를 150미터 이상으로 만들라고 명령했다. 솔직한 대화를 어렵게 하는 요소는 여러 가지일 것이다. 그러나 일단 사장실을 찾아온 사람이라면 누구든 그 환경 때문에 기가 질렸을 것이다.

"이 사무실의 위압감을 사장님은 극복하시는지 모르겠네요." 우리 일행 중 누군가 떨리는 목소리로 말했다.

이후 우리는 여러 가지 방법을 담은 계획을 수립했지만, 가장 먼저 한 일은 의사결정 집단의 집무실을 적정규모와 시설로 축소하는 것이었다.

물리적 환경은 사회 전체에 큰 영향을 미치지만 사람들은 그 사실을 잘 모른다. 조지 켈링은 외형적 특징이 부적절한 행동을 조장할 수 있다는 것을 깨닫고, 뉴욕의 강력범죄율을 무려 75퍼센트를 낮추기 위한 공동체운동을 시작했다. 이 영향력 대가가 엄청난 성과를 거둘 수 있었던 것은 물리적 환경을 바꿨기 때문이지만, 대부분의 사람들은 알지 못했다.

이전의 뉴욕 지하철은 강도와 살인자, 마약 거래자들이 좋아하는 장소였다. 범죄심리학자이자 '깨진 유리창 이론'의 창시자인 켈링은 무질서한 환경이 반사회적 행동을 부추기는 요소라고 주장한다. "방치된 깨진 유리창은 아무도 책임지지 않고 아무도 관심 갖고 있지 않다는 것을 암시한다." 이 대수롭지 않은 상황은 폭력을 포함한 수많은 무질서를 부른다.

물리적 환경이 공동체에 미치는 영향을 감소시키는 데 골몰한 켈링은 뉴욕교통국에 특별 전략을 권했다. 지역사회 지도자들이 작은 환경 개선에 집중해야 한다고 말이다. 환경의 작은 실마리가 범죄 환경을 제공한다는 점을 지적했다.

켈링팀은 침묵하는 환경을 체계적으로 공격했다. 낙서를 지우고, 담배꽁초를 줍고, 파손된 기물을 수리했다. 기지창 직원들은 열차가 들어오면 재빨리 낙서를 페인트로 지웠다. 청소와 경범죄 처벌이 병행되자 도시는 조금씩 달라졌다. 환경이 개선되었고, 공동체의 자부심이 커졌으며, 경미한 범죄가 줄어들었다. 폭력 같은 중한 범죄도 마찬가지로 감소했다. 켈링은 침묵하는 물리적 환경을 개선하라고 가르쳤고 큰 보상을 받았다.

인지되지 않는 이 강력한 환경의 영향력은 우리에게 희망을 준다. 낙서를 없애고, 벽을 옮기고, 보고체계를 바꾸고, 새로운 시스템을 도입하고, 실적을 게시하고, 기타 환경 개선에 노력한다면, 그렇게 행동에 영향을 미칠 수 있다면 리더와 부모, 변화주도자의 역할이 그렇게 어려울 것 같지는 않다. 사물은 생명이 없고 조용히 존재한다. 변화를 거부하지 않으며, 우리가 바꾸면 바뀐 상태 그대로 유지된다.

우리가 사물을 제대로 이용하지 못하는 이유는 두 가지다. 첫째는 우리가 지금까지 살펴보았던 문제다. 환경 요소들은 우리 눈에 보이지 않는다. 업무절차, 업무배치, 보고체계 등은 우리에게 어떤 암시도 주지 않는다. 물리적 공간을 잘 보지 못한다. 그래서 사회학자이자 물리적 공간 효과 전문가인 프레드 스틸은 우리가 환경을 모른다고 했다. 환경은 우리 행동에 영향을 미치지만 우리는 그 심대한 영향을 알지 못한다.

둘째로 우리는 환경이 우리에게 미치는 영향을 생각할 때도 환경을 어떻게 해야 하는지 잘 모른다. 사회심리학 이론을 머릿속을 가득 채우고 다니라는 말이 아니다. 누군가 우리에게 페스팅거, 샥터, 르윈의 근접성 이론(theory of propinquity : 공간이 관계에 미치는 영향)을 생각해봐야 한다고 말하면, 우리는 그가 농담한다고 생각할 것이다. 근접성이라니? 근접성이란 무엇인가?

이것이 바로 우리가 치러야 할 마지막 시험이다. 영향력 기술을 완비하려면 이 도전에 맞서서, 환경을 이용하는 능력을 길러야 한다. (1)환경의 영향을 잊지 않고, (2)환경 변화가 어떻게 행동 변화를 일으키는지 생각할 수 있다면, 더욱 강력한 영향력 도구를 얻게 될 것이다.

환경의 영향을 인식하라

물리적 환경을 생각하지 않아서 주변 환경의 영향을 느끼지 못했다면 이제는 변해야 한다. 물리적 세계의 침묵하는 요소들의 힘에 주목하면, 환경에 더 철저하게 대비할 수 있다. 우리가 어떻게 침묵하는 주변 환경의 포로가 되는지 안다면, 삶의 다른 영역에 대한 경계도 강화할 수 있다.

우리에게 영향을 미치는 환경을 이해한다면 개인 식습관에 어떤 도움을 받을까? 다이어트로 고생하는 헨리에게 뭐라고 말해줄 수 있을까?

다시금 영민한 사회학자인 완싱크의 연구결과를 살펴보자. 그는 물리적 특징의 작은 변화가 인간 행동에 큰 변화를 가져오는 과정을 보여준다. 그는 금방 점심식사를 마친 사람들에게 영화를 보라고 요청했다. 연구원들은 눅눅해진 팝콘을 작은 통, 중간 통, 큰 통에 담아 그들에게 나눠줬다. 팝콘은 너무 눅눅해서 씹을 때 찍찍 소리가 날 정도였다. 스티로폼 같다고 불평한 피실험자도 있었다.

점심을 막 먹은 터라 배가 부르고, 팝콘도 맛이 없었지만 거의 모두가 스티로폼 같은 그 팝콘을 먹었다. 흥미로운 점은 체구나 식욕에 관계없이, 통의 크기로 팝콘을 얼마나 먹는지 예측할 수 있었다는 사실이다. 큰 통을 선택한 사람들은 작은 통을 선택한 사람보다 53퍼센트나 더 먹었다. 주의를 빼앗는 영화, 통의 크기, 옆 사람이 먹는 소리 등 모든 요소가 평소라면 먹지 않았을 팝콘을 먹는 데 영향을 미쳤다.

　일반적인 생각과 달리 사람은 배가 찰 때까지 먹지 않는다. 실제로 배가 찬 것이 아니라 보이지 않는 환경 요소들로 인해 배가 찼다고 생각하는 것이다. 완싱크는 마법의 수프 그릇을 만들어서 이 사실을 증명했다. 그 그릇은 먹는 사람이 눈치 채지 못하게 바닥에서 수프를 다시 채울 수 있었다. 일반 그릇으로 먹은 사람은 평균 250그램의 수프를 먹고도 배부르다고 했지만, 마법의 그릇으로 먹은 사람은 425그램을 먹고서 배가 부르다고 했다. 심지어 1리터 이상 먹는 사람도 있었다. 두 그룹 모두 똑같이 만족했지만 먹은 양은 73퍼센트나 차이 났다. 우리의 무의식은 배부르다는 신호가 오도록 그릇이 비기를 기다린 것이다.

　완싱크는 사람들이 스스로 느끼지는 못하지만 하루 200회 이상 먹는 결정을 내린다고 주장한다. 이처럼 무심코 먹으면 배부르다는 느낌이 없어서 수백 칼로리를 섭취하게 된다. 액면 그대로 받아들이기는 어려워도 부분적으로는 사실이다. 우리가 무심코 내리는 결정을 조금 더 주의하기만 해도 식습관을 크게 개선할 수 있다.

　가족, 기업, 지역사회의 환경도 마찬가지다. 행동은 수십 가지 침묵하는 환경 요소에 영향을 받는다. 우리의 결정과 행동에 영향을 미치는데도 우리는 눈치 채지 못한다. 마지막 영향력 요소를 최대한 이용하기 위해 사람들에 대한 관심을 거두고 물리적 환경에 눈을 돌리라. 끈질긴 문제에 다가가서 해심행동을 확인하고 무심코 지나치는 환경의 특징을 찾으라. 조용히 우리의 잘못된 행동을 부추기는 환경의 특징을 잡아내라.

보이지 않는 것을 보이게 하라

조용히 우리의 행동을 지배하는 환경 요소를 찾았다면, 그것을 가시화시켜야 한다. 보이지 않는 환경 요소를 보이게 만들어야 한다. 사람들에게 영향을 주는 행동을 일깨워주기 위해 환경 요소를 인식할 수 있는 단서를 제공해야 한다. 완싱크는 실험을 위해 사람들에게 내용물이 포개져 담긴 감자 칩 통을 나눠줬다. 통제군에는 같은 색의 감자 칩을 차곡차곡 포개 담은 통을 제공하고 아무 때나 먹을 수 있게 했다. 실험군에는 열 번째 감자 칩마다 색이 다른 칩을 넣은 통을 주고 역시 언제든 먹게 했다. 그 결과 열 번째 감자 칩의 색이 달라서 먹은 양을 확인할 수 있는 실험군은 통제군보다 감자 칩 소비량이 37퍼센트나 낮게 나타났다.

어째서 그럴까? 완싱크가 열 번째 감자 칩마다 색을 달리해, 보이지 않는 소비량을 보이게 만들었기 때문이다. 감자 칩이나 색에 대해서는 아무도 언급하지 않았다. 먹는 양을 조절하라고 권하지도 않았다. 그런데도 시각적 신호가 존재하자 먹는 양을 의식한 것이다. 그래서 본능을 억제하고 절제하는 행동을 할 수 있었다.

비즈니스 리더들은 오래 전부터 보이지 않는 환경을 보이게 만드는 일이 얼마나 중요한지 알고 있었다. 에머리 항공화물 Emery Air

Freight은 1960년대 최초로 컨테이너 수송방식을 도입했다. 튼튼하고, 재사용이 가능하며, 균일한 크기의 컨테이너를 이용해 화물을 수송한다는 아이디어로 전 세계의 수송방식을 바꾸어놓았다. 컨테이너 수송은 기존 방식보다 훨씬 더 효율적이었기에 국제항공수송비를 큰 폭으로 떨어뜨렸다. 또한 높은 수송비로 인해 글로벌 경쟁의 무풍지대로 남아있던 철강, 자동차 업계에도 변화의 바람이 불어, 여기저기서 경쟁업체들이 생겨나기 시작했다.

당시 시스템 성과 담당 부사장 에드워드 피니는 컨테이너 크기에 맞게 활용하지 못하는 것이 불만스러웠다. 컨테이너가 다 채워지지 않은 채 수송되었기 때문이다. 감사팀의 조사결과 제대로 채워진 컨테이너는 45퍼센트에 불과했다. 직원들을 철저하게 훈련시키고, 가득 채우라고 끊임없이 지시했지만 여전히 절반 이상이 채워지지 않은 채 적재되었다. 피니는 온갖 시도를 다 해본 끝에, 보이지 않는 것을 보이게 만드는 방법을 생각해냈다. 컨테이너 안쪽에 화물을 채워 넣어야 하는 부분을 선으로 표시함으로써 의식적으로 목표에 집중하게 만든 것이다. 그러자 완전히 채워진 컨테이너의 비율은 45퍼센트에서 95퍼센트로 급상승했다. 보이지 않는 것을 보이게 만든 순간, 문제는 순식간에 해결되었다.

병원도 물리적 환경을 재구성하여 이런 개선을 실행할 수 있었다. 보이지 않는 비용을 보이게 만든 현명한 관리자들은 무의식적인 선택이 지니는 재정적 함축성을 이해하도록 돕는다. 한 병원 경영자는 임상의들에게 돈이 많이 드는 소모품 사용을 자제해달라고 요청했다. 편리한 라텍스 장갑은 약간 불편한 일반 일회용 장갑보다 10배 이상 비싸다. 그러나 비용 절감에 협조해달라는 경영진의 지속적 요청에도 불구하고 대부분의 의사들은 간단한 시술에도 값비싼 라텍스 장갑을 사용했다. 값싼 일반 장갑보다 훨씬 편리한데다가 그런 걸 절약해봤자 푼돈 밖에 안 된다고 생각하기 때문이다.

   그러던 어느 날, 누군가 값싼 장갑 박스에는 '25센트' 딱지를, 비싼 라텍스 장갑 박스에는 '3달러' 딱지를 붙여놓았다. 그러자 문제가 말끔하게 해결되었다. 의사들은 정보가 확실히 드러난 상태에서 선택하게 되었고, 비싼 라텍스 장갑 사용률은 급격하게 떨어졌다.

   앞서 살펴보았던 병원의 손 위생 정책을 다시 한 번 들여다보자. 벤더 박사는 의사들이 손을 씻게 하는 수단으로 스타벅스 상품권을 제공했다. 이 효과적인 영향력 전략은 손 위생기준 준수율을 65퍼센트에서 80퍼센트로 끌어올렸다. 하지만 끈질긴 벤더는 여기서 만족하지 않고 더 이상을 원했다. 다음에는 무엇을 하면 좋을까? 더 철저하고 완벽하게 손을 씻도록 동기부여하는 여러 가지 방법을 시도한 끝에, 보이지 않는 것을 보이게 만들어야 한다는 사실을 깨달았다. '질병을 일으키는 미생물보다 더 보이지 않는 것이 있을까?'

   이 문제는 작은 소동을 일으켰다. 과장급 정례회의에 참석한 의사들에게 미생물 배양기가 덮인 실험용 접시를 하나씩 나눠줬다. 그리고 접시에 손바닥을 눌러달라고 요청했다. 그는 접시를 수거한 후 사진 촬영을 위해 실험실로 보냈다.

   사진을 본 의사들은 경악했다. 테스트에 응하면서 자신의 손이 깨끗하다고 생각했던 의사들은 엄청나게 많은 박테리아를 보았다. 일상생활에서 환자들에게 그처럼 많은 박테리아를 옮기고 있다는 명백한 증거였다. 박테리아의 화려한 사진 가운데 일부는 병원 컴퓨터에서 큰 인기를 끄는 스크린 세이버로 제작되었다.

사진은 통렬한 대리경험, 손을 제대로 씻어야 한다는 사실을 상기시켜주는 시각적 단서가 되었다. 의사들은 질병을 일으키는 세균을 직접 보진 못했지만 사진으로는 볼 수 있었다. 자신의 손에 서식하는 혐오스러운 미생물의 군락을 보았다. 더 많은 오피니언 리더들이 철저하지 못한 손 위생의 결과로 세균 덩어리들을 목격한 후 병원은 거의 100퍼센트에 가까운 위생수칙 준수율을 확보했고, 이후 그 전통은 계속 지켜졌다.

데이터 흐름을 주시하라

영향력 대가들에게는 한 가지 공통 전략이 있다. 알려지지 않은 정보를 드러내는 일에 영향을 끼쳤다. 환경의 작은 단서를 제공함으로써 중요한 데이터에 관심을 집중시켰고, 사람들의 생각을 바꿔 궁극적으로 행동을 변화시켰다. 사람들은 손을 철저하게 씻고 값싼 장갑을 사용하고 컨테이너를 가득 채우는 일에 반대하지 않았다. 그래서 제시된 자료를 보고 행동을 바꾼 것이다.

정보는 행동에 영향을 미친다. 사람들은 어떤 행동이 어떤 결과를 낳는지 설명해주는 인지 지도를 토대로 선택한다. 그러나 데이터를 어디서 얻는지, 그것이 우리 행동에 어떤 영향을 미치는지는 모르고 행동한다. 우리는 자주 불완전하거나 부정확한 정보에 노출되는데도, 그 정보를 자주 제공받으면 오해하곤 한다. 잘못된 정보인데도 현실을 정확히 반영했다고 여기고 그에 근거하여 행동하기 쉽다.

   현재 세계에서 분쟁이 일어나고 있는 지역을 빨리 언급해보라. 평균적으로 두서너 군데는 말할 수 있을 것이다. 그렇다면 왜 그 지역을 말했는지 자문해보라. 왜 유독 그 지역이었는가? 가장 많은 사상자가 나는 지역이라서? 아니면 정치적 의미가 큰 곳이라서?

   아마도 정답은 "언론에서 가장 많이 다뤄져서"일 것이다. 전 세계 20개 지역 이상에서 매일 분쟁이 발생한다. 그중 가장 끔찍한 전쟁이 벌어지는 곳은 거의 대부분 전 세계에 알려진다. 우리가 지나치게 언론의 영향을 많이 받는다는 사실보다는, 이런 일이 우리에게도 일어나고 있다는 사실을 모른다는 점이 더욱 놀라운 현실이다.

   우리는 머릿속에 있는 편리한 휴리스틱(heuristic, 의사결정과정을 단순화한 지침. 경험에 기반을 두어 문제를 해결, 학습, 발견해내는 방법론) 때문에 이런 실수를 범한다. 인지심리학자들은 이를 '대표성 휴리스틱**Representative heuristic**'이라고 부른다. 그것이 어떻게 작용하는지 이해하기 위해 문제를 풀어보자. 세계적으로 볼 때 사망의 가장 큰 원인은 무엇일까? 자살 혹은 살인? 화재 아니면 홍수? 대부분의 사람들은 살인과 화재라고 대답할 것이다. 왜냐하면 뉴스에서 가장 많이 보도되는 사건이기 때문이다.

자살 사건은 일반적으로 개인 사생활 보호를 이유로 잘 보도되지 않는다. 그렇기에 자살이 빈번하게 일어난다는 사실을 알지 못한다. 반면 화재는 극적으로 생명을 앗아간다. 저녁뉴스팀은 한시라도 빨리 타오르는 불길 앞에서 급박하게 보도하는 기자의 모습을 화면으로 보여주고 싶어 한다. 우리는 자살과 익사보다는 화재와 살인을 뉴스에서 더 자주 본다. 그렇기 때문에 화재와 살인으로 인한 사망 건수가 더 많다고 생각하지만 사실은 그렇지 않다. 홍수와 자살 때문에 사망한 사람이 더 많다. 그러나 정신적 휴리스틱을 적용했기에 부정확한 데이터 흐름에 휩싸이고 마는 것이다.

영향력 귀재들은 정확한 데이터 흐름의 중요성을 인식하고 핵심 행동에 전략 초점을 맞추는 데 집중한다. 즉 그들의 목표를 지원하는 가시적이고, 적절하며, 정확한 정보를 제공한다. 데이터의 제물이 되는 대신에 데이터를 충실하게 관리한다. 도널드 홉킨스 박사가 메디나선충을 박멸하기 위해 국제적인 운동을 펼칠 때 어떤 문제와 싸웠는지 생각해보라. 국제적인 운동을 시작할 때 가장 큰 문제는, 그 기생충을 개발도상국 국가지도자들의 최우선과제에 올려놓는 것이었다. 대부분의 지도자들은 기생충 따위보다는 유혈혁명, 쿠데타, 경제난, 부패 정치인을 훨씬 더 우려했다.

기생충 문제는 처음부터 주목을 받지 못했다. 대부분의 국가지도자들은 도시에서 자랐기에 메디니선충으로 인한 고통을 전혀 몰랐다. 카터센터를 세운 지미 카터는 파키스탄에서 메디나선충 퇴치 운동을 벌일 때 가장 곤란했던 사항은, 파키스탄 대통령이 그 기생충에 대해 들어본 적도 없다는 사실이었다. 게다가 기생충은 보이지 않기 때문에, 질병 원인을 아는 지도자들도 마을에 주의를 기울이지 못했다. 도시지역에서 정치적 지지를 이끌어내느라 더 바빴기 때문이다.

그렇기에 홉킨스에게 당면한 가장 큰 문제는 데이터의 흐름을 바꾸어 지배집단이 메디나선충의 중요성을 인식시키는 것이었다. 지금까지도 메디나선충 박멸팀이 가장 먼저 하는 일은 데이터 수집이다.

홉킨스는 이렇게 말했다. "메디나선충 퇴치 운동에 데이터는 대단히 중요합니다. 우리가 가장 먼저 하는 일은 전국 감염실태에 대한 기초정보를 수집하는 것이죠." 실제 그들은 사람들의 주의를 끌기 위해 직관에 반하는 놀라운 통계를 찾는다. 일례로 나이지리아 국가 지도자들은 메디나선충 감염이 전국적으로 1-2천 건에 불과하다고 생각했다. 그러나 1989년 전국 지역조사 책임자들로부터 다수의 감염결과를 보고받은 지도자들은, 65만 건이 훨씬 넘는다는 사실을 발견하고 충격에 휩싸였다. 그들 예상보다 30배가 넘는 수치였다! 나이지리아는 세계에서 전염병이 가장 많이 발병하는 국가였다. 이런 새로운 정보가 나타나자 기생충 박멸을 위한 국가지원도 대폭 강화되었다.

데이터 흐름 관리는 사람들의 예상을 뛰어넘어 그들의 인지 지도를 바꿔놓는 수치에 의존한다. 그렇기에 새롭고 일관되며 관련성 있는 데이터가 큰 효력을 발휘한다. 홉킨스는 카터센터 연구 팀의 영향력은 주로 지도자들에게 설득력 있는 정보를 제공하는 데서 나온다고 지적한다. 메디나선충 박멸 프로그램의 기술 책임자인 루이즈 티벤은 홉킨스와 함께 일하고 있다. 그는 카터센터의 연구를 관장하고 있으며, 국제적 운동 상황 점검과 소통의 핵심 업무를 맡고 있다. 또한 매달 카터센터와 질병관리센터에서 발간하는 〈메디나선충 보고서〉 같은 출판물을 통해 메디나선충 박멸 데이터를 제공한다. 이 보고서에는 각국의 진척상황과 실패사례가 담겨 있다.

홉킨스가 씩 웃으면서 말한다. "우리는 많은 그래프, 도표, 표를 제시합니다. 하지만 메디나선충을 둘러싼 경쟁보다 더 영향력 있는 요소는 없어요. 우리는 각 국가 현황을 발표하면서 지도자들의 경쟁 본능을 자극하죠. 그들은 자기 나라가 감염자가 얼마이고, 이웃나라와 비교하면 어떤지 관심이 많거든요."

이 데이터는 행동에 영향을 미치는가?

"나는 버키나 파소 대통령과 대화하면서 우리의 운동에 대한 우려를 전했습니다. 그래프와 차트를 잔뜩 준비해갔지만, 그가 가장 알고 싶어 하는 것은 메디나선충 경쟁 상황이었죠. 경쟁에서 꼴찌를 하는 것은 견디지 못했기 때문입니다. 그 경쟁이 지도자들의 관심을 끌었지요."

기업차원에서도 정보 흐름이 행동에 미치는 영향을 쉽게 확인할 수 있다. 각 직원 집단이 서로 다른 데이터의 흐름에 노출되면, 우선순위도 달라지고 열정의 크기도 달라진다. 직원 집단, 부서, 지위가 달라지면 회사의 성공 기준도 바뀐다. 서로 다른 가치를 가지고 있어서가 아니라 서로 다른 데이터에 노출되었기 때문이다. 불만 고객을 상대하는 직원들은 대개 고객의 대변자가 된다. 항상 재무제표에 대해 생각하는 최고경영진은 주주들의 대변자가 된다. 일상적으로 품질을 검사하는 직원들은 품질의 대변자가 된다. 당연한 일이다.

그러나 하나의 이해당사자 그룹만 중시하면 문제가 발생한다. 하나의 데이터에만 의존하는 사람은 균형 있는 행동을 할 수 없다. 내가 함께 일했던 고위경영자 집단은 생산수치에 관심이 많아 매주 생산수치를 점검했다. 그러다 직원들의 사기 문제가 제기되자(대개는 불만이 함께 터져 나온다), 그들은 뒤늦게 '사람들 문제'에 관심을 가졌다. 고객만족도 마찬가지였다. 우선순위는 높았지만, 경쟁사에 주요 고객을 뺏기기 전에는 고객에게 관심도 없었고 고객과의 관계를 향상시키기 위한 노력도 전혀 하지 않았다.

나는 경영진의 협소한 관심분야를 넓히기 위해 다른 데이터를 제공했다. 이제 그들은 주간 생산수치와 함께 고객과 직원 관련 데이터도 열심히 들여다본다. 주주에 집중하는 패턴에서 벗어나 여러 이해당사자 집단에 두루 관심을 보인다. 나는 고객만족만 중시했던 직원들에게도 주간 지출과 수익 데이터를 제공했고 그들 역시 관심분야를 넓혔다. 불만 고객을 대할 때는 단순히 돈으로 문제를 해결하려 들지 않았다(돈이 가장 쉬운 해결방법인 경우가 많다). 대신 비용효과가 높은 다른 방법을 찾기 시작했다. 내가 미처 개입하기도 전에 임직원들은 모든 이해당사자들의 중요성을 깨달았다. 그러나 여러 가지 데이터를 접하기 않으면 편협한 행동을 고칠 수 없다.

한 가지 주의사항이 있다. 과유불급이고, 좋은 것도 지나치면 해가 되는 법이다. 너무 많은 데이터를 수집한 나머지 판단을 흐트러뜨리는 리더들도 많다. 끊임없이 쏟아져 들어오는 보고서, 유인물, 이메일 등은 판단을 흐리는 단편적 정보에 불과하다. 영향력 대가들은 이런 정보에 휘둘리는 실수를 범하지 않는다. 필요 데이터에만 집중하고 데이터를 신중하게 선택해 필요한 사람들에게 전해준다. 그들은 데이터를 수집하거나 발표하는 유일한 목적은 핵심행동을 강화하기 위해서라는 점을 잘 안다.

공간: 마지막 프런티어

우리의 행동에 대한 데이터의 영향을 인식하는 것도 어렵지만, 물리적 공간의 영향을 인식하는 것은 더 어렵다. 건축가들이 공간을 창출하면 우리는 오랫동안 그 영향을 받으며 살지만 그 사실을 전혀 깨닫지 못한다. 사회심리학자 레온 페스팅거 등은 공간이 대인관계에 미치는 영향을 연구하면서, 가장 심각한 사회심리학적 현상 중 하나인 근접성을 연구했다. 근접성이란 물리적 공간의 측면에서 가까이 있는 것을 의미한다. 페스팅거 등은 근접성이 우리의 행동과 관계에 어떤 영향을 미치는지 연구했다.

   누가 누구와 결혼하고 그들이 어떻게 만났는지 생각해보라. 직장에서 누가 사발적으로 협력하는지 생각해보라. 아파트에서 누가 가장 많은 친구와 지인들을 가지고 있는지 조사해보라. 어느 직원이

상사와의 관계에 만족하는지 조사해보라. 이런 복잡한 대인관계는 대부분 개인적 관심사와 성향에 영향을 받는다. 정말 그런가?

아니다. 페스팅거는 상호작용이 물리적 거리의 영향을 받는다는 사실을 발견했다. 같은 아파트에 살고 있는 사람들은 서로 떨어져 있는 주택에 사는 사람들보다 알고 지내는 사람들이 많다. 집 앞에 우체통이 있는 사람들은 주변 사람보다 더 많은 이웃을 갖고 있다. 기업에서 부하직원들과 자주 대화를 나누는 상사는 그들과 좋은 관계를 유지하고 있다. 그렇다면 누가 가장 대화를 많이 할까? 직원들과 가장 가까운 거리에 있는 직속상사다.

그렇다면 멀리 떨어져 있는 사람들은 어떻게 되는가? 멀리 떨어져 있으면 불편하고 우정에 문제가 생긴다. 떨어져 있는 직원들끼리 만나서 이야기하지 않으면(서로를 알고 문제를 함께 해결하려고 노력하지 않을 때) 나쁜 일이 생긴다. 벽이 생기고 부서 간에 싸움이 벌어진다. 직원들은 다른 부서 직원들에게 "그들이…"라며 꼬리표를 붙이고, 서로 마주칠 일이 없는 '저쪽 사람들'은 나쁜 사람들이고 모든 문제의 원인이라고 생각한다. 회사에서 누가 누구를 불신하고, 누가 누구와 잘 지내지 못하는지 알고 싶으면, 줄자를 꺼내서 그들 사이의 거리를 재보라.

하지만 모든 사람이 공간과 거리의 부정적 영향으로 손해를 입는 것은 아니다. 공간을 강력한 영향력의 지렛대로 이용하는 사람도 있다. 핵심행동을 촉진하는 수단으로 공간을 이용한다. 델런시 스트리트가 그 대표 사례다. 실버트는 두 가지 핵심행동 촉진을 목표로 삼

앉다. 그녀는 원생들에게 타인을 책임지고, 관심 있는 모든 사람에게 책임을 물으라고 요구한다. 하지만 원생들이 어떤 사람들인가? 잘못하다간 서로를 열심히 때려눕힐 것이었다.

그래서 실버트는 제일 먼저, 이전에 원수지간이었던 사람들을 한 팀으로 만들었다. 세 명이 한 방을 쓰게 한다. 한 사람은 멕시코 마피아, 다른 사람은 범죄 조직원, 나머지 한 명은 교도소 폭력조직 리더였다. 기숙사에서는 다양한 배경을 가진 9명이 한 방을 쓴다. 배경이 다른 사람이 상사가 될 수도 있고, 인종이 다른 사람이 '10인 회의' 리더가 되기도 한다. 서로 편견을 가질 수 있는 사람들을 모아 같은 방에 배정하고, 건강한 방식으로 서로 도와주고 서로 책임을 물으라고 요구한다.

나는 과거 원수지간이었던 사람들이 델런시 식당에서 함께 식사하면서 가까이 지내는 것이 어떤 효과를 내는지 관찰했다. 온몸에 문신을 새긴 신입 원생 커트가 식당에서 접시를 떨어뜨려 깨뜨렸다. 이제 막 입소한 터라 일이 많이 서투른 듯했다.

커트는 캘리포니아에서도 범죄율이 높고 흑인들이 많이 사는 리치몬드 출신이다. 흑인에 대한 증오를 부추기는 백인 범죄조직 문화에서 생활한 그는, 입소 전 5년 동안 노숙자로 지냈다. 지난 2달은 마약 금단현상 때문에 죽음 같은 고통을 참고 견뎠다. 그렇기에 아직은 고객에게 좋은 인상을 줄 수 있을 만큼 식당일에 익숙하지 못했다. 접시를 깨뜨린 거드는 부끄러워 고개를 떨어뜨렸다. 식사하던 수십 명의 고객들이 놀라 커트를 바라보는 바람에 얼굴을 들 수 없었다. 자신을 쳐다보는 사람들에게 욕을 해주고도 싶었고, 그 자리에서 연기처럼 사라져버리고 싶은 마음까지 들었다.

하지만 그 다음에 벌어진 일은 근접성의 힘을 여실히 보여주었다. 리치몬드에서는 서로 앙숙인 조직에 속해 있었지만, 지금은 한 방을 쓰고 있는 흑인 매니저가 커트에게 급히 달려왔다. 그는 깨진 접시 조각을 줍고 있는 커트 곁에 앉아서 도와주었다. 그는 커트에게 미소 지으며 말했다. "괜찮아, 그럴 수 있어." 커트는 평정심을 되찾고 다시 계속 일할 수 있었다.

델런시에서 일어나는 변화를 보고 있으면, 근접성이 관계 증진에 어떻게 이용되는지 알 수 있다. 사람들에게 상호의존적 역할을 부여하고, 근접한 거리에서 일하게 하라. 그러면 그들을 위협하던 나쁜 관계도 긍정적으로 바뀔 가능성이 높아진다.

가족도 공간적 거리에 영향을 받는다. 최근 한 연구에 따르면, 가정에서 식탁이 빠른 속도로 사라지고 있는 것으로 나타났다. 가정에서 식탁이 없어지는 것과 가족의 붕괴는 상관관계가 있을까? 가구 매출감소가 가족의 유대를 저해한다는 뜻이 아니다. 식탁은 가족이 함께 모이는 공간이기에 중요한 의미를 지닌다. 그런 식탁이 사라지면 가족이 함께할 많은 시간도 없어지게 된다.

그렇다면 이제 식탁을 사용하지 않는 이유는 무엇일까? 전자레인지를 보라. 전통적으로 저녁식사는 모든 가족이 같은 시간 같은 장소에 모이는 중요한 시간이자 행사였다. 그러나 전자레인지가 누구에게나 언제나 음식 준비를 빠르고 편하게 만들어주자 모든 것이 변했다. 한 번에 많은 양의 음식을 준비할 필요가 없어졌다.

식탁이 사라지면서 가족이 일상적으로 얼굴을 맞대며 소통할 기회도 사라졌다. 요즘 십대들은 부모와 식사하기보다는 자기 방에서 컴퓨터를 보며 혼자 먹거나 친구들과 식사한다. 집의 평수가 넓어지고 각자 자기 방에서 텔레비전 혹은 컴퓨터를 보면서, 부모의 영향력은 더욱 약화되었다.

기업 내에서 우정이 협력보다 중요하지 않은 경우, 근접성은 일상업무의 효과성에 큰 영향을 미친다. 공간적 거리는 사람들의 일상적 접촉을 방해하고 반목과 영향력 상실을 낳는다.

그러나 사람들은 이런 상황을 별로 아쉬워하지 않는다. 바로 그 점이 가장 큰 문제다. 사람들은 서로 우연히 마주치면서 상대에게 궁금한 점을 물어보고, 생각도 나누며, 문제해결책을 얻기도 한다. 사회학자 빌 오우치는 HP에서 시도한 업무방식이 비공식적인 접촉과 협력을 크게 향상시켰음을 발견했다. HP 경영자들은 직원들에게 어질러진 책상을 정리하지 말라고 했다. 바퀴벌레를 불러들이려는 것이 아니라 사람들을 불러들이기 위해서였다. 실제로 책상 위에 놓인 동료의 업무가 눈에 보이고 접근이 가능하게 만들자, 지나가던 직원들이 서로 관심을 보이고 동료의 업무에 참여하는 가능성도 높아졌다.

직원들이 서로 우연히 만나서 어질러진 책상 위의 서류들을 보고 생각을 나누자, 공식적인 프로젝트에 협력할 가능성도 높아졌다. 우연히 대화를 시작했다가 프로젝트 이야기까지 하게 된다. 몇몇 리더가 회사 대부분의 문제를 해결해야 한다면, 이러한 직원들의 대화는 매우 유익하다.

공간적 거리는 이처럼 사람들이 우연히 만나 생각을 나누는 것을 막는다. 벨 연구소의 연구원들은 과학자들의 협력에 영향을 미치는 여러 가지 요소들을 검증했다. 예상대로 가장 큰 영향을 미치는 요소는 연구실간 거리였다. 연구실이 가까이 붙어 있는 과학자들은 연구실이 10미터 간격으로 떨어져 있는 과학자들보다 전문주제에 대한 토의 가능성이 3배 높았다. 27미터 떨어져 있으면, 몇 킬로미터 떨어져 있는 것처럼 협력하기가 어려웠다. 협력 가능성은 불과 몇 미터만 멀어져도 크게 낮아졌다.

근접성은 이처럼 비공식적 접촉과 협력에 엄청난 영향을 미친다. 그렇기 때문에, 현명한 리더들은 물리적 공간을 관계향상 수단으로 이용한다. 사람들에게 협력을 지시하는 대신에 사무실을 돌아다니면서 협력을 당부하거나, 서로 대화 가능한 공간을 만들어주거나, 간식을 먹을 수 있는 시설을 제공한다. HP 경영자들은 한 발 더 나아가 매일 휴식시간을 갖도록 독려했다. 직원들은 업무를 중단하고 휴게실에 모여 간식을 먹으면서 동료와 대화를 나눴다. 회사는 휴식과 대화에 필요한 간식 제공에 많은 비용을 투자했지만, 비공식적인 대화와 협력 그리고 시너지에 따른 이익은 투자비용보다 훨씬 크다고 주장한다. 물리적 공간은 기업 효율에 방해가 될 수도 있고, HP처럼 이익이 될 수도 있다.

지역사회 리더들도 물리적 공간에서 이익을 창출할 수 있다. 무하마드 유누스는 방글라데시의 가난한 여성들을 도우면서 근접성의 중요성을 알게 되었다. 전통적으로 여성들은 가정에서 벗어나 사회로 나올 수 없었다. 유누스는 방글라데시 여성들에게 소액신용대출을 제공하기로 했을 때, 그들이 서로 자주 만나지 않는다면 실패할 거라고 생각했다. 그래서 여러 명이 그룹을 만들어 서로를 지원하도록 했다. 유누스는 고객들의 경제적 상황만 바꾼 것이 아니라 소그룹을 통해 사회 전체를 바꾸려 했다.

  방글라데시 가지푸르 마을을 찾아간 우리 팀은, 유누스가 근접성의 힘을 이용해 새로운 사회 질서를 창조했다는 사실을 알 수 있었다. 그라민 은행은 모든 대출자에게 16가지 약속을 하라고 요구한다. 우리는 작은 건물에서 30명의 대출자 집단이 한 목소리로 16가지 약속을 복창하는 모습을 지켜보았다. "나는 신부 지참금을 주지도 받지도 않겠습니다"는 약속도 있다.

  이 특별한 약속은 그들의 가정 경제에 중대한 영향을 미친다. 신부 지참금은 사회적 갈등과 경제적 어려움을 초래한다. 딸을 결혼시키려면 기둥뿌리를 뽑아야만 한다. 딸들은 "너 같은 것 때문에 집이 망하게 생겼다"며 한탄하는 아버지에게 구박을 당하기 일쑤다. 그런데 이제 30명의 여성들은 큰 소리로 저주스러운 신부 지참금을 폐지하리라고 약속한다.

  이후 우리는 그녀들과 대화를 나누면서 작년에 자녀를 결혼시킨 사람이 있는지 물었다. 5명이 사랑스럽게 손을 들었다. 신부 지참금을 주거나 받았는지도 물었다. 3명이 쭈뼛거리며 손을 들었다. 디팔

리와 쉬리나는 손을 들지 않았다. 전통 악습이 사라지고 있다는 증거였다. "두 분은 어떻게 관습을 따르지 않을 수 있었죠?" 그녀들은 서로 바라보더니 환하게 웃으며 말했다. "우리는 사돈이 되었으니까요. 우리 아들이 이집 딸과 결혼했거든요." 사람들은 환호하며 박수를 보냈다.

그들은 당당하게 행동하며 자신들에게 씌어진 운명의 굴레를 거부했다. 매주 만나서 대화하고, 사업을 구상하며, 서로 지원하고, 서로 대출보증을 서 주며 진정한 공동체를 형성했다. 이 모든 것이 작은 건물에서 이루어졌다.

이 대담한 사업가들이 만나서 가난을 벗어나려 할 때, 여러 가지 사회적 힘이 작용한다. 그들이 서로에게 제공하는 사회적 지원은 어려운 시기를 넘기는 데 힘이 된다. 서로 대출에 보증을 섰다는 사실은 그들이 시작한 사업이 심사숙고한 결과임을 말해준다. 그들 그룹을 은행의 주목을 받기에 충분한 수익을 내고 있다. 아마 개인적으로 대출을 받았다면 은행의 주의를 끌지 못했을 것이다.

유누스와 그의 팀은 이 모든 것을 가능케 해주는 공간을 만들어내는 감각도 가지고 있었다. 공간을 마련하기란 쉽지 않았다. 30명의 가난한 여성들을 수용할 수 있는 저렴한 건물을 세우려면 엄청난 노력과 주의 깊은 계획이 필요했다. 하지만 그들은 해냈다. 그들의 건물은 여러 차례 국제디자인상도 받았다.

그들과 우리에게 공간을 마련해준 건축가들에게 박수를 보내자. 그 효과적인 건물을 만들어준 것에 감사하자.

어려운 일을 쉽게 만드는 도구

오랫동안 인간이 도구를 사용하는 유일한 동물이냐에 대한 논쟁이 계속되고 있다. 과학자들은 침팬지가 개미집을 손으로 파지 않고 입구에 나뭇가지를 넣어서 개미를 모으는 모습을 보고, 인간과 DNA의 95퍼센트가 일치하는 이 동물도 도구를 사용한다는 결론을 내렸다. 지능이 높은 영장류 동물들은 도구를 사용할 줄 안다. 어려운 일을 쉽게 만들 수 있는 방법을 찾기 위해 노력한다.

약 백 년 전, 과학적 관리이론의 시조 프레더릭 테일러는 도구를 더욱 현명하게 사용하는 법을 궁리했다. 베들레헴 스틸의 직원들이 작업할 때마다 크기가 같은 삽 하나만 사용하는 것에 착안하여, 가장 효과적인 삽의 하중은 21.5파운드라는 결론을 내리고, 내용물에 관계없이 직원들이 드는 무게가 항상 일정할 수 있도록 해주는 여러 종류의 삽을 만들고 구입했다. 직원들의 작업속도는 더욱 빨라지고 효율성도 높아졌다.

오늘날 경영자들도 이런 연구에 주목한다. 모범사례는 물론 일반 사례도 연구하며, 주의 깊게 분석하여 행동을 개선하려 한다. 그러나 이 규율의 원칙은 이혼, 비만, 마약중독, 신용카드 중독, 에이즈 확산 같은 복잡한 문제에는 잘 적용되지 않고 있다. 주문메모 꽂이 막대를 개발한 화이트 박사는 사회적 문제에 기술적 해결책을 제시했지만, 대부분의 사람들은 산업공학을 인간의 도전을 극복하는 자원이라고 생각하지 않는다.

영향력의 대가들은 이 점에서 일반인과 다르다. 그들은 효율성의 원칙을 고차원적으로 적용한다. 따분하고 고통스럽고 위험하고 싫은 활동을 계속하도록 동기를 부여하기보다는 그 상황을 바꿀 방법을 찾는다. 침팬지가 나뭇가지를 이용하듯이 상황을 바꿔서 올바른 행동을 쉽게, 잘못된 행동은 어렵게 하도록 만든다.

메디나선충이 인도 대륙에서 그처럼 효과적으로 박멸한 주요 이유 중 하나는, 영향력의 대가들이 나쁜 물이 아닌 좋은 물을 쉽게 마실 수 있도록 조치했기 때문이다. 그들의 전략을 살펴보자.

개발도상국 여성들이 매일 식수원에서 물을 길어오는 데 몇 시간씩 걸린다. 더 생산적이고 즐거운 활동에 사용할 수 있는 시간을, 무거운 물동이를 지고 물을 길어오는 데 다 할애한다. 게다가 그들의 식수원에는 대개 물벼룩과 메디나선충 유충이 우글거린다.

카터센터의 변화주도자들은 스커트를 이용해 정수한 물을 마시는 마을 사람들에게 메디나선충 문제가 거의 없다는 것을 발견했다. 그러나 스커트로는 완벽하게 정수할 수 없다. 카터센터는 저렴하고 오래가는 천 필터를 개발하기 시작했다. 효과적이고 효율적이며 오래가는 필터를 제공할 수 있다면 기생충은 사라질 것이다.

지미 카터는 필터의 탄생 과정을 이렇게 설명했다.

"나는 전 가족이 E.I 듀퐁 주식을 20퍼센트 가량 보유하고 있는 에드가 브론트만을 만나러 갔습니다. 그에게 5년 동안 25만 달러를 기부해줄 수 있는지 물었죠. 그는 내게 물었습니다.

'그 돈을 어디에 쓰려 하십니까?'

'메디나선충 박멸에 쓸 겁니다. 메디나선충을 없애는 가장 좋은 방법은 촘촘한 천으로 물을 걸러 사용하는 것입니다.'

'이 테이블 냅킨 같은 천이요?'

'그렇습니다.'

'그럼 냅킨을 사용하면 되지 않습니까?'

'하루 8번에서 10번 정도 적셨다 말렸다 해야 하는데, 더운 나라에서 그러면 2주 만에다 썩어버리고 맙니다.'

'알겠습니다. 그렇다면 도와드리죠.'"

브론트만은 듀퐁 이사회에 이 안건을 상정했다. 그들은 열대지방에서도 썩지 않는 나일론 섬유를 생산하는 스위스 회사를 알고 있었다. 듀퐁은 이 섬유를 솜씨 좋은 방직공장에 보내어 정수용 천을 생산했다. 이 회사는 카터센터에 정수용 10제곱킬로미터를 기부했다.

"이 소중한 자원 덕분에 메디나선충을 없앨 수 있었습니다"라고 카터는 말을 맺었다.

정수용 천이 보급되자 정수는 한결 간단해졌다. 이 단순한 천이 수백 개 마을의 기생충을 박멸시켰다.

인도에서는 물을 더 효과적으로 정수할 수 있는 세련된 공학적 해결책이 나왔다. 아프리카 사하라 사막 이남 지역과 달리 인도에는 맑고 깨끗한 물이 지표면 가까이에 있었다. 그래서 엔지니어들은 전국 수백 개 마을에 우물을 팠다. 이 간단한 전략으로 인해 안전한 물은 쉽게 접근할 수 있었고, 나쁜 물에는 접근하기 어려워졌다. 숙주를 잃은 인도의 메디나선충은 급속도로 사라졌다.

델런시의 성공 비결 역시 올바른 행동은 하기 쉽게, 잘못된 행동은 하기 어렵게 만든 것이다. 특히 마약중독자들의 경우가 그렇다. 신입 원생들의 마약 금단현상을 생각해보라. 헤로인 금단현상은 죽을 만큼 고통스럽다고 한다. 얼마나 고통스러운지, 마약을 끊은 사람이나 이미 마약에 찌들어 별 쾌감을 못 느끼는 중증 중독자들도 단지 금단현상의 고통이 무서워 계속 마약을 사용할 정도다.

하지만 델런시에 입소한 거의 모든 마약중독자들은 이 고통의 기간을 견뎌낸다. 그럴 수 있는 이유는 환경이 바뀌었기 때문이다. 입소 전 그들 주변에는 온통 마약 및 범죄를 부추기는 사람들뿐이었다. 하지만 이제는 전혀 그렇지 않은 동료 8명과 한 방을 쓴다. 같은 층에는 그런 동료들이 50명 더 있고, 같은 기숙사 동에는 그런 동료들이 200명이나 더 있다. 그러나 이전처럼 마약을 하고 싶다면, 그 어느 때보다도 멀리 나가야만 한다. 마약을 하기 귀찮고 어려워진 것이다. 이처럼 실버트는 나쁜 행동을 어렵게 만들고 옳은 행동을 쉽게 만드는 일이 얼마나 중요한지 잘 알고 있었다. 그렇기에 이 모든 일이 가능할 수 있었다.

마약중독자도 아니고 기생충도 없는 사람에게 이 원칙은 무슨 소용이 있을까? 우리의 친구 헨리에게는? 다이어트에 대해서는 좋은 소식이 있다. 브라이언 완싱크는 좋은 먹거리를 쉽게 먹을 수 있게 만들고, 나쁜 먹을거리를 어렵게 먹을 수 있게 만든다면 허리띠를 몇 칸 줄일 수 있을 것이라는 점을 보여줬다.

　브라이언 완싱크는 식사에 사용되는 접시 크기가 음식 섭취량에 영향을 미친다는 사실을 발견했다. 접시가 적으면 적은 양에 만족한다. 따라서 칼로리 섭취량을 줄이고 싶으면, 접시를 작은 것으로 바꾸면 된다. 스낵의 위치와 포장의 투명도에 따라 그 식품 소비가 무려 50퍼센트 이상 늘거나 줄 수 있다는 것도 알았다. 초콜릿 바가 담긴 병이 책상 위에 있을 때는 좀더 떨어진 책장 위에 있을 때보다 먹는 양이 2배가 되었다. 투명 포장된 아이스크림은 종이 포장된 아이스크림보다 섭취율이 훨씬 높다.

　운동기구를 사용할 때도 거리의 영향을 받는다. 운동용 고정자전거를 거실에서 지하실로 옮기면 운동 횟수는 급격히 떨어진다. 유산소운동을 위해 헬스클럽까지 걸어 다니면 운동기구의 사용 가능성이 낮아진다고 한다.

　건강한 생활습관을 유지하려 싶다면 자신의 행동에 영향을 미치는 요소들을 신속하게 파악해야 한다. 매시간 나쁜 음식과 좋은 음식을 선택할 수 있는 기회가 얼마나 많은지 세어보라. 운동하기 얼마나 어려운 상황인지도 살펴보라. 헬스클럽까지 얼마나 걸리는가? 운동하려면 지하실까지 내려가야 하는가?

　올바른 행동을 하기 쉽게, 잘못된 행동은 하기 어렵게 만들려면 집안에서 얼마나 많은 물건을 옮겨야 하는지 생각해보라. 물론 좋은 식습관과 규칙적인 운동을 하기 위해 힝싱 딘호하게 헹동하고, 인내할 수도 있다. 목표를 잊지 않도록 항상 동기부여 강연 테이프를 들을 수도 있다. 혹은 단순하게, 올바른 행동은 하기 쉽게 만들고 잘못된 일은 하기 어렵게 만들 수도 있다. 자신에게 맞는 방법을 선택해 사용하면 된다.

병원 역시 올바른 행동을 하기 쉽게 만들 수 있다. 많은 병원들이 투약 실수를 줄이기 위해 노력한다. 과거에 알약은 성분표시가 전혀 없는 적갈색 병에 들어 있었고, 조제실에는 다양한 알약이 든 적갈색 병들이 죽 늘어 있었다. 그 상태에서 약사들은 휘갈겨 쓴 처방전을 눈을 가늘게 뜨고 읽으면서 조제했다. 약물오용으로 매년 수만 명이 목숨을 잃었던 이유는 바로 열악한 환경이었다.

최근 제약회사와 병원들은 올바른 선택을 쉽게 만들기 위해 노력하고 있다. 색이 다른 병을 사용하고 라벨을 붙이자 투약실수는 현저히 줄었고, 사망사고도 크게 감소했다. 이처럼 쉬운 예방법을 근래 들어서야 시행한 것이 이상할 정도다. 대부분의 제약회사와 병원들은 약사들이 올바로 조제할 수 있도록 만들기보다는 잘못 조제한 약사들을 고소하기에 바빴다. 옳은 일을 쉽게 할 수 있는 방법을 고안하지 않고 훈련에만 의존하는 경우가 많다.기업들은 구매를 용이하게 만들기 위해 많은 노력을 기울이고 있다. 소비자 문제의 대가 파코 언더힐은 애완동물 간식을 매장 선반에서 꺼내기 쉽게 만들어 판매를 촉진시켰다. 청·중년층이 노인과 어린이들보다 애완동물 간식을 더 많이 구입한다는 사실을 발견한 언더힐은 흥미를 느꼈다. 그는 애완동물 사료 판매점 고객들의 행동을 비디오로 관찰해 특정 연령층의 매출이 낮은 이유를 발견했다.

일반적으로 애완동물 주식류는 눈에서 허리 높이의 선반에 배치했지만, 간식류는 그보다 높은 선반에 있었던 것이다. 노인과 어린이들의 손이 닿기 어려운 곳 간식이 있었다. 비디오에는 한 할머니가 간식을 꺼내기 위해 알루미늄 상자 위에 올라서는 모습이 담겨있었다. 위험하게 선반에 올라가는 어린이도 있었다. 간식 제품을 한 단만 낮은 선반으로 옮기면 쉽게 꺼낼 수 있어 간식류 매출을 올릴 수 있었다.

그러나 모든 사람이 대가들의 말에 귀를 기울이는 것은 아니다. 또 다른 소비자 문제의 대가 빌 프리드먼은 업계로부터 철저하게 무시당했다. 호텔 카지노를 연구한 그는 도박하는 사람들의 수많은 비디오를 관찰하고서 흥미로운 사실을 발견했다. 호텔을 위한 화려한 인테리어와 주변 환경은 오히려 카지노 고객들을 불편하게 만든다는 사실이었다.

라스베가스 호텔들은 크고 화려하다. 특히 고급호텔은 천장이 높고 공간이 넓다. 반면 카지노 고객들은 작고 은밀한 장소를 찾는다. 사실 슬롯머신 레버를 당기는 것은 매우 단조롭고 지루한 일이다. 만약 생산직 직원들에게 그런 일을 시키려면 꽤 많은 돈을 줘야 할 것이다. 사람들이 카지노에서 즐기는 것은 도박 자체가 아니라 주변 사람들과의 상호작용이다. 다른 사람들과 함께 있어야 도박이 더 재미있다. 프리드먼은 크고 썰렁한 호텔 도박장을 작고 아늑한 공간으로 바꾸면 수익이 엄청날 거라고 주장했다.

하지만 라스베가스의 대형호텔들은 그의 조언을 무시하고 앞 다투어 넓고 큰 카지노만 짓고 있다. 그 결과 많은 호텔들이 카지노 산업을 근근이 꾸려가는 수준이며 대신 공연, 객실, 식당 수익으로 충당한다. 하지만 프리드먼이 제시한 원칙은 여전히 유효하다. 그의 조언대로 호텔 카지노 환경을 아늑하고 친밀하게 만들면 수익이 날 것이다. 아주 쉽게 말이다.

피할 수 없게 하라

선택의 여지가 없도록 물리적 환경을 바꾸면 행동도 바뀔 수밖에 없다. 좋은 행동을 하는 수준을 넘어 좋은 행동을 할 수밖에 없도록 만드는 구조, 프로세스, 절차를 만드는 것이다. 이 방면에서는 기업이 가장 앞서간다. 기계에 손가락이 끼지 않도록 주의를 주는 대신에 아예 손이 들어갈 수 없는 기계를 설계한다. 조종사들은 엄격한 절차와 철저한 체크리스트에 따라 이착륙 시 2중 3중으로 점검한다.

 일례로 패스트푸드점은 주문을 처리할 때 모니터를 보고 버튼만 누르면 된다. 물론 컴퓨터에서 자동 처리하기 때문에 잔돈을 계산할 필요도 없다. 모든 것이 자동화되어 있다. 주문 수령과 거스름돈 계산 과정이 모두 자동이니 올바른 일을 하기 쉽고, 잘못된 일을 하기는 거의 불가능하다.

 하지만 심각하고 복잡한 사회적 문제라면 자동적으로 처리하기 어렵다. 물리적 환경은 쉽게 바꿀 수 있지만 좋은 행동을 불가피하게 만들고자 한다면 그 행동을 정례화해야 한다. 항상 바쁘게 돌아가는 현대 사회에서는 올바른 일을 할 수 있게 만드는 구조가 필요하다.

한 방위산업체의 CEO는 직원들의 아이디어를 수집하기 위해 정기적으로 회의를 가진 후, 창의적 활동이 활발해진 것을 느꼈다. 이 정례화된 회의는 새로운 행동을 고무하고 지원하는 구조로 작용했고, 올바른 행동을 불가피하게 만들어주었다. 델런시는 정례화된 의식을 사용해 원생들이 한 걸음 나아가고 그 의식의 한 부분이 되게 만든다. 한 번도 거르지 않고 열리는 이 의식은 커다란 상징성을 갖고, 올바른 행동을 불가피하게 만드는 데 대단히 효과적이다. 델런시는 이 의식을 '게임'이라고 부른다. 항상 즐거운 일은 아니지만 절대로 건너뛰지 않는다.

델런시 원생들은 서로에게 고민을 이야기하기 위해 일주일에 세 번 10인 회의를 연다. 사회를 맡은 원생이 그동안 물리적 충돌이 없었음을 확인하는 것 외에는 격의 없는 토의가 이루어진다. 이 게임을 하면서 원생들은 피드백에 평등하게 접근하는 법을 배운다. 누구에게나 자유롭게 문제를 제기할 수 있다. 윗사람이 바보라고 생각되면 그에게 게임에 초대하는 쪽지를 건네준다. 그러면 그는 회의에 참석해야 한다. 참석해 고민을 털어놓거나 마음 속 이야기를 할 수 있다. 실버트를 포함한 델런시의 모든 사람이 그 게임에 초대받을 수 있다.

시간이 지나면서 게임의 양은 줄어들고 질은 높아진다. 원생들은 피드백을 주고받는 데 익숙해진다. 단지 변하지 않는 것은 이 의식이 올바른 행동을 불가피하게 만든다는 사실이다. 타인에게 책임을 묻는 것을 좋아하는 사람은 없다. 특히 상대가 무섭고 힘 있는 사람이라면 더욱 그렇다. 원생들은 그런 상태로 내버려두면 침묵과 폭력만 난무할 것이다. 그래서 실버트는 게임이라고 부르는 이 의식을 통해 피드백을 주고받게 만든다. 일주일에 세 번씩 게임은 어김없이 열린다.

요약: 환경을 바꾸라

"인간은 환경에 무능하다"는 스틸의 주장에, 우리는 본능적으로 방어 태도를 취한다. 무능하다니 너무 가혹한 말이 아닌가. 누가 그에게 우리의 능력을 측정하라고 했나? 그러나 영향력 대가들이 변화를 이끌어내기 위해 수십 가지의 환경적 전략을 사용한다는 점은 알아야 한다. 우리는 영향력을 지원하는 수단으로서 근접성의 힘이나 데이터 혹은 다른 물리적 요소들을 잘 이용하지 못하기 때문이다.

대부분의 사람들은 변화 전략을 세울 때, 환경을 주요 요소로 생각하지 않는다. 사람보다는 환경을 바꾸기 쉽고, 환경이 인간 행동에 영속적인 영향을 미친다는 점을 생각하면 화이트, 스틸, 완싱크의 선례를 따라 영향력을 높이는 데 환경의 힘을 이용해야 한다. 언젠간 사람들이 근접성이란 단어를 매일 자연스럽게 사용하는 날이 올지도 모른다.

10
인플루엔서가 되라

> 《적극적 사고방식》을 구입하고서 생각했다.
> '도대체 이게 무슨 소용이 있을까?'
>
> 로니 셰이크스

이 책은 대담한 주장에서 시작했다. 나는 적당한 숫자와 형태의 영향력 기법으로 올바른 영향력 전략을 세울 수 있다면 세상 그 무엇도 다 바꿀 수 있다고 주장한다. 내 주장이 말도 안 되는 건방진 이야기라고 생각할 수도 있을 것이다. 세상에는 그 누구도 바꿀 수 없는 것들이 많다. 누가 중력을 바꿀 수 있는가? 아무도 중력의 영향을 벗어나지 못한다. 내가 말하려는 것은 행동이다. 심각하고 끈질긴 문제를 유발하는 모든 행동 말이다.

거의 모든 행동을 바꾸는 방법을 가르쳐주는 실제 성공 이야기와 이론은 계속 늘어나고 있다. 앨버트 반두라의 학술논문을 읽어보라. 미미 실버드가 델런트 스트리트에서 한 일을 보라. 이 두 인플루엔서의 사례는, 우리도 고질적인 행동을 바꿀 수 있다는 증거를 보여준다.

현재 델런시에는 500명의 전과자와 마약중독자들이, 모든 영향력 전략이 적용된 강도 높은 환경 속에서 지내고 있다. 영향력 전략은 각 원생을 상습적 범법자에서 모범 시민으로 바꿔놓는다.

이 500명을 완전히 새 사람으로 만들기는 쉽지 않다. 습관적인 행동을 바꿔놓는 일이니 당연히 어렵다. 게다가 그들은 평균 4번의 강력범죄를 저질렀다. 하나같이 반사회적 성격을 지니고 있다. 활동조직도 다르고, 인종도 다르며, 범죄 종류도 다르지만 그런 환경에 관계없이 그들의 삶을 바꿔놓아야 한다.

이 범죄자들은 델런시에 입소하기 전, 형벌을 받긴 했지만 교화되지는 않았다. 벌을 받을 때마다 다시는 죄를 짓지 않겠다고 가족들에게 약속했지만 매번 실망시켰다. 그들은 새사람이 되지 못했다. 포괄적인 영향력 전략을 사용하지 않았기 때문이다.

델런시에 들어오기 전, 500명의 원생들은 새사람이 되는 데 실패를 거듭했다.

실버트의 접근법은 이 습관적 실패자들의 90퍼센트를 모범 시민들로 바꿔놓는다. 그녀가 다른 변화주도자들보다 관심이 많거나 돈이 많아서 성공한 것이 아니다. 최고의 인플루엔서인 실버트는 14,000명이 넘는 사람들의 인생을 바꿨다. 그녀는 인생과 행동을 바꾸도록 도와주는 방법을 아는 사람이다.

1992년 돈 버윅 박사와 IHI가 10만 명 살리기 운동을 시작했을 때, 그들은 미국의 유명 병원에서 일하고 있었다. 당시 미국 병원에서는 예방 가능한 보건의료진의 실수 때문에 매년 10만 명이 사망한다고 있었다. 의료진들이 새로운 방식으로 행동하도록 동기부여하고, 그렇게 행동하게 할 수 있는 방법을 찾아야 했다.

보건의료 전문가들은 자신의 행동이 엄청난 비극을 초래할 수 있다는 사실을 깨닫지 못했다. 위험성을 아는 사람들도 근본적이고 영원한 변화에 필요한 영향력 전략을 수립하지 못하는 경우가 많았다.

버웍팀은 이 운동을 통해 습관화된 나쁜 행동을 고치려면 무엇을 해야 하는지 정확하게 인식했다. 10만 명 살리기 운동을 전개하는 동안 3,100개 병원에서 18개월 동안 입원한 환자 사망자 수가 122,000명이 줄어들었다. 현재 버웍은 5백만 명 살리기 운동을 전개한다. 그들 덕분에 우리는 소중한 사람들을 잃지 않았다. 더 큰 영향력을 갖는 방법을 배운 그들은 목표치를 50배로 수정했다.

다시 아프리카 사하라 사막 이남 지역으로 가보자. 수십 년 동안 인류학자들과 보건의료 전문가들은 지역주민들에게 기생충 예방 책자를 권했고, 계몽강연을 열었으며, 진심어린 충고를 아끼지 않았다. 마을사람들이 그들의 말에 귀를 기울이기만 한다면 기생충 감염을 막을 수 있을 것이다. 하지만 안타깝게도 그들은 조언을 듣지 않았고, 그 결과 수천만 명이 끔찍한 고통을 받았다.

그때 카터센터의 도널드 홉킨스 박사와 영향력 대가들이 나타났다. 그들이 메디나선충 박멸 운동을 시작한 이후 질환은 99.7퍼센트 감소했다. 20개국 중 11개국이 기생충을 완전히 퇴치했다. 그들은 2009년까지 이 질환을 완전히 퇴치한다는 목표를 세웠다. 팀원들은 획기적인 의료기술이나 신약 개발에 의존하지 않았다. 예방 행동을 하도록 동기를 부여하고, 행동을 독려함으로써 성공을 거뒀다. 우리가 연구한 다른 인플루엔서들처럼 이 헌신적인 변화주도자들은 실패한 낡은 방법들을 뒤로하고, 메디나선충을 해결하려면 자신이 먼저 시작해야 한다는 사실을 깨달았다.

사람의 행동에 영향을 미치려면 가장 먼저 필요한 것이 무엇인지 배워야 했다. 그리고 그것을 행동에 옮겼다. 목표대상인 마을을 찾아가 긍정적 일탈 사례를 연구하고, 우리가 살펴본 많은 방법들을 실행했다. 결국 메디나선충은 지상에서 사라지기 시작했다. 이 기생충은 실제로 박멸될 것이고 박멸할 수 있을 것이다.

반두라, 실버트, 버윅, 홉킨스, 그리고 우리가 연구했던 다른 모든 실천가와 학자들은 변화이론 형성에 주목할 만한 공헌을 했다. 그들은 다른 사람들이 실패한 영역에서 성공을 거뒀다. 올바른 영향력 도구를 사용하는 방법을 알고, 집중해서 사용한다면 무엇이든 바꿀 수 있다는 사실을 보여주었다.

이 영향력의 귀재들은 우리에게 희망을 안겨준다. 우리 역시 인플루엔서가 될 수 있지만, 그러기 위해서는 노력해야 한다. 포괄적인 영향력 전략을 세우는 방법을 배워야 한다. 영향력 대가들이 사용하는 원칙을 적용할 수 있다. 이 책을 변화의 가이드북으로 삼으면 당신도 인플루엔서가 될 수 있다.

핵심행동을 찾고 적용하라

핵심행동에서 시작하라. 잘못된 행동에 여러 기법을 적용해본들 전혀 소용없다. 에스나 레이드는 이 점을 분명하게 보여줬다. 그녀는 최고의 성과를 내는 사람과 보통 사람들을 비교해, 그 차이를 만드는 특별 행동을 알아냈다. 레이드는 이 행동을 성과가 낮은 사람들에게 가르치는 방법을 제시했다. 이 방법으로 보통 사람이 훌륭한 성과를 낼 수 있게 된다면 충분히 의미 있는 일이고 해야 할 가치가 있는 일이다.

가능한 영향력 전략들을 정리할 때는 과학적으로 면밀히 분석해 적용하라. 비슷한 비교분석을 통해 입증된 권고만 받아들이라. 먼저 학술논문을 검토하고, 대학 출판물과 자주 인용되는 연구논문과 결과를 발표한 저명한 실천가들을 찾으라. 그런 학술 논문은 도서관이나 잡지에서 찾을 수 있다. 어느 경우든 시간을 내서 알려진 세계를 탐구하라. 가장 먼저 발견하는 계획이라고 무턱대고 받아들여서는 안 된다.

타인에게 효과 있는 핵심행동을 찾았으면 긍정적 일탈 원칙을 적용해, 자신에게 무엇이 가장 적합한 방법인지 확인하라. 과거의 성공 사례를 조사해 사용된 전략과 요소를 찾으라. 효과적인 행동을 찾았다면 검증을 위해 작은 실험을 해보라. 평생 지속되는 노력은 하지 말라. 단기 목표를 정하고 위험이 낮은 환경 속에서 행동을 시도하고 무엇이 효과적인지 확인하라.

영향력 전략을 보강하라

각 핵심행동은 6가지 분명한 영향력 요소와 연결되어 있다. 운이 좋으면, 이 요소 중 하나가 당신의 변화 전략을 강화시킬 것이다. 의도적 연습을 통해 아이가 독서를 즐기도록 도와줬다면 큰 성공을 거둔 것이다. 직원들을 훈련 프로그램에 참여시킨 후, 배운 개념들을 강화해주지 않는 환경에서 일하게 하는 비상식적인 상황이 발생하지 않도록, 기존 영향력 전략에 사회적·구조적 강화 요소를 포함시켰는가? 근접성의 힘과 씨름할 필요 없이 운동기구를 지하실에서 꺼내어 거실에 옮겼는가? 과거의 영향력 전략이 변화를 창출하지 못했다면, 이제껏 설명한 영향력 개념 중 하나를 선택해 보강하라. 그러면 당신의 변화 전략은 한층 강화될 것이다.

처방 전에 진단하라

언급한 것보다 더 큰 도전에 직면해있다면, 영향력의 대가들이 하는 대로 따라서 하는 것이 좋을 것이다. 처방하기 전에 진단하라. 당신이 바꾸려고 하는 행동 뒤에 어떤 영향력 요소가 있는지 파악하라. 대부분의 리더는 진단하지 않고 어느 상황에서도 효과가 있을 것이라고 생각하는 영향력의 전략을 세운다.

　숙련된 인플루엔서들을 그렇게 하지 않는다. 페어뷰 대학 소아병원의 워렌 워윅 박사가 어떻게 했는지 살펴보자. 그는 임상을 통해 치료도 영향력 전략의 한 부분이라는 것을 깨달았다. 한번은 그가 관심 있게 지켜보고 있던 18살의 낭포성 섬유종 cystic fibrosis 환자가 그의 치료계획을 따르지 않았다. 치료를 늦출 경우 몇 년 안에 어떤 고통을 받게 될지 설명해주는 대신에 그 이유를 생각해봤다. "도대체 무슨 일일까?" 워윅은 환자가 살려고 하는 행동을 보이지 않는 이유를 알아 내기 위해 노력했다. 그리고 조사를 통해 몇 가지 이유를 발견했다.

환자는 늘 같이 지내는 새 남자친구가 있었다. 그녀의 어머니가 지금까지 치료를 도와주었지만, 요즘은 환자가 치료가 정해진 시간에 집을 비우는 일이 잦았다. 그녀의 어머니는 직장을 다니기 시작했고 밤에 근무했다. 그녀가 다니는 학교는 규정을 바꿔서 간호사에게 그녀에게 투약할 것을 요구했다. 그녀는 이것이 고통스러워 투약을 중단했다. 그녀는 지난 2달 동안 폐 기능의 20퍼센트를 상실했음에도 불구하고 몸에 별 이상이 느껴지지 않자, 치료를 받지 않아도 된다고 생각했다. 워윅 박사는 환자와 대화하면서 그녀가 여러 가지 이유로 진료절차를 따르지 않고 있다는 것을 알게 되었다. 그는 문제가 되는 영향력 요소가 무엇인지 알았을 때, 그녀의 생명을 구하는 계획을 세울 수 있었다.

영향력 전략을 더욱 보강하라

바꾸려고 하는 행동이 여러 요소의 지원을 받고 있을 때는 당신이 직면한 모든 문제를 해결하기 위해 영향력 전략을 보강해야 할 것이다. 당신이 지금과 같은 결과를 얻는 것은 환경이 그런 결과를 얻도록 짜여져 있기 때문이다. 지금과 다른 결과를 얻으려면 판을 다시 짜야 한다.

6가지 영향력 요소를 모두 이용하라

새로운 결과를 얻고 싶은가? 더욱 건강한 행동의 동기를 부여하고, 그런 행동이 가능하도록 여러 가지 요소를 바꿔야 한다.

하지만 대부분의 사람들은 그렇게 일하지 않는다. 나는 오래 전부터 조직문화를 바꿔야 한다고 생각하는 리더들과 함께 일했다. 그들은 직원들의 잘못된 행동 때문에 생산 저하, 고객 감소, 수익 하락이 발생한다는 것을 알고 있었다. 그들은 내가 6가지 영향력 요소 이용 전략을 선택하면, 마치 카달로그를 보고 상품을 고르듯 그 중에서 필요한 한두 가지 전략을 선택하면 된다고 오해했다. 영향력 싼값에 구입하고 싶어 했지만, 원하는 변화를 싼값에 얻을 수는 없었다.

하지만 절망적 상황에서는 필사적인 행동이 나온다. 사람들은 세계 최고의 인플루엔서들을 연구하면서도도 필사적으로 단순한 해결책을 찾는다. 실버트는 30년 동안 델런시를 방문한 사람들에게, 범죄자들을 모범시민으로 변화시키기 위해 어떤 일을 했는지 설명해줬다. 그녀는 델런시를 찾는 사람들에게 그 이야기를 자세히 들려준다. 모험적 전략에 필요한 요소들을 하나씩 짚어준다. 델런시에서 강조하는 핵심행동도 정확하게 알려준다. 원생들이 생각을 바꾸도록 어떻게 직접경험과 대리경험을 만들어냈는지도 설명해준다. 그녀는 방문자들이 6가지 영향력 요소를 모두 이용할 수 있도록 많은 공을 들였다.

방문자들은 희망에 차서 델런시를 떠난다. 돌아간 그들은 기존의 비효과적인 전략에 델런시에서 배운 요소 중 한 가지를 추가한다. 하지만 요소 하나만 추가해서는 변화를 일으킬 힘을 얻을 수 없다. 그러니 '새롭고 개선된' 전략은 실패할 수밖에 없다. 성실한 변화주도자는 자신의 전략이 실패한 이유를 궁금해한다.

이처럼 대부분의 사람들은 한두 가지 요소만으로 변화를 시도한다. 노스캐롤라이나 경찰이 범법자들에게 재기회를 주는 전략을 어떻게 성공시켰는지 연구해보면, 왜 한두 요소로는 실패하는지 알게 된다. 체포 직전, 범죄자들을 자신의 범죄 현장사진이 잔뜩 붙은 방으로 데려가는 기막힌 범죄예방 전략을 기억하는가? 검사는 현장을 담은 비디오를 보여주고 자신이 죄를 짓고 있는 모습을 본 사람은 손을 들라고 말한다. 그들 모두 손을 들 수밖에 없다.

곧 체포된다는 느낌을 주는 이 방법은 가족과의 면담, 직업 훈련, 기타 주요 요소들과 결합해 엄청난 성공을 거뒀다. 이 제도를 기획한 사람은 6가지 영향력 요소를 모두 이용한 영향력 전략이 될 수 있도록 세심하게 공을 들였다.

이 포괄적 영향력 전략의 놀라운 결과는 언론에 보도되었다. 타 지역 경찰들은 그 전략을 열심히 읽고서는, 시청이 승인하거나 자체 비용조달이 가능한 한두 가지 요소를 선택한다. 혹은 이미 실행하고 있는 전략에 더 많은 노력을 기울인다. 하지만 전체를 사용하지 않고 한두 가지 요소만 선택해서 사용하면 실패하고 만다. 인플루엔서를 자처하는 사람들은 또 다른 변화 계획을 찾아서 요소들을 또 선택해 적용하고, 계속 실패한다.

하나가 아닌 더 많은 요소를 이용하라

사람들이 선택하는 단순한 전략은 항상 비슷하다. 한 가지 동기요소가 다른 모든 동기부여 요소를 능가할 수 있으리라 생각하기 때문이다. 직장이 마음에 안 들고 동료들과 사이가 안 좋아도 매일 출근한다. 돈이 필요하기 때문이다. 돈이 따분한 일과 사이 나쁜 동료들을 모두 덮어버린다.

비슷한 맥락에서 지배적 위치에 있는 사람은, 다른 모든 동기요소를 무시하고 오직 위협에만 의존한다. 그러나 부정적 강화는 부작용을 낳으며, 항상 감시해야 하는 문제가 발생한다. 무엇보다도 권위를 남용하면 나쁜 부모나 리더로 전락하게 된다.

실패하는 인플루엔서들은 이미 이용 중인 한 가지 요소를 한층 더 강화해 부족한 영향력을 보충하려 한다. 그러나 성공하는 인플루엔서들은 효과 없는 한 가지 요소에 의존하지 않고 새로운 영향력 요소를 찾는다.

현명한 인플루엔서들은 여러 요소를 이용해 전략의 성공 가능성을 높인다. 동료의 압력을 배제하기보다는 지혜롭게 이용한다. 핵심 행동을 공식적인 보상구조와 연결시킨다. 모든 동기부여 요소가 원하는 핵심행동과 한 방향을 이루게 한다.

능력과 관련된 문제에서도 성공하려면 모든 요소를 갖추어야 한다. 능력에 문제가 생기면, 아무리 강력한 한 가지 요소도 다른 요소들을 대신할 수 없다. 오히려 하나라도 가동되지 않으면 다른 모든 요소까지 무력해질 수 있다. 변화 프로젝트를 불가능하게 만드는 한 가지 요소가 모든 것을 망칠 수 있는 것이다. 아무리 내가 맡은 일을 잘했다 해도, 그 일에 필요한 자료와 정보를 제공하는 사람이 제 역할을 못하면 나 역시 제대로 일을 해낼 수 없다. 회사 모든 직원이 제 역할을 하는데 컴퓨터가 고장 나도 큰 문제가 발생하지 않는가.

인플루엔서는 한 가지 강력한 요소로 다른 요소들을 대처하려는 실수는 저지르지 않는다. 그러나 한 가지 장애요소를 찾아내 고치면 문제가 해결되었다고 생각하는 실수는 흔히 저지른다. 한 가지 영향력 요소에는 수십 개의 장애요소가 작용한다. 어떤 장애요소든 6가지 요소 중 하나와 관계가 있다. 끈질긴 문제라면 여러 가지 장애요소가 작용되기에, 잘 해결되지 않는 것이다.

보건의료와 관련하여 흥미로운 모범사례를 살펴보자. 당신의 몸에 이상 증상이 발생한다면 주치의와 상담하는 것이 좋다. 그 증상은 하나가 아닌 여러 개의 의학적 원인 때문일 수도 있다. 한 연구에 따르면 '나는 OOO병에 걸린 것 같은데 혹시 다른 병일 수도 있을까?' 라고 의심하는 환자가, 한 가지 가능성만 생각하는 환자보다 건강 문제를 해결할 가능성이 높은 것으로 나타났다.

우리는 성과 향상에 도움 되는 도구들을 잘 이용하지 못한다. 복잡한 대인관계에 의도적 연습을 이용할 생각을 하지 못한다. 리더십과 대인관계를 잘하기 위해 코치의 구체적인 피드백을 받지만, 정작 연습할 수 있는 구체적인 행동은 배우지 못한다. 안타깝게도 행동변화를 낳지 않는 개념들만 배운다.

우리는 욕망과 유혹을 견딜 수 있는 능력을 기술로 보지 않는다. 유전자로 인한 특성이나 본성이 다르다고 생각한다. 그래서 욕구충족 지연법을 연습하지 않는다. 기술로 욕망을 이길 수 있다는 사실을 깨닫지 못하고 온갖 동기부여의 요소에 의존한다. 그러다 결국 실패하고 우울과 절망에 빠지고 만다.

사회적 자본 역시 변화 시도에 잘 이용되지 않는 자원이다. 우리는 싸움은 반드시 이겨야 한다고 생각한다. 영웅에게는 팀이나 조직이 어울리지 않는다고 생각한다. 도움 요청은 현명한 전략이 아닌 약점을 드러내는 수치라고 생각한다. 하지만 영향력의 대가들은 다르다. 자신의 변화 전략에 도움 되는 사람들을 찾는다. 동료의 영향력을 이용하고, 사회 집단이 자신의 변화를 방해하지 못하고 지원하게끔 만든다.

물리적 환경이라고 하는, 강력하고 잘 이용되지 않는 영향력 요소를 생각해내기는 어렵다. 윌리엄 화이트는 식당 직원들의 갈등을 해결할 때 주문 막대라는 아이디어를 떠올렸다. 다른 사람들은 해내지 못한 생각이었다. 프레드 스틸은 우리가 환경을 전혀 모른다고 말했다. 물리적 환경이 미치는 영향을 못 보고, 영향력을 만들어야 할 때 환경적 특징을 이용하지 못한다는 지적이다.

다시 한 번 강조하지만, 영향력 전략을 세울 때는 영향력의 요소 6가지를 모두 이용해야 한다. 영향력 요소를 선택해 사용하는 도구로 보지 말고, 체계적이고 광범위하며 영속적인 변화를 위한 포괄적 접근방법으로 인식하라. 영향력 요소가 동기부여 요소인지 능력 요소인지 진단하고, 문제해결에 개인적 사회적 구조적 요소들을 다양하게 이용하여 원하는 결과를 얻으라. 강력한 6가지 요소 진단도구가 있다는 사실을 잊지 말고 마음껏 이용하라.

변화를 피할 수 없게 만들라

이제 변화를 불가피하게 만든다는 개념을 마무리하자. 변화할 수밖에 없도록 만드는 것이 영향력 대가들의 특장이다. 변화 목표를 항상 달성하는 사람들은 변화를 불가피하게 만들기 위해 여러 요소를 이용해 핵심행동을 독려한다. 6가지 요소를 모두 살펴보고, 각 요소에서 방법들을 찾아내고, 새로운 영향력 전략을 추가한다. 그들이 이렇게 하는 이유가 있다. 인플루엔서들이 시도하는 변화는 매우 대담하고 불가능해보이기 때문에 모두 영향력 수단을 동원해야 한다.

모든 수단을 총동원하라

우리가 탐구한 원칙들이 실제 비즈니스 사례에서 어떻게 적용되는지 알아보자. 나와 우리 팀이 경영진과 함께 고질적인 문제를 어떻게 해결했는지 이야기하려 한다. 그들은 약속 불이행 문제를 해결하기 위해 영향력 수단을 사용하려 했다.

그 회사 직원들은 약속을 잘 했지만 잘 지키지는 못했다. 새 프로젝트를 시작하면 경영자들은 달성 목표를 정하고 부서장들은 구체적인 내용과 기한을 확인한다. 그러나 항상 몇 그룹이 목표를 달성하지 못하고 기한도 어겼다. 항상 기한을 어기는 습관으로 인해 고객들에게도 엄청난 문제를 일으키고 말았다. 비용도 걷잡을 수 없이 늘어났다. "약속만 잔뜩 해놓고 지키지는 못하는 회사"라는 인식이 확산되면서 평판도 나빠졌다. 기존 고객들은 떠나고, 새로운 고객들은 찾기 힘들었다.

실패를 낳는 자기파멸적 행동을 찾기 위해 우리 팀과 경영자들로 구성된 조사팀은 프로젝트 매니저와 프로젝트 팀원들을 면담했다. 조사팀은 사람들이 계속 실패하는 원인과 이유를 알고 있다는 것을 발견했다.

사실에 근거하지 않은 계획 수립. 한 매니저는 "경영자들이 사실에 근거하지 않은 계획을 내놓기 때문"이라고 주장했다. 팀이 무엇을 달성할 수 있는지 현실적으로 검토하지 않은 채 계획을 수립한다는 것이다. 경영진은 팀원들의 의견을 구하지 않았다. 설령 구한다 해도 형식에 불과했다. 그들의 머릿속에는 이미 달성목표와 기한이 정해져 있었다. 매니저는 덧붙였다. "충분한 지원도 없고 목표도 허황되기 때문에 처음부터 실패를 예상했어요. 프로젝트 진행을 보면 마치 '느릿느릿 탈선하는 기차'를 보는 것 같습니다. 프로젝트는 분명히 실패로 끝날 테고, 우리가 할 수 있는 일이라곤 그저 탈선을 지켜볼 뿐이죠."

프로젝트 치킨. 또 다른 매니저는 팀이 위험한 게임에 빠진다고 말했다. "계획을 수립하고 진행상황을 점검하는 회의에서, 프로젝트 매니저는 일정대로 잘 진행되고 있다고 말합니다. 거짓말이죠. 그 상황에서 다들 마음으로는 누군가가 총대를 메고 제대로 진행되지 않는다고 실토해주기를 바라고 있어요. 그 사람만 혼나고 자신들은 무사하기를 원하죠. 정말 비열하고 치명적인 게임이에요. 결국 피해 보는 사람은 고객들이죠."

책임지지 않는 후원자. 마지막으로 우리는 프로젝트 후원자가 책임을 방기하면 그 프로젝트는 실패한다는 사실을 발견했다. 프로젝트마다 그것을 후원하는 경영자가 있다. 그는 프로젝트가 성공할 수 있도록 자원을 제공한다. 프로젝트에 문제가 생기면 그가 나서서 필요한 추가 자원을 조달하고, 핵심인력을 보강하며, 원활한 진행을 위해 발벗고 나서야 한다.

그러나 회의에 참가하지 않고, 타 부서와의 합의사항을 이행하지 않으며, 팀의 결정에 대해 다른 리더의 지지를 얻어내지 못하는 후원들이 있다. 그러면 결국 프로젝트는 중단되고 팀은 와해된다.

어느 프로젝트는 팀원들의 시간만 잔뜩 낭비하고, 백만 달러가 넘는 귀중한 자본만 날린 채 실패로 끝났다. 실패가 고통스러운 이유는 자본과 시간을 낭비해서가 아니다. 프로젝트가 진행되는 중에 후원자가 약속을 이행하고, 프로젝트를 책임지기 위해 아무것도 하지 않는다는 사실을 모두가 알게 되기 때문이다.

핵심행동을 관찰하라

우리팀은 이런 두려움과 실패를 반전시키기 위해 필요한 것을 찾아내야 했다. 그래서 항상 기한을 잘 지키는 프로젝트 매니저나 팀 리더가 있는지 묻고, 그들의 행동을 관찰하게 해달라고 요청했다. 그런 후 그 긍정적 일탈의 사례들을 연구했다.

성공하는 프로젝트 매니저들을 연구하면서 그들이 목표를 달성하는 이유를 파악했다. 주요 회의에서 그들이 사실에 근거하지 않은 계획을 어떻게 다루는지 관찰했다. 한 경영자가 팀 사정은 생각하지 않고 독자적으로 기한을 정했다. 그리고는 기한 내 완수를 약속하지 않으면 프로젝트를 외부에 맡기겠다고 위협했다.

그 순간 매니저는 놀라운 마법을 발휘했다. 우리는 그가 방어적인 경영자를 다루는 모습을 지켜봤다. 같은 방법으로 대응하지 않고 침착하게 프로젝트 팀과 경영자의 공유 목적의식을 상기시켰다. 그리고 훨씬 더 현실적인 계획을 제시해 경영자의 지지를 얻어냈다. 차후 프로젝트까지도 어떻게 진행할지 합의했다.

우리는 이 매니저를 통해 프로젝트의 성공을 위한 핵심행동은 '결정적 순간의 대화'와 관련 있다는 사실을 확인했다. 결정적 순간의 대화에 성공하는 것이 바로 핵심행동이다. 우리의 전작인 《결정적 순간의 대화》는 이 핵심내용을 말하고 있다. 비록 내 의견이 정치적이고, 인기가 없고, 논란이 있더라도 말하고, 듣고, 상대도 그렇게 하도록 고무하는 행동이다.

이 조직의 핵심행동을 발견한 후(사실에 근거하지 않은 계획, 프로젝트 치킨, 책임을 방기하는 후원자, 결정적 순간의 대화 능력), 우리는 그들이 원하는 결과를 위해 모든 수단을 사용했다. 이제 모든 사람이 이렇게 행동하여 궁극적으로 문화를 바꾸려면 무엇이 필요한지 살펴보자.

사람들의 생각을 바꾸는 방식을 바꾸라

확실히 알게 된 한 가지가 있다. 구두설득은 별 도움이 되지 않는다는 사실이다. 윗사람과 다른 의견, 회사에 대한 부정적 생각을 솔직하게 말해야 한다고 설득하면, 상대는 이렇게 해석할 것이다. "자, 바보같이 네 문제를 다 털어놓아 봐. 그렇게 해서 직장생활을 위태롭게 만들라고. 불평만 하고 조직과 팀워크를 망치는 문제 직원으로 굴라고. 어서 말해봐. 누가 먼저 말해볼래?"

이런 상황에서는 사람들의 두 가지 생각을 바꾸도록 도와야 한다. 첫째로 거부나 불평의 형식을 띠지 않고서 솔직하게 의견을 개진해야 한다. 둘째로 반대 의견이나 논쟁되는 문제는 더욱 효과적으로 말해야 한다. 그럴 수 있으면 기한과 자원에 대해 올바른 선택을 내려 궁극적으로 목표를 달성할 수 있다.

변화를 불가피하게 만들라

직원들의 두려움을 자신감을 바꾸려면 훈계하지 말아야 한다. 대신 그들의 개인적 능력, 즉 실제 기술을 향상시켜야 한다(개인적 능력). 그러기 위해서는 무엇이든 안심하고 말할 수 있도록 해야 하고, 의도적 연습 원칙을 지키는 사람들의 행동을 배워야 한다. 우리는 기술을 학습 가능한 부분들로 나누고, 그것을 배우는 긍정적 사례를 소개했다. 사람들은 안전한 훈련 상황에서 새로운 기술을 연습하면서, 코치로부터 직접 피드백도 받았다. 마지막으로 역량을 키운 그들은, 큰 위험을 감수하지 않고도 속마음을 말할 수 있다고 생각했다.

하지만 우리는 거기에서 멈추지 않았다. 새로 습득한 기술들을 그들의 핵심가치와 자신에게 설정한 기준과 연결시켰다(개인적 동기부여). 단순히 유행하는 기술을 가르치지 않고, 그들 자신이 원하는 사람이 될 수 있는 기회를 제공했다. 아무도 프로젝트 치킨 게임을 원하지 않았다. 자기 대신 동료가 희생하기를 바라지 않았다. 사람들은 훈련의 일환으로 기존 문화에 대해 자유롭게 논의했다. 기존의 문화가 그들의 가치에 어떻게 위배되는지, 거짓말과 속임수를 사용하지 않는 올바른 팀이 되려면 무엇이 필요한지에 대해 진지하게 토론했다.

우리는 팀 리더들에게 책임을 방기하는 후원자와 사실에 근거하지 않은 계획이 낳는 결과를 설명했다. 경솔하게 잡은 기한과 지원 부족 때문에 그들은 기한을 맞추기 위해 사생활도 희생해야 했다. 한 운영 매니저는 일 년 내내 주말에 집에 들어간 적이 한번도 없다고 털어놓았다. 우리는 그들이 주말을 의미 있게 보내도록 도왔다. 그들은 완전히 새로운 차원의 도덕적 성실을 경험했다.

다음으로 핵심행동을 배우고 실행하도록 동기부여하기 위해, 우리는 사회적 지원시스템을 개발했다(사회적 동기부여). 먼저 우리는 오피니언 리더들을 찾아서 영향력을 발휘해달라고 요청했다. 그래서 그들이 가장 먼저 훈련을 받았다. 훈련이 끈질긴 문제 해결에 도움이 되며, 기술을 배우고 실행하면 큰 이익라고 생각한 그들은 동료들에게 훈련 참가를 요청했다.

직원들이 그 기술을 일상적으로 사용할 수 있도록, 항상 팀의 직속 상사가 훈련을 맡았다(사회적 능력). 직속상사는 참가자들 3명씩 팀을 만들었다. 훈련을 마친 후, 팀원들은 만나서 문제를 조기에 파악하고 해결하기 위한 방법을 자유롭게 토론했다. 그들은 종종 점심 시간에 모여서 곧 이루어질 결정적 순간의 대화에 대비하는 데 서로 도왔다.

매니저들은 연례 보너스에 연결된 성과평가에 핵심행동을 포함시켰다. 핵심행동을 익힐 수 있는 추가 인센티브를 제공한 것이다(구조적 동기부여). 직원들은 훈련에서 배운 기술을 평가받았다. 경영자들에게는 조직 전체적으로 핵심행동을 측정 가능한 수준으로 향상시켰는지의 여부에 따라 25퍼센트의 보너스가 지급되었다.

마지막으로 물리적 환경을 잘 이용하기 위해, 프로젝트 관리에 문제가 생겼을 때, 직원들이 실행하기로 되어 있는 기술들을 담은 포스터를 회의실에 붙여놓았다(구조적 능력). 리더들도 회의할 때마다 잊지 않고 검토할 수 있도록 간단한 핵심 기술 목록을 첫 번째 의제로 올려놓았다. 아울러 근접성의 효과를 극대화하는 조치도 취했다. 항상 열심히 일하는 두 그룹이 더욱 긴밀하게 협조할 수 있도록 같은 업무공간을 사용하게 했다.

이 책에서 살펴본 원칙들을 하나씩 점검하면서, 이 특별한 변화주도팀은 고질적인 문제를 해결했다! 그들의 성과를 측정한 우리팀은 그들이 성공했다는 것을 알 수 있었다. 미리 핵심행동을 측정하고, 그 행동의 개선을 핵심 성과지표와 연결시켜서, 핵심행동이 전체적으로 크게 증가했고, 각 핵심 성과지표에 대한 핵심행동도 증가했으며, 그 결과 생산이 150만 달러 증가했다. 품질과 고객 만족도 모두 핵심행동 개선의 영향을 받았다. 변화주도팀은 영향력 원칙과 전략을 모두 적용해 광범위하고 끈질긴 문제를 해결했다.

그들은 진정한 인플루엔서가 되었다.

| 에필로그 |

인플루엔서들은 성과를 확신하며 혼자 일하지 않는다. 중대한 문제는 인플루엔서 공동체의 공동 노력으로 해결해야 한다. 반두라, 실버트, 홉킨스, 버윅, 기타 영향력 전문가들의 방법론을 온갖 문제에 적용하는 사람들이 늘어나면서 매일 새롭고 활기찬 영향력 공동체들이 등장한다.

  날로 커지는 이 전문가 집단은 타인과 협력해 모든 영향력 수단을 사용하여 문제를 해결한다. 안이한 평온을 기도할 필요가 없다는 것을 보여준다. 여러 가지 영향력 도구를 결합하면 시너지가 발생한다는 사실을 알려준다. 범죄자를 모범시민으로 변화시키고, 수백만 명의 생명을 구하고, 몰락하던 기업을 회생시키고, 치명적인 질병을 퇴치하면서, 어느 행동이든 그 행동에 어느 요수가 작용하는지 알 수 있을 때, 그 행동을 바꿀 전략을 알고 있을 때, 무엇이든 바꿀 수 있는 힘을 갖게 된다는 중요한 교훈을 우리에게 가르쳐준다.

다수의 힘을 활용하고 싶다면 세계적 수준인 인플루엔서 공동체에 합류할 수 있다. 우리의 웹사이트 www.influencerbook.com으로 초대한다. 다음 단계의 영향력 프로젝트를 준비하고 계획하는 데 도움이 되는 자료를 얻을 수 있을 것이다. 이 사이트에서 당신과 비슷한 문제를 해결하려 노력하는 다른 사람들을 만나 소셜 네트워크를 형상할 수도 있다. 핵심행동과 6가지 영향력 요소 이용 전략에 대해 더 많이 배우고, 이 책에서 만난 인플루엔서들과의 인터뷰 내용도 볼 수 있다.

마지막으로 당신의 현재 영향력 기술을 측정하고 싶으면, 웹사이트에서 자기진단도구를 이용하기 바란다. 현재의 영향력 수준을 확인하고, 훌륭한 인플루엔서가 되기 위해 다음 단계의 계획을 수립하는 데 도움이 될 것이다.

| 추가자료 |

우리 웹사이트 www.influencerbook.com으로 들어와 영향력 기술을 강화하라. 이 책을 변화의 도구로 만들어주는 여러 자료들을 무료로 이용할 수 있다. 웹사이트에서 이용할 수 있는 자료는 다음과 같다.

워크시트: 다음 단계의 영향력 프로젝트 준비에 사용할 수 있는 워크시트를 다운받을 수 있다. 이 편리한 도구는 문제를 선택하고, 핵심행동을 확인하고, 6가지 요소 이용법을 연구하고, 이 책에서 살펴본 모든 것을 당신이 해결하려는 문제에 적용하는 데 도움이 될 것이다.

블로그: 차세대 인플루엔서가 되기 위해 노력하는 개인 커뮤니티에 가입하라. 매일 마주치는 끈질긴 문제들을 해결하려고 할 때, 당신과 비슷한 문제를 갖고 있는 사람들과 네트워킹할 수 있다.

핵심행동과 6가지 요소: 현대의 연구자와 실천가들이 매일 무엇을 배우고 있는지 살펴보라. 어떤 행동이 가장 큰 변화를 낳는가? 6가지 요소 이용법 중 무엇이 당신에게 적합한가? 다른 사람들의 실제적 제안을 읽으면서, 당신의 생각도 올릴 수 있다.

비디오 인터뷰: 영향력의 대가들이 들려주는 솔직한 이야기를 들어보라. 개인적으로 활용하거나 그룹이나 커뮤니티의 토론에 활용해도 좋다.

자가진단: 인플루엔서 자가진단을 실시하라. 내 영향력 스타일의 강점과 약점을 확인할 수 있고, 유익한 조언도 얻을 수 있을 것이다.

| 감사의 글 |

오랜 세월 연구하고, 가르치고, 시험하고, 배우는 동안 우리를 도와준 많은 사람들에게 깊은 감사를 드린다.

먼저 가족들에게 고마움을 전한다. 가족의 사랑과 지원은 우리를 변화시켰고, 고무했고, 원하는 일을 할 수 있게 해주었다. 특히 그동안 가족들이 보여준 희생과 인내에 감사한다. 우리는 집에 있는 날이 많지 않았고, 집에 있는 날도 하루 종일 컴퓨터 자판과 씨름했지만 가족들은 잘 참아주었다.

바이탈스마트VitalSmarts의 동료와 직원, 팀원들에게 고마움을 전한다. 우리가 임무를 완수하고, 고객들에게 봉사하고, 사람들에게 삶을 변화시키는 기술을 가르칠 수 있도록 다방면에서 도움을 주었다. 모두에게 고맙다. 그 중에서도 특히 제임스 알프레드, 브래드 앤더슨, 마이크 카터, 메리 돈디에고, 제프 깁스, 토드 킹, 에밀리 모스,

조안 스텔리, 브레트 워커, 얀 왕, 스티브 윌리스에게 감사의 말을 전하고 싶다.

물질적 지원을 아끼지 않고, 작은 부분까지 꼼꼼하게 챙겨주고 통찰력을 제공해준 밥 푸트, 체이스 맥밀란, 민디 웨이트에게 감사드린다.

마지막으로 지원팀에게 고마움을 전하고 싶다. 우리의 에이전트, 얀 밀러, 섀넌 마이저 마빈에게 감사의 말을 전한다. 작업을 도와준 탁월한 전문가들인 메리 글렌, 린다 러피노, 필립 러펠, 허브 샤프너, 셰릴 허드슨에게 깊은 감사의 마음을 보낸다.

| 역자 후기 |

우리도《인플루엔서》저자들처럼 기업체의 임원으로 근무하고 가정의 가장 역할을 하면서 임직원과 가족들을 변화시키는 많은 노력을 해왔지만 성공률이 높지 않았다.

번역 작업을 하면서 실패했던 경우를 돌이켜 보니, 한두 가지 영향력 요소만 있으면 충분하다고 착각했기 때문이었던 것이었다. 그 사실을 이 책을 통해 알게 되었다.

직원들이 열심히 일하지 않으면 동기부여만 시키려 했고, 부지런하고 능력 있는 아이가 친구들과 어울려 성적이 떨어지면 당황해 꾸짖기만 했다.

그런데 인플루엔서 과정을 가르치면서 여러 궁금증이 풀렸다. 사람들의 고질적이고 오래된 행동들을 변화시키려면 6가지 요소가 필요한데 우리늘은 2-3가지 요소만 활용했기 때문이다.

독자들보다 먼저 이 책의 특혜를 받은 우리는 세계적인 인플루엔서 대가들이 실행했던 전략들을 국내 성인들에게 활용했다. 그 성과는 대단했다. 금연을 간절하게 원하고 방법을 알면서도 금연하지 못하는 교육 참가자들에게 4-6가지 영향력 요소들을 활용하여 성공을 거둔 것이다. 자녀들이 금연 후원자가 되도록 하여 금연약속을 받아내고 자주 확인 하도록 했으며 근무처도 금연빌딩으로 옮기게 했더니 20년이나 된 만성 습관을 버리는 것이었다.

독자들도 우리처럼, 이 책에 자세하게 설명된 영향력 전략들을 배워서 자신도 변화시키고 다른 사람들도 변화시켜 주는 영향력의 대가, 인플루엔서가 되어 사회발전에 크게 기여하기를 바란다.

2011년 5월 김경섭. 김정원

| 참고문헌 |

■ 1부

1. p16: Kevin Trapani of Redwoods Insurance Group. Personal interview with the authors.

2. p18: Discussion of the proceedings of the 16th International AIDS Conference was taken from the conference program found at: http://www.aids2006.org/PAG/PAG.aspx?.

3. p20: Phil Smith and Eric Thurman, *A Billion Bootstraps: Microcredit, Barefoot Banking, and the Business Solution for Ending Poverty* (New York: McGraw-Hill, 2007), Foreword, p. x.

4. p20: Reported by Prime Minister Shinawatra in his opening speech at the 15th International AIDS Conference, Bangkok, Thailand, July 11, 2004. Can be found at:

    http://www.unaids.org/bangkok2004/docs/SP_ThaiPM_15thAIDSConferencc_11July.pdf.

1장

1. p22: Personal interview with the authors, 2005. Any reference to Mimi Silbert or the Delancy Foundation is drawn from this interview unless otherwise cited.

2. p23: Ibid. Further discussion can be found at:
http://portland.indymedia.org/en/static/prisonprogram.shtml,
http://www.eisenhowerfoundation.org/grassroots/delancy/.

3. p24: Anonymous attendee of Delancy Street. Personal interview with the authors, 2005.

4. p25: Arvind Singhal and Everett M. Rogers, *Entertainment Education: A Communication Strategy for Social Change* (Mahwah, New Jersey: Lawrence Erlbaum Associates, 1999), p. 55.

5. p26: Donald Hopkins, personal interview with the authors, May 3, 2006. Any reference to Dr. Donald Hopkins, Guinea Worm eradication, or The Carter Center is drawn from this interview unless otherwise cited.

6. p28: Albert Bandura, Dorothy Ross, and Sheila A. Ross. "Transmission of Aggression through Imitation of Aggressive Models," *Journal of Abnormal and Social Psychology*, 63 (1961): 575-582.

7. p30: Personal interview with the authors, 2006. Any reference throughout the book to Albert Bandura and his work is drawn from this interview unless otherwise cited.

2장

1. p34: Praphan Phanunphack, interview with authors, 2006. Dr. Phanunphack is the director of the Red Cross AIDS Research Center in Thailand. Additional information can be found at: http://www.csc-scc.gc.ca/text/forum/bprisons/speeches/2_e.shtml.

2. p34: Anupong Chitwarakorn, Jai P. Narain, ed., "HIV/AIDS and Sexually Transmitted Infections in Thailand: Learned and Future Challenges," *AIDS in Asia: The Challenge Continues* (New Delhi, India: Sage Publications, 2004).

3. p35: Reported by Prime Minister Shinawatra in his opening speech at the 15th International AIDS Conference, Bangkok, Thailand, July 11, 2004. Can be found at:
http://www.unaids.org/bangkok2004/docs/SP_ThaiPM_15thAIDSConference_11July.pdf.

4. p35: Personal interview with the authors, 2006. Any reference to Dr. Wiwat or the 100% Condom Campaign in Thailand is drawn from this interview unless otherwise cited.

5. p36: K. Archavanitkul, "What Is The Number of Child Prostitutes in Thailand?" *Warasan Prachakon Lae Sanghom*, 7 (1999): 1-9.

6. p39: Howard J. Markman, Scott M. Stanley, and Susan L. Blumberg, *Fighting for Your Marriage* (San Francisco: Jossey-Bass, 2001), p. 18.

7. p39: Howard Markman, personal interview with the authors, 2006. Any reference throughout the book to Howard Markman and his work is drawn from this interview unless otherwise cited.

8. p42: Personal interview with the authors, 2006. Any reference throughout the book to Ethna Reid or her work is taken from this interview unless otherwise cited.

9. p49: This story is taken from a consulting project done by the authors with an anonymous medical center.

10. p55: Ruth Levine and the What Works Working Group with Molly Kinder, *Millions Saved: Proven Successes in Global Health* (Washington, DC: Center for Global Development, 2004), p. 91. Additional information is reported on the Carter Center's Web site:

http://www.cartercenter.org/health/guinea_worm/index.html.

11. p56: Jane E. Brody, "Personal Health: Weight Loss Is Possible," *New York Times*. September 16, 1997.

3장

1. p61: Taken from interview previously referenced. For further info, see Albert Bandura, N. Adams, and J. Beyer, "Cognitive Process Mediating Behavioral Change," *Cognitive Therapy and Research*, 1 (1997): 287-310.

2. p70: Arvind Singhal and Everett M. Rogers, *Entertainment Education: A Communication Strategy for Social Change* (Mahwah, New Jersey: Lawrence Erlbaum Associates, 1999), p. 55.

3. p71: Arvind Singhal, personal interview with the authors, 2006. Any reference throughout the book to Arvind Singhal or his work is taken from this interview unless otherwise cited.

4. p73: Arvind Singhal and Everett M. Rogers, *Entertainment Education: A Communication Strategy for Social Change* (Mahwah, New Jersey: Lawrence Erlbaum Associates, 1999), pp. 152-171, 131-134.

5. p73: Ibid., pp. 16, 17. For further discussion about "Maude's Dilemma," see: http://www.tvacres.com/censorship_maude.htm.

6. p75: Elizabeth Rattine-Flaherty, personal interview with the authors, 2006.

7. p77: Arvind Singhal interview (details above).

8. p78: Lajos Egri. *The Art of Creative Writing* (New York: Kensington Publishing Corp., 1965), pp. 18-19.

9. p79: Giacomo Rizzolatti et al., "PremotoCortex and the Recognition of Motor Actions," *Cognitive Brain Research*, 3 (1996): 131-141. For more info on the mirror neuron and the discovery thereof, see: http://www.biocrawler.com/encyclopedia/Mirror_neuron.

10. p83: A Petrosino, C. Turpin-Petrosino, and J. Buehler, "Scared straight' and Other Juvenile Awareness Programs for Preventing Juvenile" Delinquency, *The Campbell Collaborative Reviews of Intervention and Policy Evaluations* (Philadelphia: Campbell Collaboration, 2003).

11. p84: I. L. Janis and S. Feshbach, "Effects of Fear-Arousing Communications," *The Journal of Abnormal and Social Psychology*, 48 (1953): 78–92.

12. p85: Don Berwick, personal interview with the authors, 2006. Information is taken from a report by the National Academy of Science: Linda Kohn et al., *To Err Is Human: Building a Safer Health System* (Washington, DC: National Academic Press, 1999).

13. p87: Personal interview with the authors. Any reference throughout the book to Don Berwick or his work is taken from this interview unless otherwise cited. To learn more about Josi's story see: www.josieking.org.

14. p89: Personal interview with the authors 2006.

■ 2부

1. p94: Information about the Guinea worm was taken from interviews with Dr. Donald Hopkins and other personnel at The Carter Center.

4장

1. p105: Mimi Silbert, personal interview with the authors. Mimi told many stories of individuals who go through experiences similar to that of the fictionalized story of Terri.

2. p107: *The Road Less Traveled* (New York: Simon and Schuster, 1978), pp. 213–214.

3. p108: I. P. Pavlov, translated and edited by G. V. Anrep, *Conditional Reflexes: An Investigation of the Physiological Activity of the Cerebral Cortex* (London: Oxford University Press, 1927).

4. p109: Brian Wansink, *Mindless Eating: Why We Eat More than We Think* (New York: Bantam Books, 2006).

5. p112: Daniel Gilbert, *Stumbling on Happiness* (New York: A. A. Knopf, 2006).

6. p113: Arvind Singhal and Everett M. Rogers, *Entertaining Education: A Communication Strategy for Social Change* (Mahwah, New Jersey: Lawrence Erlbaum Associates, 1999), p. 55

7. p114: Mihaly Csikszentmihalyi, *Flow: The Psychology of Optimal Experience* (New York: Harper and Row, 1990), p. 51.

8. p116: Greg Johnson, "The Math Was Complex, the Intentions, Strikingly Simple," *New York Times*, August 27, 2006.

9. p117: Patricia H. Werhane, "Engineers and Management: The Challenge of the Challenger Incident," *Journal of Business Ethics*, 10 (1991): 605.

10. p117: Ellen Langer, *Mindfulness* (Reading, Massachusetts: Addison-Wesley, 1989).

11. p120: Michael Gorman, *Transforming Nature* (Boston: Kluwer Academic Press, 1998).

12. p12: Albert Bandura, "Social Cognitive Theory of Moral Thought and Action," *Handbook of Moral Behavior and Development, Vol. 1.* (Hillsdale, New Jersey: Lawrence Erlbaum Associates, 1991). pp. 45-103.

13. p120: Dennis Gioia, "Pinto Fires and Personal Ethics: A Script Analysis of Missed Opportunities," *Journal of Business Ethics*, 11 (1992): 379-389.

14. p120: Matthew T. Lee, "The Ford Pinto Case and the Development of Auto Safety Regulations 1893-1978," *Business and Economic History*, 27 (1998), no. 2.

15. p120: M. Dowie, "Pinto Madness," *Mother Janes* (September/October 1977).

16. p122: Stanton Peele, *7 Tools to Beat Addiction* (New York: Three Rivers Press, 2004), p. 24.

17. p125: Albert Bandura, et al., "Disinhibition of Aggression through Diffusion of Responsibility and Dehumanization of Victims," *Journal of Personality and Social Psychology*, 9 (1975): 253-269.

18. p129: William R. Miller and Stephen Rollnick, *Motivational Interviewing* (New York: The Guilford Press, 2002), p. 5.

19. p129: Ibid., pp 6, 7.

20. p130: Ibid., pp. 220, 226.

21. p131: Personal interview with the authors.

22. p131: Ginger L. Graham, "If you Want Honesty, Break Some Rules," *Harvard Business Review*, April 2002, pp. 42-47.

5장

1. p135: Lee Ross, "The Intuitive Psychologist and His Shortcoming: Distortions in the Attribution Process," *Advances in Experimental Social Psychology Education* (New York: Leonard Berkowitz Academic Press, 1977).

2. p135: Mary Broad and John Newstrom, *The Transfer of Training: Action-Packed Strategies to Ensure High Payoff from Training Investments* (Reading, Massachusetts: Addison-Wesley, 1992), p. 7.

3. p138: Carol S. Dweck, *Mindset: The New Psychology of Success* (New York: Random House, 2006).

4. p139: W. Mischel, Y. Shoda, and P. Peake, "The Nature of Adolescent Competencies Predicted by Preschool Delay of Gratification," *Journal of Personality and Social Psychology*, 54 (1988): 687-696. See also Y. Shoda, W. Mischel, and P. Peake, "Predicting Adolescent Cognitive and Self-Regulatory Competencies from Preschool Delay of Gratification," *Developmental Psychology*, 26 (1990): 978-986.

5. p140: Daniel Goleman, *Emotional Intelligence: Why It Can Matter More than IQ* (New York: Bantam, 1995), p. 82.

6. p140: S. S. Feldman and D. A. Weinberger, "Self-Restraint as a Mediator of Family Influences on Boys' Delinquent Behavior: A Longitudinal Study," *Child Development*, 65 (1994): 195-211.

7. p141: Mischel and Bandura: A Bandura and W. Mischel, "Modification of Self-Imposed Delay of Reward through Exposure to Live and Symbolic Models," *Journal of Personality and Social Psychology*, 2 (1965): 698-705.

8. p143: K. A. Ericsson, R. Th. Krampe, and C. Tesch-Römer, "The Role of Deliberate Practice in the Acquisition of Expert Performance," *Psychological Review*, 100 (1993): 363-406.

9. p146: W. Rojanapithayakorn and R. Hanenberg, "The 100% Condom Programme in Thailand," *AIDS*, 10 (1996): 1-7.

10. p147: K. A. Ericsson and A. C. Lehmann, "Expert and Exceptional Performance: Evidennce on Maximal Adaptations on Task Constraints," *Annual Review of Psychology*, 47 (1996): 273-305.

11. p147: Benjamin Bloom (ed.), *Developing Talent in Young People* (New York: Ballantine, 1985).

12. p148: Karl Anders Ericsson, et al. (eds.), *The Cambridge Handbook of Expertise and Expert Performance* (New York: Cambridge University Press, 2006).

13. p148: Ibid.

14. p148: We compared Johnny Weissmuller's Olympic record times ti times of current high school swimming champions. For more information visit: http://johnnyweissmuller.ro/main_eng.html.

15. p148: Karl Anders Ericsson, et al. (eds.), *The Cambridge Handbook of Expertise and Expert Performance* (New York: Cambridge University Press, 2006), p. 699.

16. p149: Ibd., p. 532.

17. p149: M. Grudowski, "The Girl Next Door Is Hungry," *Men's Journal*, 12 (2003): 72-73.

18. p151: Albert Bandura, personal interview with the authors, September 7, 2005.

19. p152: T. J. Cleary and B. J. Zimmerman, "Self-Regulation Differences during Athletic Practice by Experts, Non-Experts, and Novices," *Journal of Applied Sport Psychology*, 13 (2001): 185-206.

20. p153: S. L. Foster, et la., "Teaching Social Skills to Shy Single Men," *The Family Journal*, 5 (1997): 37-48.

21. p156: J. Metcalf and W. Mischel "A Hot/Cool System Analysis of Delay of Gratification," *Psychological Review*, 106 (1999): 3-19.

22. p156: J. Metcalf and W. Mischel for CBT: Encompassing Behavior, Cognition, Affect, and Process," *Behavior Therapy*, 35 (2004): 185-203.

23. p157: H. Mischel and W. Mischel, "The Development of Children's Knowledge of Self-Control Strategies," *Child Development*, 54 (1983): 603-619.

24. p159: W. Mischel and E. Staub, "Effects of Expectancy on Working and Waiting for Larger Rewards," *Journal of Personality and Social Psychology*, 2 (1965): 625-633.

25. p160: W. Mischel and E. Ebbesen, "Attention in Delay of Gratification," *Journal of Personality and Social Psychology*, 16 (1970): 329-337

26. p160: A. Bandura and W. Mischel, "Modification of Self-Imposed Delay of Reward through Exposure to Live and Symbolic Models," *Journal of Personality and Social Psychology*, 2 (1965): 698-705.

27. p160: W. Mischel and E. Ebbesen, "Attention in Delay of Gratification," *Journal of Personality and Social Psychology*, 16 (1970): 329-337

28. p160: P. Peake, M. Hebl, and W. Mischel, "Strategic Attention Deployment in Waiting and Working Situations," *Developmental Psychology*, 38 (2002): 313-326.

29. p161: J. J. Gross, "Emotion Regulation in Adulthood: Timing Is Everything," *Current Directions in Psychological Science*, 10 (2001): 214-219.

30. p161: Jeffrey Schwartz, *Brainlock* (New York: HarperCollins, 1996), p. 212.

6장

1. p165: Stanley Milgram, "Behavioral Study of Obedience," *Journal of Abnormal and Social Psychology*, 67 (1963): 371-378.

2. p166: Phil Zimbardo discusses Milgram's experiments on the Web site http://thesituationist.wordpress.com/2007/02/16/when-good-people-do-evil-%E2%80%93-part-i/

3. p170: Stanley Milgram, *Obedience to Authority: An Experimental View* (New York: Harper and Row, 1974).

4. p176: Everett Rogers, *Diffusion of Innovations*, 3rd ed. (New York: Free Press, 1983), pp. 15, 32-34, 54-56, 247, 258, 266, 271. The story about the "Guy in the Bermudas" was told by Rogers in a lecture at Stanford University in the fall of 1982.

5. p176: Don Berwick, "Disseminating Innovations in Health Care," *JAMA* (2003): 1969-1975.

6. p178: Arvind Singhal and Everett M. Rogers, *Entaertainment Education: A Communication Strategy for Social Change* (MahWah, New Jersey: Lawrence Erlbaum Associates, 1999), pp. 1, 176, 58, 137.

7. p179: Everett Rogers, Diffusion of Innovations, 3rd ed. (New York: Free Press, 1983), pp. 15, 326-328.

8. p180: Personal interview with Albert Bandura, 2006.

9. p180: C. Y. Wang and M. M. Fenske, "Self-Care off Adults with Non-Insulin-Dependent Diabetes Mellitus: Influence of Family and Friends," *Diabetes Education*, 22 (1996): 465-470.

10. p181: kurt Lewin, "Forces behind Food Habits and Methods of Change," *The Problem of Changing Food Habits: Bulletin of The National Research Council* (National Research Council and National Academy of Science, Washington, DC, 1943), pp. 35-65.

11. p182: Brent L. Top and Bruce A. Chadwick, *Rearing Righteous Youth of Zion* (Salt Lake City: BookCraft, 1998).

12. p182: Everett Rogers, *Diffusion of Innovations*, 3rd ed. (New York: Free Press, 1983), pp. 15, 32-34, 54-56, 247, 258, 266, 271.

13. p186: Arvind Singhal, personal interview with authors, 2006.

14. p188: For more info, see VitalSmarts/Concourse Group. http://silencefails.com.

7장

1. p196: A story told to one of the authors as a microcredit industry leaders.

2. p200: Muhammad Yunus, *Banker to the poor* (Dhaka, Bangladesh: University Press, 1998), p. 12.

3. p201: Grameen Bank at a Glance: http://www.grameen-info.org/bank/GBGlance.htm.

4. p202: Statement of Professor Muhammad Yunus at the ITU World Information Society Award Ceremony, May 17, 2006. Accessible at: http://www.itu.int/wisd/2006/award/statements/yunus.html.

5. p204: John Lennon and Paul McCartney, "With a Little Help from My Friends," *Sgt. Pepper's Lonely Hearts Club Band*, 1967.

6. p204: James Surowiecki, *The Wisdom of Crowds* (New York: Doubleday, 2004), p. xiii.

7. p210: Grath Japhet, personal interview with the authors, 2006.

8. p220: Don Cohen and Laurence Prusak, *In Good Company: How Social Capital Makes Organizations Work* (Cambridge, Massachusetts: Harvard Business School Press, 2001).

9. p221: Atul Gawanda, *Complications: A Surgeon's Notes on an Imperfect Science* (New York: Picado, 2002), pp. 11-24.

10. p222: William Forester Lloyd, *Two Lectures on the Checks to Population* (Oxford, England: Oxford University Press, 1833).

11. p224: Wiwat Rojanapithayakorn, "100% Condom Use Programme," manuscript presented in Provo, Utah, 2003.

12. p224: As reported by prime Minister Shinawatra in his opening speech at the 15th International AIDS Conference, Bankok, Thailand, July 11, 2004. Can be found at:

http://www.unaids.org/bangkok2004/docs/SP_ThaiPM_15thAIDSConference_11Jul04.pdf.

8장

1. p228: M. R. Lepper, D. Greene, and R. E. Nisbett, "Undermining Children's Intrinsic Motivation with Extrinsic Reward: A Test of the 'Over-Justification' Hypothesis," *Journal of Personality and Social Psychology*, 28 (1973): 129-137.
2. p230: Mashall Goldman, *U.S.S.R. in Crisis: The Failure of an Ecomomic System* (New York: W. W. Norton & Co., 1983), p. 32.
3. p233: Stanton Peele, *7 Tools to Beat Addiction* (New York: Three Rivers Press, 2004). p. 95.
4. p233: Ibid., p. 96.
5. p234: "Frequent Flyer Miles: In Terminal Decline?" *The Economist*, January 6. 2006.
6. p235: Karen M. Simon, personal interview with the authors, 1976.
7. p236: Colored stars as rewards: http://www.grameen-info.org/bank/bank2.html.
8. p239: Stephen Dubnar and Steven Levitt, "Selling Soap," *New York Times*, September 24, 2006.
9. p240: Employee poll taken from 20 years of polling done at VitalSmarts.
10. p242: Masaaki Imai, *Kaizen* (New York: McGraw-Hill, 1986), p. 20.
11. p244: Steven Kerr, "On the Folly of Rewarding A, While Hoping for B," *Academy of Management Executive*, 9 (1995): 7-14.

12. p246: Martin Seligman, Christopher Peterson, and Steven Maier, *Learned Helplessness: A Theory for the Age of Personal Control* (New York: Oxford University Press, 1993).

13. p247: Mark Shoofs, "Novel Police Tactic Puts Drug Markets Out of Business," *Wall Street Journal*, September 27, 2006.

14. p249: Jerome Dumetz, personal communication with the authors, 2006. Jerome is a consultant to many Russian oil firms.

15. p250: Negussie Teffera, personal interview with the authors, 2006.

9장

1. p255: W. F. White, *Human Relations in the Restaurant Indurstry* (New York: McGraw-Hill, 1948).

2. p256: Fred Steele, *Physical Settings and Organization Development* (Reading, Mass: Addison-Wesley, 1973), pp. 11, 113.

3. p257: Albert Speer, *Inside the Third Reich* (New York: Macmillan, 1970).

4. p258: George Kelling and Catherine Coles, *Fixing Broken Windows: Restoring Order and Reducing Crime in Our Communications* (New York: Simon and Schuster, 1996), p. 152.

5. p261: Brian Wansink, *mindless Eating: Why We Eat More than We Think* (New York: Bantam Books, 2006).

6. p263: Fred Luthans, *Organizational Behavior* (New York: McGraw-Hill, 1981).

7. p263: A. M. Dickinson, "The Historical Roots of Organizational Behavior Management in the Private Sector: The 1950's-1980's," *Journal of Organizational Behavior Management*, 20 (2000): 9-58.

8. p264: Occured on a consulting project of the authors.

9. p264: Stephen J. Dubner and Steven Levitt, "Selling Soap," *New York Times*, Septembeer 24, 2006.

10. p266: For reading on the topic, see A. Tversky and D. Kahneman, "Judgement under Uncertainty: Heuristics and Biases," *Science*, 185 (1974): 1124–1130.

11. p267: Jimmy Carter, personal interview with the authors, 2007.

12. p271: L. Festinger, S. Schachter, and K. Back, Social Pressure in Informal Groups (Stanford, California: Stanford University Press, 1950), Chapter 4.

13. p274: This phenomenon is discussed in "Dining Room Table Losing Central Status in Families," *USA Today*, December 18, 2005.

14. p275: Robert Kraut and Carmen Egido, and Jolene Galegher, *Patterns of Contact and Communication in Scientific Research Collaboration* (New York: ACM Press, 1988).

15. p276: Personal communication with Ray Price, 1980.

16. p279: Robert Kanigel, *The One Best Way: Frederick Winslow* Taylor and the Enigma of Efficiency (New York: Viking, 1997).

17. p283: Brian Wansink, Mindless Eating: Why We Eat More than We Think (New York: Bantam Books, 2006).

18. p284: Adrienne Berman, "Reducing Medication Errors through Naming, Labeling, and Packaging," Journal of Medical System, 28 (2004): 9–29.

19. p285: Paco Underhill, *Why We Buy: The Science of Shopping* (New York: Simon and Schuster, 1999), Chapter 1.

20. p285: Bill Friedman, *Designing Casinos to Dominate the Competition: The Friedman International Standards of Casino Design* (Reno, Nevada: The Institute for the Study of Gambling and Commercial Gaming College of Business Administration, 2000).

10장

1. p295: Atul Gawande, "The Bell Curve," *The New Yorker*, December 6, 2004.

2. p299: Silencekills.com

3. p302: Silencekills.com